법 철 학

마틴 골딩 저
장 영 민 역

세창출판사

역자 서문

이 책은 Martin Golding, *Philosophy of Law*(Englewood Cliffs, New Jersey: Prentice-Hall, Inc., 1975)를 완역한 것이다. 이 책은 프렌티스 홀 출판사의 현대철학총서 Foundations of Philosophy Series의 하나로 출간되었다. 당시 프렌티스 홀 철학총서에 수록되어 간행된 책들은 영어권의 철학의 표준적 입문서로서 현재까지도 높이 평가되고 있다. 이 책도 예외가 아니어서, 아직도 간행되고 있으며 미국의 대학에서 교재로 활용되고 있다. 지금의 시점에서 보면 이 책은 근자에 영미권에서 논의되고 있는 법철학의 주제를 모두 망라하고 있지 않다는 점에서 아쉬운 면이 없지 않지만, 당시의 법철학계의 논의상황을 균형 있고 요령 좋게 정리해 주고 있다는 면에서 여전히 읽을 만한 가치를 가진다고 하겠다. 이 책은 역자가 이미 번역하여 출간하였던 것이나 그간 절판되어 입수하기가 어려웠다. 개정 재판의 필요성을 역자 자신도 느끼고 있었고 또 주위의 권고도 있어서 다시 출간을 하기로 결심하였다. 이 개정판에서는 초판에 있었던 몇 군데의 오역을 바로 잡았으며, 더 부드럽게 읽힐 수 있게 노력하였다.

이 책의 출간에 즈음하여 감사해야 할 분들이 있다. 우선 번역을 쾌히 응낙하여 주시고 한국어판 서문을 써주신 골딩 교수에게 깊은 감사를 표한다. 추천사를 써 주신 역자의 스승 심헌섭 교수께도 감사를 드린다. 이 책을 번역하는 과정에서 도움을 주신 홍익대학교 법학과의 오세혁 교수, 이화여자대학교 법과대학의 동료 김인호 교수께 감사를 드린다. 아울러 번거로운 교정작업을 도와준 송윤진, 김경회 법학석사에게도 감사한다. 끝으로 어려운 출판계의 사정에도 불구하고 법철학 분야의 서적 출판에 사명감을 가지고 이 책의 출간을 맡아 주신 세창출판사의 이방원 사장님, 임길남 상무님께 깊은 감사를 드린다.

2004. 8.

가을빛이 성큼 다가선 신촌의 교정에서

譯 者 識

추 천 사

　　오늘날 널리 법철학계를 살펴보면 그 연구활동이 매우 활발한 것을 알 수 있다. 지금까지 법철학이라고 하면 누구나 독일의 법철학을 생각해 왔다. 그러나 오늘날 이러한 선입견은 바뀌어야 할 단계에 이른 것 같다. 그것은 영미의 법철학의 활동과 업적이 눈부시기 때문이다. 이는 일반 철학에서 대륙의 관념철학적 경향이 후퇴하고 영미의 실증적, 분석적 철학의 경향이 강하게 영향을 미치게 된 데 이유가 있는 것 같다. 물론 분석철학이란 철학의 '하나의' 조류일 뿐이다. 그러나 영미에서 오늘날 철학이 크게 진작되고 있음은 부정할 수 없는 사실이다. 법철학도 그렇다. 깊고 날카로운 법철학 저서들이 많이 나오고 있다.

　　헤겔을 끝으로 지금까지 법철학은 법률가가 주도하고 있었다. 그렇지만 이러한 생각도 오늘날의 영미 법철학계를 보면 바뀌어야 할 것 같다. 오늘날 영미의 상당한 법철학자가 철학자이기 때문이다.

　　본 역서도 미국의 콜럼비아(Columbia) 대학교를 거쳐 현재 듀크(Duke) 대학교 철학교수로 있는 골딩 교수의 저서이다. 골딩 교수는 영미 법철학계의 기본적인 주제를 택하여 거기에서 전개된 여러 논의들을 분석하고 자기 자신의 견해를 피력하고 있다. 법의 근본문제에 맞서서 이와 한번 대결해 보려는 이들에게 이 책은 좋은 입문서가 될 것으로 믿는다.

　　오래 전에 역자인 장영민 교수의 학창시절에 강의실에서

같이 읽었던 이 책이 이렇게 다시 햇빛을 보게 된 것을 기쁘게
생각하며, 관심 있는 분들의 일독을 권한다.

2004년 8월

서울대학교 법과대학 명예교수 沈 憲 燮

한국어판 서문

이 책의 초판이 출간된 지는 여러 해 되었지만, 아직도 절판되지 않고 간행되고 있습니다. 이 점에서 이 책이 법철학 강좌의 요구를 충족하고 있다는 것은 분명하다고 하겠습니다. 이 책의 목적은 학생들에게 이 분야의 주된 문제에 대한 입문적 지식을 제공하는 것입니다. 이 책의 전체적인 접근방식은 영미식의 철학적 분석의 전통에 속하는 것이라고 할 수 있겠습니다. 물론 그렇다고 다른 접근방식의 타당성을 부정하는 것은 아닙니다.

이 책이 출간된 후 법철학에는 많은 일들이 있었습니다. 영어권에서 큰 영향을 미친 하트(H. L. A. Hart)는 1992년 서거하기까지 중요한 저작들을 출간하였습니다. 초기 저작에서 하트를 비판한 바 있는 로날드 드워킨(Ronald Dworkin)은 큰 부피의 책들을 여러 권 출간하였습니다. 그리고 몇 명만 든다면 조셉 라즈 (Joseph Raz)와 줄스 콜먼(Jules Coleman)과 같은 중요한 학자를 손꼽을 수 있겠고, 예컨대 존 피니스(John Finnis)는 성 토마스 아퀴나스의 자연법이론을 발전시키고 있습니다. 조엘 파인버그(Joel Feinberg)는 형법이론 분야에서 중요한 저작을 내 놓은 바 있습니다. 한스 켈젠(Hans Kelsen)은 1973년에 별세하였지만, 그의 저작은 여전히 학계에서 널리 논의되고 있습니다. 사실 근자에 이 분야를 연구하는 학자는 너무 많아서 여기서 일일이 열거할 수는 없습니다. 그렇다고 이분들을 경시하는 것은 결코 아닙니다. 저자는 이 작은 책이 법철학을 더 깊이 탐구하려는 학생들에게

착실한 기초를 제공해 줄 것으로 생각합니다.

　　　이 책에 대하여 아시아에서 보여준 관심을 저자는 기쁘게 생각합니다. 이 책은 중국어와 일본어로 번역되었으며, 이제 장 영민 교수에 의해서 한국어로 개정 출간되게 되었습니다. 이 점 에서 장 교수께 깊은 감사를 드립니다.

　　　　　　　　　　　　　　　　　　　2003년 5월

　　　　　　　　　　　　　　듀크 대학 교수 마틴 골딩

머 리 말

　　몇 가지 예외가 있기는 하지만 최근 주로 법과대학의 전공과목에서 또는 윤리학이나 정치학의 한 분야로서 다루어지고 있는 법철학이라는 분야는 영어 사용권에서 과거 20년간 상당한 활기를 띠어오고 있다. 주로 저서나 논문 말고도, 대학의 학부나 대학원 수준에서 법철학 강좌를 개설하는 곳이 늘고 있으며, 법과대학의 '법학원론'(jurisprudence) 교수 요목도 충실해져 가고 있다. 저자는 이 책이 이와 같은 추세에 일조를 해주었으면 하는 바람을 가지고 있다.

　　저자의 본서 집필작업은 순조로이 진행되고 있었는데, 1968년에 학계, 특히 콜롬비아 대학을 동요시킨 바 있었던 사건(학생운동사건—역자주)으로 인해서 중단되었다. 얼마간 시간이 지나고 나서야 비로소 저자는 그간 보류해 놓았던 학문적 저작에 다시 마음을 돌리고 이 작업을 마무리지을 수 있었다. 좀더 빨리 이 책이 완성되었더라면, 이 책은 좀 달라졌을는지도 모른다. 보다 오래 생각해 볼 수 있었기 때문에 결과가 더 나아졌는지 어떤지는 아직 판단할 마음의 여유가 없다. 어쨌든 저자는 이 법이라는 문제의 학문적·실제적 중요성을 전보다 더 확신하고 있다.

　　나의 목표는 학생들에게 법철학을 소개하여 그들 스스로 사고하도록 유도하는 것이었다. 물론 이 방면의 전문가들이 이 책의 이곳저곳에서 새로운 것이 있음을 알아준다면 기쁘겠다. 저자가 직면했던 한 가지 문제는 전 범위를 포괄하는 주제들을 선택하는 것이었다.

저자가 해놓은 것이 적당한지, 또 이 책에서 고찰한 것이 균형 있게 되었는지에 관해서는 완전한 확신은 없다. 지면의 제약 때문에 많은 주제들이 할애되어야 했다. 가장 어려웠던 것은 압축하는 문제였다. 그러나 압축하는 가운데서도, 명료함이 크게 손상되지는 않았다고 믿는다. 유감스럽게 느끼는 것은 저술하는 중에 출간된 많은 중요한 저작들(그 중 몇몇은 문헌목록에 수록되어 있다)을 고려할 수 없었다는 점이다.

제3장에 실려 있는 몇 부분은 졸고, "Private Right and the Limits of Law," *Philosophy East and West*, 21(1971), pp.375-388에 게재되었던 것이며, 여기에 다시 수록할 수 있게 해준 편집자 및 하와이대학 출판부에 감사한다. 또 제6장의 주제는 처음 졸고, "Preliminaries to the Study of Procedural Justice," in Graham Hughes(ed.), *Law Reason and Justice*(1969), pp.71-100에서 다루었던 것이다. 이 부분은 상당량 다시 썼지만, 원래의 것 가운데 남아 있던 대목을 이 책에 수록하게 해 준 편집자와 뉴욕대학 출판부에 감사드린다.

또 아름다운 성품을 지닌 엘리자베스 비어즐리 및 몬로 비어즐리 두 분의 노고와 편집상의 충고에 감사를 표한다. 교정을 도와 준 나의 딸 셜라미스에게도 감사한다. 나의 아내에게는 특히 감사한 마음을 금할 길 없다. 그녀의 도움이 없었다면 아마 이 책을 시작도 못했을 것이다. 그녀의 격려(그리고 잔소리)가 없었다면, 이 책은 아직 끝나지 않았을지도 모른다.

마틴 P. 골딩

차   례

법 철 학

법철학의 범위

플라톤의 대화편 크리톤(Criton)의 배경은 다음과 같다.

소크라테스는 신을 모독하는 학설을 가르침으로써 아테네의 청년들을 타락시킨 죄를 지었다는 혐의로 기소되었다. 그 재판에서 소크라테스는 독배에 의한 사형을 선고받았다. 그는 지금 감옥 속에서 독배를 마실 시간을 기다리고 있다. 이때 그의 친구이자 제자인 크리톤이 면회를 와서 '탈옥'이 준비되어 있음을 설명한다. 크리톤은 왜 소크라테스가 탈옥해야 하는가에 관해서 여러 가지 이유를 제시한다. 그러나 소크라테스는 그것이 옳은가 하고 묻는다. 유죄판결을 받은 자가 ― 그 판결을 부당하다고 생각한다 하더라도 ― 형벌을 회피하는 것이 옳은 일인가? 좀더 일반적으로 말해서, 법을 준수할 의무가 있는가? 있다면 이러한 의무의 근거는 무엇인가?

이 대화편은 법철학의 영역이 다른 철학 분야들과 중첩되어 있다는 사실을 보여준다. 크리톤은 법철학의 고전일 뿐만이 아니다. 이 대화편은 윤리학·정치철학 그리고 사회철학의 고전이기도 한 것이다. 다른 저술가의 작품들 ― 예컨대 홉스의 레비

아탄 — 에도 같은 말이 타당하다. 법철학의 영역을 구획지워 주는 선은 없다. 어떤 문제들은 법철학이라는 비교적 좁은 시각에서 자주 다루어지고 있지만, 사실 이것들은 이들 여러 분야에 공통된 문제이기도 한 것이다. 주어진 법체계의 기본원리와 원칙들을 — 아마도 더욱 좁은 시각에서이겠지만 — 설명하는 '법학원론'(jurisprudence)에 관한 여러 저작에도 이 말은 역시 타당하다. 이 저작들도 역시 철학적 관심을 가지고 있다. 그리고 이들 저작들이 공통적으로 가지고 있는 바탕 때문에, 윤리학·정치철학·사회철학은 법에 대한 철학적 연구로부터 많은 것을 배우게 된다. 예를 들자면 도덕추론(moral reasoning)에 관한 연구는 법추론(legal reasoning)에 관한 연구로 하여 풍부해질 수 있는 것이다.

　　법철학은 위에서 언급한 분야들과 또 다른 측면에서도 공통점을 가지고 있다. 법철학은 두 종류의 문제를 다룬다. 규범적(혹은 정당화적 justificatory)인 문제와 분석적(혹은 개념적 conceptual)인 문제가 그것이다. 플라톤의 크리톤은 첫째 종류의 예가 된다. 즉 이것은 어떤 행동(또는 행동 유형)이 옳은가의 여부를 묻는다. 이에 대해서 플라톤의 대화편 에우티프론(Euthyphron)은 둘째 종류의 문제를 다루는 예를 보여준다. 이 대화편에서 소크라테스는 에우티프론을 '경신'(敬神)의 정의에 관한 논의에 끌어들인다. 경신하는 행동이라고 여겨지는 몇몇 예들이 언급되기는 하지만, 대화자들은 이것들이 정말로 경신인가 아닌가를 고찰하지는 않는다. 그 대신 그들은 경신이란 무엇인가에 관심을 기울인다. 즉 그들은 경신의 개념을 분석하여 이 말이 의미하는 바가 무엇인가를 밝히려 한다. 법철학자들도 마찬가지로 어떤 것이 선한가, 정당한가, 공정한가의 여부에 관한 문제에 대답하며, 동시에 여러 개념들을 분석하고 여러 용어들의 정의를 분석하려고 노력한다.

저자는 여기에서 법철학사의 주요 문제 몇 가지에 관하여 간단히 설명해 보고자 한다. 물론 이 문제들 전부가 이 책에서 다루어지는 것은 아니다. 지면의 제한도 있고, 또 다른 철학분야에서 적절하게 다루어지는 것이 오히려 더 나을 수도 있기 때문이다. 그 문제들 중 몇 가지는 본 프렌티스 홀 철학총서 시리즈에서 논의되고 있다.

법철학 문제들 가운데 가장 으뜸가는 문제는 아마도 법개념의 분석이라는 문제일 것이다. 법이란 무엇인가? 한 사회에 법체계(legal system)가 존재한다는 것은 무슨 뜻인가? 우리는 다음 장에서 이 문제를 둘러싼 여러 쟁점들을 살펴보게 될 것이다. 제2장에서는 법의 본질에 관한 여러 이론들에 대해서 비판적 설명이 가해진다. 그 핵심 내용은 법과 도덕간에 필연적인 관계가 있는가 하는 점이다. 법의 존재를 판별하는 기준 속에는 도덕적 요소도 포함되는가? 정당하지 못한 법이 효력 있는 법일 수 있는가? 이와 같은 기본적인 문제들은 그 자체로서도 중요한 것이지만, 나아가서 법의무(legal obligation) 개념의 분석과도 관계된다. 법은 전형적으로 어떤 식으로 행동하라 말아라 하는 의무를 부과한다. 그런데 어떻게 법의무를 이해하여야 할 것인가? 그것은 단순히 힘의 문제인가?

이러한 논점으로부터 한 걸음만 더 나아가면 다음과 같은 규범적인 문제가 제기된다. 즉 법을 준수할 도덕적 의무가 있는가, 있다면 어떤 조건 하에서인가? 불복종은 정당화되는가? 그렇지만 아마도 더 근본적인 문제는 우선 먼저 법을 정당화하는 것은 무엇인가 하는 문제일 것이다. 왜 사회는 법을 가져야 하는가? 물론 이 문제는 법철학자만의 문제가 아니라 정치철학자·사회철학자 모두의 문제이기도 하다. 이 문제는 정치적으로 조직된 사회의 기본적 기능 그 자체와 관계된다. 그런데 이러한 기능들 가운데 많은 것이 법의 도구적 성격을 통해서만 실현될 수 있는 것이다. 이 문제에 대답하는 데 있어서 철학자들은 인간의 본성과 사회의 여러 관계에 관한 광범위한 일반화를 시도했다(예컨대 홉즈는 국가란 인간이 본유적으로 가지고 있는 공격성을 억제하기 위하여 필요한 것이며, 법은 공통의 행위 기준 — 이것이 없이는 사회생활이 불가능하게 될 것이다 — 을 제공해 준다고 말한다). 이 문제에 관하여 이 책에서는 법개념의 분석에 관한 논의에 관계되는 정도로만 다루게 될 것이다.

법과 도덕간에 필연적인 연관성이 있든 없든 간에, 사실상 우리는 법이 선한가, 정당한가에 관하여 판단을 내린다. 신문 사설은 매일같이 우리에게 국회에 제출되는 법안들에 관한 판단을 쏟아붓고 있다. 그러나 법 및 법집행에 대한 평가의 근거는 무엇인가? 이것은 따지고 보면 공권력의 행사에 관한 규범적 문제이며, 이것이 법철학자만의 분야가 아니라는 것은 확실하다. 물론 다른 사람이 아닌 법철학자에게 법체계의 내용과 그 실제적인 작용에 대하여 면밀한 주의를 기울이도록 기대되고는 있지만 말이다. 우리가 특정한 법규들을 평가하게 되는 경우, 나아가 특정 분야의 법을 평가하게 되는 경우, 책임 있는 평가를 하기 위해서는 경험적 성격의 사회지식을 전제해야 한다는 것은 명백하다. 물론 평가하는 데 있어서 이 지식이 어떻게 적용되는가 하는 어려운 문제가 있긴 하지만. 또 평가의 문제는 법의 목적이 무엇인가 하는 보다 일반적인 문제를 제기한다. 어떠한 구체적인 해결책을 얻기 위해서는 ─ 개인적인 것이든 사회적인 것이든 ─ 여러 이익들(예컨대 안보, 경제적 복지 등)을 검토해야 하고, 또 그것들을 비판적으로 평가하고, 순위를 매겨야 한다. 이러한 관련 하에서 법철학자는 '제도의 설계'의 문제, 특히 법의 목적을 달성하기 위해서는 법제도와 법기관들이 어떻게 설계되어야 하는가에 관심을 기울이게 된다. 이런 종류의 문제는 많다. 비록 이론의 수준에서이기는 하지만, 마지막 장에서 우리는 이 문제들 가운데 하나를 다루어 보게 될 것이다.

　　법철학이라는 것이 법의 목적이 무엇이어야 하는가에(그리고 물론 법이 실제로 할 수 있는 것이 무엇인가도) 관심을 갖는다면, 법철학은 법의 허용가능한 범위, 즉 법의 한계에 대해서도 관심을 기울여야 한다. '법의 소관사항이 아닌' 영역이 존재하는가? 이 문제는 오래 전부터 논의된 것이지만, 늘 새롭게 제기되는 문제로서 권위와 개인의 자유에 관한 문제이다. 즉 이 문제는 확실히 법의 맥락 밖에서 제기되지만, 특히 현대국가에 와서는 법에 있어서도 중요하게 제기되는 문제이다. 우리는 법강제력 행사를 제한하는 원칙을 만들어 낼 수 있을까? 이 문제에 관한 논쟁이 바로 본서 제3장의 주제가 된다. 문제의 핵심은 개인이 반드시 보유해야 할 권리의 보호이다.

　　법과 법제도를 비판적으로 평가하기 위한 기준 문제는 판결형성과정을 연구하는 데 중요한 지위를 차지한다. 법관은 법을 해석하고 적용한다. 또 법관들은 법을 창조하기도 한다. 판결문을 읽어 본 사람이라면 ─ 판결문이란 당해 사건의 판결을 정당화하는 의도를 가진 것이다 ─ 그 판결문이 다소간 정교한 추론 과정임을 곧 알 수 있을 것이다. 그러나 하나의 판결에서 좋은 이유란 무엇이며, 어떻게 해야 그 판결이유가 잘 추론된 것이 되겠는가? 규범적인 것과 분석적인 것이 뒤섞인 복잡한 문제가 여기에 나타난다. 법적 추론은 여러 가지 면에서 도덕추론과 유사하지만, 법적 추론은 법체계 및 그 목적이라는 특별한 제약 아래에서 행해진다. 이러한 유사성과 차이점은 자세히 연구해 볼 필요가 있다. 예컨대 선례는 도덕추론에 있어서 어떤 역할을 맡을 수도 있고 맡지 않을 수도 있지만, 법적 추론에 있어서는 대부분의, 아니 아마 거의 모든 법체계에 있어서 확실히 일정한 역할을 수행한다. 선례의 관념은 법철학자의 분석에 유용한 것이다. 왜, 그리고 어느 정도로 선례를 따라야 하는가 하는 규범적 문제도 이와 마찬가지로 중요하다. 이러한 큰 문제들은 이 책에서는 다루지 못했고, 다만 제6장의 주제가 이들 문제와 관련성을 가진다.

　　법은 법규범이나 법원칙들을 공식화하는 가운데, 그리고 법적 추론을 통해서 구체화해 나가는 가운데 많은 특별한 개념들을 사용한다. 예컨대 소유권·법인격·프라이버시·권리·의무·계약·인과관계 등의 개념이 그것이다. 법철학의 분석적 측면의 고전적인 문제, 그리고 법학원론의 여러 저작 가운데서 철저하게 다루어지는 문제는, 법에서 사용되는 개념들이 어느 정도로 다른 개념으로 환원될 수 있으며, 법적 추론 가운데에서 어떻게 여러 개념들이 논리적으로나 기능적으로 다른 개념들과 관계를 맺고 있는가 하는 문제와 관련된다. 물론 위에서 언급한 개념들 중 몇 가지에 대한 분석, 그리고 그 개념들을 사용하고 있는 규정이나 원칙들에 대한 정당화는 여타의 철학분야에서도 관심을 갖는 문제이다. 지면의 제한으로 이 책에서는 이러한 문제들을 다룰 수가 없지만, 제3장에서 권리와 프라이버시의 개념에 대해서 약간 언급될 것이다.

법철학은 이제까지 언급하지 않았던 철학분야 — 즉 철학적 심리학, 즉 심리철학(philosophy of mind)과도 중첩된다. 그러나 다시 말하지만, 법철학은 문제들을 특별한 시각에서 다룬다. 이러한 문제가 제기되는 것은, 여러 법규정과 법원칙들이 행위양식이나 심리상태와 관련되는 개념들을 사용하기 때문이다. 예컨대 민법에서는 과실 행위로 인하여 발생한 손해에 대하여도 책임이 있을 수 있지만, 형법에 있어서는 고의적으로 행하여졌는가의 여부에 따라서 범죄의 도가 판단되게 된다. 소위 심신의 개념은 민·형사상의 책임의 존재와 그 정도 문제의 핵심을 이루고 있는 것이며, 행위라든가 부작위, 동기, 고의 등의 개념 분석은 근년에 와서 새로이 엄밀하게 추구되고 있다.

형사상의 책임의 기초가 무엇이며 어느 경우에 책임이 조각(阻却)되어 형을 받지 않게 되는가? 이것은 책임이라는 아주 귀찮은 문제이며, 또 법률상의 책임이 도덕상의 책임과 어떤 관계를 가져야 하는가 하는 어려운 문제이기도 하다. 과연 우리가 사실상 유책범죄자와 무책범죄자를 구별할 수 있는가? 그렇지만 법철학자에게 있어 책임 조각사유가 되는 심신의 상태를 검토한다는 것만이 중요한 것은 아니며, 그는 또 일단 먼저 왜 책임 조각이 허용되는가를 고찰해야만 한다. 예컨대 법률상 심신상실(心神喪失)이라는 것은 무엇이며, 법률상의 심신상실이 책임조각사유로서 인정되어야 할 것인가? 우리는 법에 있어서의 심신의 개념이나 책임조각사유를 분석할 여유는 없을 것 같다. 그러나 우리는 두 개의 장을 통해서 형벌의 정당화 문제를 살펴보도록 하겠다. 대체 왜 우리는 형벌을 가하는 것일까? 이에 대한 주요 대답들이 비판적으로 검토될 것이다.

마지막으로 정의의 문제가 있다. 정의에는 너무도 많은 측면이 있기 때문에(예컨대 정치적 정의·경제적 정의·상거래상의 정의 등) 여기에서 이들을 일일이 기술하려고 하지는 않겠다. 확실한 것은 정의라는 문제가 법철학자만의 분야는 아니라는 사실이다. 물론 정의가 종종 법에 속하는 특별한 덕목인 것으로 간주되기는 하지만 말이다. 이 책에서는 몇 군데에서 '정의로운 법'(just law)의 의미 문제만을 다루어 보고자 한다. 그렇지만 형벌에 있어서의 정의라는 문제는 상당히 관심을 기울이게 하는 문제이며, 마지막 장은 분쟁 해결에 있어서의 절차적 정의의 역할에 관하여 다루게 된다.

그러나 이 자리는 우리가 서론을 마무리지어야 할 곳이지, 논의를 시작해야 할 자리는 아니다. 우리는 소위 법철학에서 가장 최고의 문제, 즉 법의 본질이라는 문제부터 다루어 나가기로 하자. 젊은 알키비아데스가 대정치가 펠리클레스에게 한 말처럼, 법이 무엇인지 모르는 사람은 정말로 칭찬받을 만한 사람이 못 된다(Xenophon, *Memorabilia*, I, ii)는 말은 과연 사실일까? 법이란 무엇인가를 밝히려는 훌륭한 시도들이 있어온 것은 사실이지만, 필자는 여기에 의문을 제기하는 것이다.

1

법의 본질에 관한 제 문제

　　본 장에서 우리는 법철학의 핵심문제 가운데 하나인 법의 본질에 관하여 살펴보고자 한다. 우리의 관심은 우선 이 문제를 다루는 가운데 발전되어 온 이론보다는 이 문제를 둘러싼 논점들의 윤곽을 잡는 데 그 초점이 있다. 이러한 문제점들이 밝혀진 다음에라야 비로소 우리는 이론상의 논의들을 이해하고, 그들이 적절한가 아닌가를 평가할 수 있게 되기 때문이다.

　　"법이란 무엇인가"라는 문제는 오랜 역사를 가지고 있는 문제이며 이에 대하여 많은 대답들이 주어져 왔다. 그러나 이들은 대부분 동일한 물음에 대한 여러 가지 대답이 아니라, 법의 본질에 관한 상이한 물음에 대한 대답들이다.[1] 이것은 놀라운 일이 아니다. 왜냐하면 법이란 복합적인 현상이어서 그 요소들은 다양한 관점과 관심에 입각하여 검토될 수 있는 것이기 때문이다. 이러한 점에서, 법의 본질에 대한 분석의 역사는 여타 분야의 철학적 연구, 즉 복합적인 현상(예컨대 과학·역사·예술)을

---

1) Richard Wollheim, "The Nature of Law," *Political Studies*, 2(1954), pp.128-144 참조.

분석하는 여타 분야의 철학적 연구와 다르지 않다. 결국 본 장에서 우리가 해야 할 일은, 이 물음을 몇 개의 물음으로 분해하여 법의 본질에 관한 물음 속에 내재해 있는 여러 문제들을 추출해 내는 것이다. 저자는 이것을 체계적으로 할 수 있게 해 줄 발견의 도구를 하나 간단히 만들어 보고자 한다.

▌법의 정의 ▌

"법이란 무엇인가"를 물으면서 — 이 물음이 어떠한 복합적인 의미를 담고 있건간에 — 철학자는 대체로 '법'이라는 것을 정의하거나 법의 개념을 분석하게 된다. 전통적인 말로 하자면 철학자는 법의 **본질**(essence)을 찾는 것이라고 말할 수 있겠다. 이것이 의미하는 바가 무엇인지는 — 설명의 편의를 위하여 — '인간의 본성'이라는 고전적인 예를 들어보면 이해하기 쉬울 것이다. 인간의 본성이 무엇인가 하고 물으면서 우리는 모든 인간이 반드시 가지고 있는 성질들을 찾는다. 전통적인 견해에 따르면(그것이 옳은지 어떤지는 우리의 관심사가 아니다) 그 성질이란 것은 '이성을 갖추고 있다는 것'과 '동물이라는 것'이다. 우리는 이러한 성질들이 인간이라는 개념을 구성하는 요소라고 보아도 좋을 것 같다. 달리 말하자면, 우리는 '인간'이라는 말을 '이성적 동물'이라는 어귀와 동의의 것으로 놓을 수 있다는 것이다. 어떠한 방식으로 우리가 사물을 관찰하는 경우에도, 이러한 견해에 따르면,

x 는 인간이다

라고 하는 형식을 가진 진술(예컨대 "철수는 사람이다")의 진위는 다음과 같은 형식을 가진 진술, 즉

　　　　ⅰ) x 는 이성적이다

　　　　ⅱ) x 는 동물이다

라는 두 진실의 접속문의 진위와 동치관계에 놓인다.

　　　이러한 두 진술 형식은 "x 는 인간이다"라는 형식의 진술이 참일 필요충분조건이 되고 있다. '이성을 가지고 있다는 것'과 '동물이라는 것'이 인간의 '본질'이라고 말하는 것과 같은 것이다(동치).

　　　이 예를 유추해 보면, '법'을 정의하고 법의 개념을 분석하려는 시도는, 법의 본질을 명시한다는 의미에서는, 법을 특징지우는 필요하고도 충분한 일단의 성질들을 찾는 것이 된다. 다시 말해서, '법'이라든가 '법적'이라는 말과 같은 법과 밀접한 관계를 갖는 말을 포함하고 있는 진술형식이 있는바, 우리가 일단의 진술을 찾아내어 그 각각은 위의 진술형식이 '참'일 필요조건이 되고, 그것들을 합해서는 위의 진술형식이 '참'일 충분조건이 되게 하면 된다는 것이다. 이제 이와 같은 연구에 착수하는 데 있어서 맨 처음 검토를 하기 위해서는, 우리가 주의를 기울일 유익한 초점을 제공해 주고, 또 법의 본질이라는 문제의 여러 분야를 밝히는 데 도움을 줄 진술형식 하나를 선택하는 것이 유용할 것이다. 우리가 고찰할 형식은,

　　　S에는 법체계가 존재한다

는 것이다. 이때 S는 주어진 사회를 가리킨다. 이러한 형식의 주장에 대한 필요충분조건을 제공하려고 하는 데 있어서, 우리는 "법이란 무엇인가"라는 물음 속에 함축되어 있는 복잡한 문제들을 차근차근 펼쳐볼 수 있어야 할 것이다. 즉 이들은 중심문제의 파생문제인 것이다.

물론 '법'이라는 말은 여러 가지 문맥에서 사용된다. 예를 들자면 법이라는 말은 개개의 법규를 가리키기도 하고, 한 사회에서 통용되고 있는 법 전체를 지칭하기도 한다. 이와 같은 용법을 해명한다는 것은 법의 본질이라는 문제의 주요 부문이 된다. 그리고 이 과제는 우리가 채택하고 있는 접근방법 하에서 특별한 하나의 문제로 제기된다. 그러나 '법'이란 또 어떤 종류의 사회제도를 지칭하기도 한다. 그리고 "S에는 법체계가 존재하고 있다"는 형태의 진술이 특히 관련하고 있는 것은 바로 이 광의의 용법인 것이다. 결국 우리는 한 사회 내에 법체계가 존재한다는 말이 의미하는 것을 밝히는 것, 바꿔 말하면 법체계의 존재라는 개념을 분석하고자 하는 것이다. 우리가 위에서 선택한 형태의 진술이 타당하기 위한 필요충분조건을 제시할 수 있다면 우리는 적어도 법의 본질을 확정하는 데 훨씬 가깝게 다가가게 될 것이다. 그러나 유념해야 할 것은, 이 장에서 우리가 추구하고자 하는 일차적인 목표는 문제를 해결하는 것보다 문제의 윤곽을 설정하는 것이라는 점이다.

여기에서, 드러나지 않은 난점을 지적해 두는 것이 중요할 것이다. 즉 "S에 법체계가 존재한다"는 명제가 참일, 개별적으로는 필요조건이고 공동하여 충분조건이 될 단일한 조건(더 정확히 말해서 단일한 체계)이 있어야 한다는 의미에서는, 법체계의 본질은 없다고 하는 것도 맞는 말일 것이다. 그 대신, 비록 중첩되기는 하지만 여러 상이한 충분조건의 집합들은 있을 수 있다. 바꿔 말하면 어떤 것을 법체계라고 자격을 부여하기 위해서는 한 가지 이상의 방법이 있다는 것이다. 더욱이 위에서 논의한 바 있지만, 법체계의 존재는 정도의 문제일 수도 있고, 또 법체계인가 아닌가 하는 경계선상에 걸린 경우도 있을 수 있다. 법이론가들 중에는 이것보다 더욱 강한 요구를 하는 사람도 있다. 법의 본질에 관한 많은 논쟁을 놓고 이들 논자들은 분석할 만한 법개념이라고는 없으며, "S에 법체계가 존재한다"고 하는 표현은 ─ 만약 어떤 의미를 거기에 부여하지 않는다면 ─ 전혀 아무런 명확한 의미도 없다고 단언한다. 그들은 주장하기를 법의 본질에 관한 논쟁은 ─ 한 어귀의 용법에 관한 수많은 정의의 약정과 제안에 지나지 않는다고 한다. 이러한 제안은 맞느냐 틀리느냐가 아니라 기껏해야 편리하다 또는 불편하다라고 말할 수 있다는 것이다.[2] 이러한 입장을 우리는 **약정주의**(Conventionalism)라고 부를 수 있겠다.

우리는 이 문제들을 지금 해결할 수는 없다. 여기서는 잠정적으로 **본질주의**(Essentialism: 법체계가 어떤 본질을 가지고 있다고 하는 견해)가 옳은 것으로 가정하고 진행해 나가는 것이 유익할 것이다. 그리고 "S에 법체계가 존재하고 있다"는 형태의 주장의 필요충분조건을 제공하려고 노력하고자 한다. 본질주의적 접근방법과 약정주의적 접근방법 사이의 불일치는 이 장의 여러 곳에서 반복하여 나타날 것이다. 그리고 좀 뒤에 저자는 "S에 법체계가 존재한다"는 말(및 이와 관련된 표현)의 의미를 규정하는 데 적절한 특정한 맥락을 제시하게 될 것이다. 지금으로서는 설사 본질주의

---

2) Glanville Williams, "The Controversy Concerning the Word 'Law'," in P. Laslett, ed., *Philosophy, Politics and Society*(Oxford: Basil Blackwell, first series, 1956), pp.134-156. Williams에 대한 비판은 E. Gellner, "Contemporary Thought and Politics," *Philosophy*, 32(1957), pp.353ff. 또 Herbert Morris, "Verbal Disputes and the Legal Philosophy of John Austin," *U.C.L.A. Law Review*, 7(1960), pp.27-56.

가 잘못된 것이라 하더라도 이것이 곧 약정주의가 옳다고 하는 것은 아니라고 하는 것을 지적해 두는 것으로 족할 것이다.

‖ 법체계의 제 요소 ‖

이제 어떤 사회에 법체계가 존재한다고 하는 말은 어떤 의미를 갖는가를 밝혀 보기로 하자. 이에 관한 실마리를 얻기 위하여 우리가 남방도서에 살고 있는 어떤 종족의 공동생활을 연구하는 일단의 인류학자의 일원이 되었다고 가정해 보자. 우리는 최종적으로 이 사회에 관한 책을 한 권 쓸 것을 계획하고 있다. 그렇게 함으로써 그 책에서 그 사회의 경제, 종교적 신앙과 실천, 가족의 구조와 기능 등을 기술하게 될 것이다. 또 이 공동체의 법에 관하여도 — 있기만 하다면 — 한 개의 장을 할애하게 될 것이다. 체계적인 연구를 하기 위해서는 적어도 이에 관한 중요한 자료에 대한 개략적인 생각 정도는 가지고 있어야 할 것이다. 즉 우리가 그것을 찾아내게 될지 확신할 수는 없더라도 무엇을 찾아야 할지는 대체로 알아야만 할 것이다.

따라서 우리가 첫째로 해야 할 것은 이러한 관점에서 연구할 특정 주제를 정하는 일이다. 많은 것들이 곧 제시될 것이다. 예컨대 분쟁해결이 법의 가장 초기의 형태라는 많은 역사가들이 제시한 견해에 따르면, 우리는 이 도서부락에서 어떻게 분쟁이 해결되는가에 관심을 기울이게 될 것이다. 사인(私人)간의 분쟁을 해결하기 위한 기관, 사회기구 또는 제도가 존재하는가? 있다면 그것은 어떤 종류의 분쟁을 해결하려 하고, 이 점에서 그것은 제약이 없는가? 분쟁들은 어떻게 그 해결을 위하여 이

기관에 인지되는가? 우리의 법원에서 통용되는 것과 같은 법절차가 존재하는가, 아니면 절차가 보다 비공식적인 분쟁해결방식(친밀한 친구들의 집단 사이에서 볼 수 있는 것과 같은)과 같은 형태를 취하고 있는가? 이 기관의 결정이 단순히 권고적인 데 지나지 않는가, 아니면 분쟁의 일방 당사자가 완강하게 반항하는 경우에 그 결정을 강제할 수 있는 기구가 마련되어 있는가 등등이다. 확실히 우리가 이미 이들 도서에 관해서 가지고 있는 지식 — 그들의 사회발전의 '수준' — 을 기반으로 해서 보면, 어떤 연구 방법은 곧 유익할 것이라고 생각될 것이고, 반면에 다른 것은 배제될 것이다.

제기된 여러 다양한 물음은 — 연구를 필요로 하는 일단의 가설들인데 — 어떤 특정한 활동에 종사하는 특정 기관, 즉 분쟁해결기관의 존재를 둘러싸고 집중되어 있다. 우리는 이와 같은 기관을 **법기관**(jural agency)이라고 부르고 이러한 활동을 **법활동**(jural activity)이라고 부르기로 하자. 그 도서부락에 관한 책의 법에 관한 장은 — 그 사회가 이런 것을 가지고 있다면 — 이 기관에 관하여, 그리고 이 법활동이 이루어지는 방식에 관하여 기술하게 될 것이다. 물론 이 장은 훨씬 더 많은 것을 다루게 될 것이다. 왜냐하면 우리가 다루어 보고자 하는 또 다른 계열의 연구가 있기 때문이다. 이들은 앞으로 볼 것이지만, 특정한 종류의 법기관과 법활동에 관해서도 관심을 기울이게 될 것이다.

우리는 이미 분쟁해결자의 결정을 강제하기 위한 기구가 존재하는가의 여부에 관한 물음을 언급하였다. 그런데 그것은 다음과 같이 일반화될 수 있을 것이다. 어떻게 그 사회의 법이 강제되는가? **법의 강제**는 우리의 관심을 끄는 또 하나의 법활동이다. 이와 같은 임무를 갖는 기관이 존재하는가, 아니면 복종을 확보하기 위하여 사회는 분산되어 있는 사회적 압력에 의존하는가? 어떠한 방법이 이 목표를 달성하는 데 사용될 수 있는가(예컨대 사형·패각투표·구금·벌금·비난의 표시 등)? 어떠한 상황에서 자력구제에 호소하는 것이 피해자에게 허용되는가? 법을 강제하는 기관이 존재한다면, 그것은 어떻게 구성되며, 어떻게 그 구성원을 충원할 것인가? 범법을 방지하려고 지키는 경찰과 같은 것이 상설되어 있는가 등등. 또 여기에는 우리가 고찰하기에 너무나 무익하기 때문에 배제해 버릴 수도 있는 여러 가지 물음도 있을 것이다.

우리가 법강제기관, 또는 법강제를 위한 다른 어떤 수단을 생각해 보는 경우에, 또한 우리는 보통 그것이 언제 법위반사태가 발생하였는가를 판단하는 기술과 관련하여서 기능하기를 기대한다. 이리하여 법위반사태인가 아닌가를 판단하는 법활동 및 그 소관 기관이 어디인가 하는 다른 일단의 물음이 제기되는 것이다. 이와 같은 기관이 존재한다면 그것은 어떻게 구성되는가? 씨족 또는 가문의 모든 수뇌가 이와 같은 범법 여부를 판단하는 과제를 맡고 있는가? 소송에 치죄법(治罪法: 형사소송법)이 사용되는가? 입증책임은 원고에게 있는가 피고에게 있는가? 등이 그것이다. 물론 우리는 이런 일련의 고찰을 수행하기 전에 그 사회에 관하여 얻은 기존의 정보를 다시 이용할 수도 있을 것이다.

여기서 우리의 관심은 다른 또 하나의 매우 중요한 문제로 넘어가게 된다. 그것은 법활동이다. 우리는 법의 위반의 판단과 법의 강제에 관하여 언급한 바 있다. 그러나 법 자체에 관하여는 어떤가? 법이라는 것이 어떻게 해서 도서민의 법이 된 것일까? 바꿔 말하면, 어떻게 그 법이 만들어졌는가 하는 것이다. 이것은 소위 '원시' 민족들을 연구하는 데 있어 아주 어려운 문제를 제기한다. 상당히 많은 그들의 법은 어떤 사람에 의해서 만들어진 것으로 보이지 않고, 그저 한 세대로부터 다른 세대로 전승되어서 '그저 거기에' 있는 것이다. 다른 한편 그곳에는 으레 국민에게 입법을 해 주었던 신이나 고대의 현자들에 관한 전설이 있다. 어쨌든 연구자로서 우리들은, 적어도 법이 변경될 수 있는 어떠한 방법이 있는가의 여부를 알고자 하게 될 것은 확실하다. **법을 만들고 변경하는** 법활동은 확실히 많은 사회에서 나타나고 있다. 따라서 우리는 그 사회에 이러한 활동에 종사하는 어떤 기관이 있는가 하는 물음을 제기할 수 있겠다. 물론 그 도서부락에 수장 또는 장로회의가 있다고 한다면, 우리는 그 중 어느 것이 이 점에 있어서 적극적인가를 알고자 할 것이다. 여기에서도 또 이와 같은 기관과 이러한 법활동의 수행에 관한 일단의 물음이 제기될 것이다. 이러한 활동을 지배하는 절차가 존재하는가? 의결기관이 존재하는 경우 그것이 다수결 원칙 등에 따라 움직이는가? 법을 개정하거나 새로운 법을 제정하는 동기를 규정하는 것은 어떤 요인들인가? 이러한 법이 어떻게 사회구성원에게 알려지게 되는가 등등. 우리는 이러한 질문들에 대답을 시도하기 전에 또 다시 우리가 그 사회에 관해서 갖고 있는 지식에 의존할 것이다. 물론 이런 연구분야가 법에 관한 우리의 장에 있어서는 비교적 공허한 것이 될지 모르나, 그것은 앞으로 보게 될 것처럼 중요한 철학적 구분이 될 수 있다.

　마지막으로 그 장은 적어도 **법규** 자체에 관한 요약적 설명을 담고 있어야 할 것이다. 무엇이 법인가? 어떤 종류의 행태를 이들은 규제하는가? 법이 특정한 성문의 형태 또는 불문의 형태로 되어 있는가? 법을 규정하는 데 전문용어가 쓰이는가? 이러한 물음들은 우리가 다루려고 선택할 수 있는 주요문제 가운데 불과 몇 가지에 지나지 않는다.

우리의 도서부락의 예는 한 사회에 법체계가 존재하고 있다는 말이 갖는 의미를 해명하는 실마리(바꿔 말해서, "S라는 사회에 법체계가 존재한다"는 형태의 주장 속에 담겨져 있는 내용에 대한 실마리)를 제공해 준다. 그리고 이것은 그 다음으로 법의 본성이라는 문제 속에 내재해 있는 여러 문제들을 공식화할 수 있게 해줄 것이다.

위의 논의를 따르면 아래의 제안은 당연히 도출된다.

S에는 법체계가 존재한다

라는 형식의 주장은 다음과 같은 조건들이 충족되어야 참이 되고, 또 그때에만 참일 수 있다(필요충분조건: 동치).

1. S에 법규가 존재한다
2. S에 법을 변경하거나 제정하는 기관이 존재한다
3. S에 법의 위반사태를 판단하는 기관이 존재한다
4. S에 법 강제기관이 존재한다
5. S에 개인간의 분쟁을 해결하기 위한 기관이 존재한다

이 항목들은 각각 처음의 주장, 즉 "S에 법체계가 존재한다"는 주장의 필요조건이며, 이것이 합동해서는 그것이 참일 수 있는 충분조건이 된다.

이 제안이 적절한가 아닌가를 논의해 보기 전에 주의해야 할 몇 가지 중요한 점이 있다.

여기서 제안된 설명방식과 도서부락의 예에서 채택된 연

구절차와의 대응관계는 명백하다. 이 부락법의 연구는 네 종류의 법기관, 이에 대응하는 네 가지의 법활동 그리고 그 부락의 법규에 관한 일단의 물음으로 구성되었다. 이러한 물음들은 "S에 법체계가 존재한다"는 형식의 주장이 갖는 의미를 푸는 실마리이다. 그런데 설령 우리의 주의를 먼저 한 사회 내의 법체계의 존재라는 생각에 고정시킨 후, 이 생각 위에서 숙고함으로써 위에서 제시한 제안에 도달할 수 있었다 하더라도, 확실히 이와 같은 절차는 기껏해야 우연에 지나지 않는 것이며, 성공할 가능성은 거의 없다. 하지만 우리가 채택한 분석의 전략(즉 한 사회 내의 법체계에 대한 정연한 연구를 위한 관점을 얻는 전략)은 확실히 보다 유리한 것이다. 왜냐하면 — 그리고 이것이 본질적인 점이다 — 하나의 관념을 이해하고자 하는 데 있어서는, 우리가 그 관념을 적용하는 대상에 관해서 어떠한 질문을 던질 것인가를 아는 것이 도움이 되기 때문이다. 위에서 제안한 설명 방법은 반드시 유념해야 할 것인데, 도서사회에 관해서 제기되는 다섯 가지 **그룹**의 물음들에 입각한 것이다. 각 그룹에는 기관의 조직, 그 작용방식, 법활동의 수행, 법규에 관한 매우 특정한 물음들이 많이 들어 있다. 물론 몇몇 이들 특정한 물음들이 철학적 관심을 가지고 있는 것은 사실이지만, 이들은 그 사회 내에 법체계가 존재하는가의 여부에 관해서 어떤 특정한 태도를 취하지 않고, 대신에 주어진 체계가 가진 명백한 특징들과 관련하고 있는 것으로 생각된다. 제안된 설명 방식의 다섯 가지 항목들은 이러한 군더더기를 떼어 버리고, '법체계의 존재'라는 관념의 본질적 구성요소만을 끄집어 내려는 시도에서 나온 것이다. 확실히 S′와 S″라는 사회도 각각 법체계를 가질 수 있다. 그러나 이들 체계는 여러 면에서 다를 수 있다. 우리는 다섯 가지 항목 가운데 어떤 것이 있거나 없음으로 해서 법체계들 가운데 차이가 나타나는가를 간단하게 살펴보고자 한다. 이 문제는 우리가 제안한 설명 방법이 적절한가 아닌가에 달려 있다.

‖ 법체계의 개념 ‖

앞에서 언급한 것을 통해서, "S에 법체계가 존재한다"는 것에 관한 제안된 설명 방법이 우선 수긍할 수 있는 것이 되었다. 한 사회 내의 법에 관한 인류학적 연구와 한 사회 내의 법체계의 존재라는 우리의(아마도 어느 정도는 잠정적인) 직관적 관념 사이에는 상호 관련성이 있다. 법체계의 존재라는 개념이, 그 개념에 합당한 예가 무엇인가를 묻는 물음을 지적해 냄으로써 명백해지는 것과 같이, 이러한 물음들도 우리가 가진 법체계의 존재에 대한 분석이전(pre-analytic)의 직관적 관념에 영향을 받고 있는 것이다. 그러나, 이들 양자에 영향을 미쳐서 우리의 제안을 수긍 가능하게 만드는 또 하나의 요소가 있다. 그것은 바로 우리들 자신이 살고 있는 사회의 법체계이다. 이것은 우리에게 법체계 존재의 명백한 예를 제공해 준다. 이 명백한 예의 가장 일반적인 면모들은 확실히 위에서 분석한 다섯 가지 요소로 나타난다. 물론 이외의 다른 측면을 일반적인 면모라고 볼 수도 있어서 예컨대, 네 가지 이상의 법기관과 법활동이 존재한다고 주장할 수도 있다. 어떠한 특정한 주장도 고찰해 볼 만한 것이고, 이것이 보다 자세한 설명 방법을 제안하게 해줄 수도 있다. 이러한 문제에 관해서 독단적이 된다는 것은 온당치 못한 일이 될 것이고, 따라서 저자는 다만 우리의 제안의 수긍 가능성을 논의하는 정도로 그치겠다. 물론 수긍 가능성을 긍정한다고 해서 그것이 결함이 없다고 주장하는 것은 아니다. 그러나 덧붙여 두어야 할 것은, 그 제안을 통해서 우리가 설명할 수 있게 되는 문제들이, 앞으로도 보겠지만 그 설명이 적절한가 아닌가와는 상관없이 정당한 문제로 남는다는 것이다.

처음에는 수긍할 만한 것으로 보였지만, 어떤 개념의 분석이나 어떤 표현의 의미의 해명이 부적당하게 될 수 있는 것에는, **지나치게 좁거나 지나치게 넓은** 것의 두 가지가 있다. 전통적인 분석에 따르면,

x는 사람이다

라고 하는 것은,

ⅰ) x는 이성을 갖추고 있다.

ⅱ) x는 동물이다

라는 조건을 갖추고 있을 때에 성립하고 또 그때에만 성립한다(필요충분조건이다). 그러나 예를 들어서, 조건(ⅰ)이 제거된다면, 그 분석의 결과가 지나치게 확대될 것은 명백하다. 남아 있는 조건[조건(ⅱ)]은 사람뿐만 아니라, 사람이 아닌 병아리도 만족하는 것이다(그 분석이 인간의 집합을 전혀 포섭하지 못하는 경우에는 처음부터 수긍가능성이 없을 것은 명백하다). 반면에 만약,

(ⅲ) x는 그리스어를 말한다

는 조건이 위의 조건들에 부가된다면, 분석의 결과는 확실히 지나치게 좁게 될 것이다. 나아가서, 설령 모든 사람이 그리스어를 말한다는 것이 **똑같이** 사실이라 하더라도, 분석의 결과는 여전히 지나치게 좁게 될 것이다. 왜냐하면 가설에 의해서 (ⅰ)과 (ⅱ)의

조건을 만족시키는 사람이라면, 그 사람은 설사 그리스어를 말하지 않는다 하더라도 우리는 기꺼이 그를 사람으로서 자격 부여를 하게 될 것이기 때문이다. 우리는 그리스어를 말하지 않는 사람을 **생각할** 수는 있지만, 전통적인 견해에 의하면 이성을 갖지 않은 사람은 생각할 수 없는 것이다. "S에 법체계가 존재하고 있다"는 설명에도 이와 유사한 고려가 적용된다.

물론 어떤 분석(이나 설명)이 적절하다는 것을 밝히기보다 그 설명(분석)이 너무 넓거나 너무 좁다는 것을 밝히기는 쉽다. 증명이란 일반적으로 문제가 되지 않는다. 우리가 할 수 있는 최선은 특정한 주제에 대한 공통의 언어, 공통의 사고에 주의깊게 관심을 기울이는 것이다. 여러 가지 다양한 예들을 검토해 봄으로써, 우리는 넓다든가 좁다든가 하는 주장들에 대비할 수 있을 것이다.

우리는 아직 우리의 설명 방식이 너무 넓은가의 여부를 판단할 수 있는 자리에 서 있지 못하다. 그렇지만 거의 그렇게 생각되지는 않는다. 왜냐하면 그 다섯 가지 조건이 충족되는 사회에는(명백한 예) 법체계가 존재하고 있다고 말하는 것이 타당한 것으로 생각되기 때문이다. 그러나 여기에는 매우 복잡한 문제가 숨어 있다. 그래서 우리는 이 점에 관한 논의를 잠시 미루어야겠다.[3]

반면에 우리는, "S에 법체계가 존재한다"는 제안된 설명 방식이 지나치게 좁은 것인지 어쩐지에 관한 문제를 끄집어 내 보는 것이 유용할 것이다. 저자의 생각으로는 사실 이것은 좁은

---

3) '최소한의 내용'에 관한 논의는 p.43 참조.

것이며, 나아가 본질주의라는 것은 그것이 처음 설명되었던 식으로는 유지될 수 없다는 것을 논하고자 한다.

그 도서(島嶼)의 예를 생각해 보자. 연구의 결과 그 도서사회에 법규가 존재하고, 개인간의 분쟁을 해결할 기관이 존재하지만, 입법기관이나 법개정기관이 존재하지 않는다는 사실이 드러났다고 생각해 보자. 비교적 단순하고 정적인 사회에 있어서 이것은 그렇게 놀랄만한 일이 못된다(이것은 법이 변경되지 않는다는 말이 아니다. 오히려 변화과정이 의도적이 아니라는 것이다). 이런 경우 이 도서사회에 법체계가 존재한다는 것을 부인하여야 할 것인가? 저자는 그렇게 생각하지 않는다. 우리는 그 대신에, 비록 이 사회가 명백한 예가 갖는 여러 특징적인 면모들 가운데 어느 하나를 결하고 있다 하더라도, 여기에도 법체계가 존재한다고 주장할 것이다. 한 개념이나 표현에 들어맞는 모든 사례가, 명백한 예가 갖는 모든 면모— 또는 나아가서 모든 핵심적 면모를 가져야 할 필요는 없다. "S'에 입법 및 법개정기관이 있다"는 것은 S'에 법체계가 존재한다는 주장에 유리한 것으로 평가된다. 그러나 다른 조건이 충족되는 한 이것이 없다고 해서 이러한 주장을 못하게 되지는 않는다. 이 점은 강조될 필요가 있다. 왜냐하면 많은 주요 문제에 관해서 견해 차이를 보이는 법철학자들도 그들의 법이론들을 이와 같은 기관에 초점을 맞추고 있기 때문이다. 이런 종류의 이론들은 다음 장에서 논의하기로 한다.

위에서 말한 바와 같이 다른 조건이 충족되는 경우에는 "S에 법체계가 존재하고 있다"는 데 대한 우리 설명의 둘째 요소가 없어도 된다는 것은 명백하며 따라서 우리의 제안이 너무 좁다는 것이 명백하게 되었다. 그러나 이 요소가 모든 상황에서 제거될 수 있다는 말은 아니다.

여기서 우리가 해야 할 것은 위에서 한 것처럼 우리가 제안한 다른 세 가지의 법활동을 각각 차례대로 검토해 보는 일이다. 그 분석의 여러 요소들(24페이지 참조) 각각에 붙여진 숫자를 사용하면 우리가 생각하는 경우는 다음과 같이 될 것이다.

a. 1, 3, 4, 5(바로 전에 우리가 살펴본 것)

b. 1, 2, 4, 5

c. 1, 2, 3, 5

d. 1, 2, 3, 4

이들 각각에 대해서 우리는 다시 한번 물음을 던져야 한다. 그 도서사회에 법체계가 존재한다고 우리가 주장할 수 있는 것인가(그 체계가 얼마나 잘 기능하는가는 여기에서는 문제가 안 된다)? 아마도 여러 대답에 대해서 완전하게 동의할 수는 없을 것이다. 저자 자신은 거의 망설이지 않고 이 문제에 긍정적으로 대답한다. 그리고 이러한 각 경우에 있어서 그 사회에 법체계가 존재한다고 하는 것은 수긍가능성이 매우 높다는 것을 인정하여야 할 것이다.

▌법복합체 ▌

여기서 간단하게 이러한 견해가 본질주의적 접근방식과 약정주의적 접근방식간의 불일치에 대해서 갖는 의미를 고찰해 보자. 순서대로 살펴보자.

ⅰ) b의 경우: 법 위반에 대하여 결정하는 기관 ― 여기서는 그러한 기관이 없는 경우를 생각하고 있는데 ― 은 보통 법강

제기관과 결합하여 작용하고 있다. 따라서 저자의 생각은 법강제 활동과 구별되는 위법사례에 대하여 결정을 내리는 독립한 기관은 없어도 된다는 것이다. 이것은 마치 형사법원이 없이 경찰과 치안유지만이 존재하는 경우와 같은 것이다. 물론 이것은 문제의 활동이 — 이것은 단순한 '즉결심판'에 의한 또는 범죄예방을 위한 현장에서의 형벌 부과와는 다르다 — 어떤 성격을 갖는가 하는 문제를 제기한다. 이것은 우리가 여기서는 다룰 수 없는 법이론의 문제이다. 이 기관이 존재하고 있다면, S가 법체계를 가지고 있다는 주장은 명백히 지지될 것이다. 그러나 다른 조건이 만족되는 경우에는 이 기관이 없다고 해서 그와 같은 주장이 논박되는 것은 아니다.

ⅱ) c의 경우: 이것은 가장 논쟁거리가 많은 경우이다. 두 가지 문제가 제기되는데, 이들은 서로 관련을 맺고 있다. 첫째로 법을 강제하는 기관이 존재하지 않는 경우, 어떻게 그 사회의 법이 식별될 수 있을 것인가? 아마도 강제기관과의 관련성이 없다면 법과 그 밖의 사회규범과를 구별할 방법이 없을지도 모른다. 그러나 다른 기관들이 존재하는 경우에는 이 점에 관하여는 아무런 어려움이 없을 것이다. 둘째로 강제기구가 존재하지 않는다는 것은 법에서 **법적 성격**(jural character)을 박탈해서, 법을 다른 사회규범의 지위로 전락시켜 버리게 될지도 모른다는 점이다. 생각건대 이 점은 어느 정도 설득력을 가지고 있다. 그러나 다른 기관들이 존재하는 경우에 사회는, 그 사회에 법체계가 존재하고 있다는 주장을 할 수 있을 만큼 **충분한 정도의 법복합체**(jural complexity)를 가지게 된다.

ⅲ) d의 경우. 개인들간의 분쟁해결기구가 없다는 것은 우

리에게 아무런 문제도 되지 않는다. 우리는 물론 도서사회에 그와 같은 기관이 존재하지 않는다는 것을 알게 되면 놀라게 되고, 분쟁해결을 위한 다른 기구(mechanism)가 있는가를 찾아보게 될 것이다(마지막 제6장에서 여러 종류의 분쟁해결방식을 검토해 보게 된다).

　　이상과 같은 고찰을 통하여 우리는 다음과 같은 결론을 맺을 수 있겠다. (1) 네 가지 법기관 가운데 어느 하나의 존재도 그 사회에 법체계가 존재하고 있다는 주장을 지지하는 편에서 제시될 수 있다. 그리고 (2) 어떤 특정기관이 존재한다는 것은 이와 같은 주장이 참이기 위한 필요조건이 아니다. "S에 법체계가 존재한다"는 데 관하여 우리가 제안한 설명은 확실히 너무 좁다. 이런 식의 주장이 참일 단일한 필요충분조건 대신에, a부터 d까지의 네 가지의 충분조건이 있는 것이다.

　　그러나 우리는 더 나아갈 수도 있을 것이다. 그 도서부락의 법기관 가운데 하나만이 없다고 하는 대신에, 네 기관 가운데 둘이 없는 경우를 생각해 볼 수도 있다. 이런 식으로 생각해 보면 여섯 가지의 경우가 있으나 여기에서는 이것들을 자세히 검토하지는 않겠다. 생각건대, 이들 각 경우에 있어서도 그 사회에 법체계가 존재한다는 주장을 수긍할 수 있을 것이다. 이와 같이 더욱 적은 조건을 가지고도 그러한 주장을 할 수 있을 것이다. 우리는 법규의 존재, 그리고 여러 법기관 가운데 어느 두 개만을 필요로 한다. 그러나 우리는 법규가 존재하고 단 하나만의 법기관이 존재하는 경우에도 법체계가 존재한다고 하는 정도로까지 조건을 넓게 잡을 수 있으리라고는 생각하지 않는다.

　　이와 같은 고찰이 가르쳐 주는 것은, 법 또는(더욱 자세하게는) 법체계의 존재는 고정된 현상이 아니라는 것이다. 이러한 소극적인 주장이 본질주의자들의 접근방식을 비판하는 약정주의자들의 입장에 기본이 되는 것이라는 한에서, 저자는 약정주의자의 견해를 받아들인다. 그러나 그렇다고 해서 만약 약정주의가 다음과 같은 의미라면, 즉 '법'이라는 말이 또는 "S에 법체계가 존재한다"는 형식의 진술이 참이기 위한 일단의 조건이, 어느 누가 원하는 어떠한 의미도 자유롭게 규정할 수 있다는 뜻이라면, 약정주의의 입장을 완전히 옳은 것이라고는 볼 수 없다. 왜냐하면, 결국 법체계라는 것은 우리의 고찰에서 채 다루어지지 못한 많은 점에서 서로 다를 수 있다는 것이 우리의 주장이기 때문이다. 따라서 동일한 종류의 법기관을 가지고 있지 않은 S′와 S″라는 두 사회에 L′와 L″라는 두 개의 체계가 있을 수 있다. 그러나 L′와 L″는 모두 법체계일 수 있는 것이다. 그럼에도 불구하고, 현재 우리가 설명하고 있는 것과 관련시켜 보면, 모든 법체계는 어떤 매우 일반적인 면모를 공유하고 있다 — 그것은 바로 법규 및 법복합체(laws and jural complexity)[4]이다. 독자들은 법규의 존재가 이들 모든 경우에 자리잡고 있음을 확실히 감지하였을 것이다. 법규는 모든 법체계에 있어서 필요요소이다. '법규 없는' 법체계란 생각할 수 없다 — 그것은 마치 왕자가 아닌 햄릿과 비슷할 것이다. 그러나 본질주의에 반대하는 요점은 법복합체를 획득하는 방법이 하나 이상 있다는 것이다. 법체계 개념은 여러 가지 방법으로 제안될 수 있다. 이때에도 한 사회 내에

---

4) 따라서, 그 도서부락의 언어에 관한 사전에서 그 도서부락의 용어인 '펌체계'라는 말을 '법체계'로 번역하고 있는 경우에, 그것만 가지고는 그 섬의 체계상 중요한 요소가 법규와 법복합체를 가지고 있다는 것 이외에 다른 어떤 것인지를 알 수는 없다.

그 기관들 가운데 어떤 것이 존재하고 있다는 것은 그 사회가 법체계를 가지고 있다는 주장을 하는 데 중요한 것이다. 여기서 받아들여지는 입장은 일종의 수정된 본질주의이다.

　　논의를 끝맺기 전에 하나 주의해야 할 것이 있다. 저자가 말한 것을 "S에 법체계가 존재한다"는 말에 대해서나 또는 다른 이와 관계되는 말에서, 의미를 정하는 것이 정당한 경우가 전혀 없다는 뜻으로 받아들여서는 안 된다는 것이다. 우리는 다음 절에서 이 점을 언급할 기회를 갖기로 하자.

　　마지막으로, **법의 본질 문제**의 기본 요소들을 살펴보기로 하자. 이들 중 몇 가지는 이미 다룬 바가 있다. 그리고 또 확실한 것은, "S에 법체계가 존재한다"는 진술에 관해서 우리가 제안한 설명이 적절한가의 여부를 검토하는 가운데 우리는 이미 법철학에 관하여 상당한 설명을 했다는 것이다. 이러한 검토는 무엇보다도, 법의 본질에 관한 여러 상이한 이론들을 비교할 모델을 제공해 주었다. 그러나 우리의 주된 목표는 문제를 체계적으로 풀어내는 것이었고, 우리가 제안한 것은 이 목표를 수행하는 데 도움을 준다. 현재의 입장에서 보자면, 그 제안은 여전히 다음의 다섯 가지 조건을 내포하고 있다.

　　1. S에 법규가 존재한다
　　2. S에 법을 제정하고 개정하는 기관이 존재한다
　　3. S에 법위반을 판결할 기관이 존재한다
　　4. S에 법을 강제할 기관이 존재한다
　　5. S에 개인간의 분쟁을 해결할 기관이 존재한다

　　이 조건들 중 첫 번째의 것은, 어떤 사회이건 간에 그 사회가 법체계를 갖기 위해서는 반드시 충족되어야 할 것이다. 2

에서 5까지의 조건을 충족한다는 것은 이러한 주장을 하는 데 중요한 것들이다. 또 이외에 그 사회가 충분할 정도의 법복합체를 가져야 한다는 조건도 있다.

이제 우리는 이러한 다섯 가지 조건을 놓고 이렇게 물음을 제기할 수 있다. 어떠한 상황 하에서 그 조건이 충족되었다고 할 수 있겠는가?

지면 관계도 있고 해서, 다섯 가지 조건을 각각 개별적으로 고찰할 수는 없다. 또한 그렇게 하는 것은 필요하지도 않다. 중요한 문제 — 법의 본질에 관한 문제의 기본적 구성요소들 —는 (1) **법규**의 개념분석, (2) **법기관**의 개념분석, (3) 여러 **법활동**의 일반적인 모습의 성격 규정을 중심으로 하고 있다. 이들 문제들을 구획지워 주는 명확하고도 굳건한 울타리는 없다. 따라서 첫째 것을 논함으로써 윤곽을 잡아야 하겠다. 우리의 관심은 주로 여기에 집중된다.[5]

‖ 법 규 ‖

법규에 관해서는 세 가지의 주된 문제가 있다. 그것은 법규의 인식과 존재의 문제, 법의무의 문제, 그리고 법체계의 내용의 문제이다.

이 가운데 첫째는 우리가 이미 다룬 바 있다. 돌이켜 보면, 우리가 인류학의 예를 드는 가운데 우리에게 놓여 있던 과

---

5) 지면의 제약으로 인하여 셋째 항을 따로 떼어서 다루지는 못하나, 오히려 부수적으로 다른 문제는 다루게 된다. 제6장에서 법활동 가운데 하나를 약간 상세하게 다루게 된다.

제는 한 섬의 법을 요약해서 설명하는 것이었다. 이것은 엄청난 일이라고 할 수 있는데, 그것은 이 사회의 법이 요약해서 설명될 수 없을 정도로 복잡하기 때문인 것은 아니다. 오히려 어려운 것은, 이 사회의 법을 다른 법유사의 대상들 — 인습, 사회적 규칙들, 계율, 금기, 행위준칙, 관습, 윤리, 풍조, 관례, 습관, 습성 등과 구별하기 어려움에서 나오는 것이다. 예컨대 어떻게 우리가 법을, 개략적으로 말해서 그 사회에서 '규칙으로서' 작용하고 있는 것들과 구별할 수 있을 것인가?

극단적인 경우의 예를 드는 것이 유용할 것이다. 수단에 거주하고 있는 나일강 유역의 한 부족인 누어인(Nuer)을 생각해 보자. 루시 메어(Lucy Mair) 교수에 의하면 누어인은, 어떤 정부를 가지고 있다고 본다 하더라도, 다른 어떤 사회에서와 같은 정부라고는 거의 말할 수 없을 정도로 생각된다는 것이다. 법원이라든가 경찰관에 해당하는 것은 전혀 존재하지 않는다. 물론 누어인들이 쉽게 싸우기는 하지만, 그러나 그들이 항상 홉스식의 만인에 대한 만인의 투쟁을 벌이고 있는 것은 아니다. 메어 교수는 인류학자인 에반스-프리처드(Evans-Pritchard)의 말을 인용하면서, 누어인이 '질서잡힌 무정부'(ordered anarchy) 상태에서 살고 있다고 한다. '범죄'(offenses)로 생각되는 행위도 있다. '내것', '네것'의 관념이 있고 또 어떤 개인이 그의 인격이라든가 재산에 '침해'를 당하면, 침해자로부터 배상을 확보하기 위하여 한 집단이 그를 도와 줄 것을 기대한다. 종종 이것은 침해당한 개인이 그 배상을 확보하기 위하여 싸움—폭력을 사용할 수 있는 '권리'를 인정하는 결과가 된다. 또 여기에 자력구제와 싸움의 한계를 긋는 관습이 있다. 그러나 그 집단이 누구를 위하여 행동하라는

'권한을 부여받았다'(수권)는 관념은 없으며, 또 싸움이 허용되는 가의 여부를 결정해 준다든가, 싸움을 멈추라고 명령하는 권위를 가졌다고 인정되는 개인도 존재하지 않는다.[6]

이것이 극단적인 경우인 것은, 이 사례를 통해서 이 사회의 법이 어떻게 관습이나 인습과 구별되는가 하는 문제가 강력히 제기될 뿐만 아니라, 이러한 현실을 도대체 어떻게 성격규정할 것인가 하는 것 자체도 문제가 되기 때문이다. 이것들이 사회적 규칙인가, 사회적 관습인가? 아니면 이것들 모두가 법이라고 성격규정되어야 할 것인가? 이 예를 드는 것은 인류학자들처럼 이러한 난점들을 피할 수 있는 길이 있다는 것을 아는 것이 중요하기 때문이다. 연구를 해 본 결과, 그 섬 주민들이 누어인과 유사한 문화를 가지고 있는 것이 발견되었다고 생각해 보자. 그 섬에 관한 책을 쓸 때 우리는 쉽게 그 섬의 법에 관한 항목의 제목을 바꾸기로 결정할 수 있을 것이다. '법'이란 낱말은 여기에는 전혀 나타날 필요가 없다. 법의 강제라고 말하는 대신에 우리는 예컨대 일탈행위자의 처우라는 식으로 말할 수도 있다.

우리에게는 인류학자들처럼 또 다른 하나의 대안도 있다. 우리는 그 핵심적인 낱말에 대한 적절한 정의라고 생각되는 것을 자유롭게 선택할 수 있다. 즉 "S에는 x가 법이다"라는 말을 "S에서는 x가 일반적인 관습이고, x로부터 일탈하면 S의 구성원들로부터 가혹한 비난을 받게 된다"는 뜻으로 규정할 수 있다. 이것이 결국 법, 도덕, 사회규칙, 관습이라고 불리는 것들을 뒤범벅이 되게 한다는 것은 명백하다. 그러나 그 책의 독자들은 그

---

6) Lucy Mair, *Primitive Government*(Baltimore: Penguin Books, 1964), Chapter 1 참조.

사회에 있어서의 '법'이라는 말을 우리가 어떤 뜻으로 사용하는가는 명확히 알 수 있을 것이다. 또 우리는 더 나아가, 그 섬에 관한 책을 저술하기 위해서 "S에 법체계가 존재한다"는 말의 의미를 정할 수 있을 것이다.

그러나 우리에게 편리한 정의를 끌어들이는 이러한 자유는 단지 단기적인 목적에만 통용될 뿐이다. 방금 든 예에서 정의된 용어는 보다 길고, 보다 성가신 표현을 생략한 것으로 우리에게 기능할 수 있다 — 그러나 그것은 그 섬에 관한 우리의 저서의 시각 내에서만이다. 약정주의식의 접근방법이 정당하다고 하는 것은 바로 이러한 제한 아래에서만 가능한 것이다.[7]

철학적 관점에서 우리는 **장기적** 정의를 찾으며, 단어의 의미를 해명하려 하며 — 이것이 우리가 자주 개념분석을 운위하게 되는 이유이다 — 따라서 인류학에 관한 책의 저자의 입장에서 사용하게 되는 도구를 사용할 수는 없는 것이다.[8] 어쨌든 철학적 정의라는 것은 — 물론 항상 그런 것은 아니지만 — 연구의 출발점이라기보다는 연구의 결과인 것이다. 일단의 필요충분조건을 얻는다는 관점에서 볼 때, 이러한 결과를 항상 얻을 수 있다는 보장은 없다. 이것은 특히 '법'이라는 말에서도 타당한 것으로

---

7) 인류학자들도 항상 이와 같은 도구를 사용하는 것은 아니다. 이 문제에 관한 논의는 Bronislaw Malinowski가 H. Jan Hogbin, *Law and Order in Polynesia*(New York: Harcourt, Brace and Co., 1934)에 붙인 서문 및 Paul Bohannan, "The Differing Realms of Law," in P. Bohannan, ed., *Law and Warfare: Studies in the Anthropology of Conflict*(Garden City: Natonal History Press, 1964), pp.43-56 참조. 또 A. A. Schiller, "Law," in R. A. Lystad, ed., *The African World: A Survey of Social Research* (New York: Praeger, 1967), pp.167ff. 참조.

8) Gellner, "Contemporary Thought and Politics" 참조.

보인다. 물론 철학자는 장기적으로 사용하기 위한 정의를 **제안할** 수 있다. 이것은 정의하는 자가 좌우할 수 있는 제한된 범위 내에서만 타당한 정의를 자유로이 입안하거나 약정하는 것과는 전혀 다른 것이다. 이와 같은 제안에 관해서 우리는 그것이 좋은지 나쁜지를 물을 수 있다. 우리는 제안을 받아들일 수도 있고 거부할 수도 있다. 그 어떤 경우에도 근거(reason)가 주어져야 한다. 예를 들어, 때로는 이에 반대되는 명백한 예를 제시함으로써 이 정의는 '반박'될 수도 있는 것이다.

　'법'이라는 말의 장기적 정의(또는 'x가 법이다'라는 형식의 표현 또는 법개념에 관한 여러 분석들이 참이기 위한 제조건)는 직관적으로 인식되는 여러 특징들을 가지고 있으면서, 그 말이 적용되는 가장 광범위한 집단을 포착하는 것을 목표로 하고 있다. 따라서 "정말로 어려운 것은 정의하는 것 자체가 아니라, 정의되어야 할 것을 따로 떼어내는 것이다. 기존의 수많은 정의가 제각기 다른 것은 이런 관점에서 연유한다."[9]

　철학자의 문제는, 법이(항상 그런 것은 아니지만) 일반적으로 법이 아닌 것들과 공유하는 많은 성격이 있다는 사실 때문에 나온다. 예컨대 법은 도덕규범이나 경기의 규칙과 같이 어떤 종류의 행위를 할 것을 요구하거나 금지한다. 이것은 다음과 같은 문제를 야기한다. 즉, 어떤 의미에서 법이란 것이 어떤 행위를 하는 것 또는 하지 않는 것을 의무로 만드는가? 또 도덕규범이나 관습적 사회규범과 마찬가지로 법은 행위의 지침으로 사용된다. 그러나 관습규범과는 같지만 도덕규범과는 달리, 법은 일정

---

9) Albert Kocourek, *An Introduction to the Science of Law*(Boston: Little Brown and Co., 1930), p.216 참조.

한 범위의 영토 내에서 힘과 효력을 갖는다. 그렇다면 어떻게 법이 도덕규범과 구별될 것이며, 관습규범과는 어떻게 구별될 것인가? 법도 관습도 어떤 의미에서는 강제되지만, 그러나 법의 강제에는 무슨 특별한 것이 있는가?

이렇게 볼 때, 법철학자의 과제 가운데 하나는 법과 공통되는 속성을 가지고 있는 대상들, 또 법과 혼동될 수 있는 대상들로부터 법을 선택해 낼 수 있는 공식(또는 정의 내지 분석)을 제공하는 일이다.[10] 이러한 공식은 자주 법의 **이론**이라고 불리어진다. 다음 장에서 우리는 법철학상의 두 가지 전통의 대표적 이론들을 검토할 것이다. 우리가 보게 될 것처럼, 몇몇 이론들은 어떤 법기관에 대해서 특별한 중요성을 부여하고 있다.

‖ 법의 효력 ‖

한 사회 내에 법체계가 존재하는가의 문제를 다루는 주요 방법의 하나는 법의 효력이라는 관념을 중심으로 검토해 보는 것이다. 한 사회 내에 존재하는 법이란 대체로 그 사회 내에서 효력을 가진 것일 것이다. 따라서 일단의 '법유사'의 문장들(예컨대 일단의 규칙들)이 존재하는 경우에 우리는 이것이 그 사회에서 유효한 법을 나타내고 있는 것인가라고 물을 수 있다. 이에는 네 가지 형태의 기준이 중요한 것으로 생각되는데, 이들은 각각

---

10) 이러한 공식을 제공하는 데 때때로 쓰이는 도구 중 하나는 법을 표현하는 범전적(範典的) 형식(canonical form)이다. 이러한 형식은 그것의 법적 성격을 보여 줌으로써 법의 '실질적' 내용을 언급할 수 있게 해 주는 것이라고 주장된다. 이것의 고전적인 예는 다음 장에서 논할 한스 켈젠의 이론이다.

법에 관한 주요 이론들 속에서 강조되어 왔던 것들이다. 이들을 간단히 살펴보자.

● **행태적 기준** — 사회구성원들의 실제 행동이 법에 완전히 무관심하다면, 어떤 일단의 규율이 그 주어진 사회의 효력 있는 법이라고 주장하기는 참으로 어려울 것이다. 예로서 사회의 하나의 축소판으로서 카드놀이를 하는 일군의 사람들을 생각해 보자. 이때 그들이 하고 있는 놀이가 무엇인가, 즉 이 사회(집단)의 규칙이 무엇인가 하는 질문이 제기된다. 만약 그들이 하는 놀이의 행태가 거의 브릿지 놀이의 규칙과 일치하지 않는다면, 그들이 브릿지를 하고 있다고 말하기는 어려울 것이다. 말하자면 놀이하는 집단 속에서의 규칙의 효력(과 존재)을 주장하기 위해서는 그 일단의 규칙이, 적어도 행동이 그 규칙에 맞는다는 의미에서 실효성을 가져야만 한다. 이것은 한 사회의 법에도 마찬가지이다. 법의 효력을 주장하기 위해서는 법은 실효성이 있어야만 한다. 물론 법이 완전하게 실효성을 갖는다는 것은 기대하지 않지만 말이다.

● **심리적·행태적 기준** — 어떤 학자들은, 이상과 같은 행태적 고찰은 기껏해야 한 사회 내의 법의 효력(과 존재)의 필요조건일 뿐이라고 주장한다. 이러한 학자들은, 사회구성원이 법에 준거하여 자신들의 행동에 대하여 비판적인 **태도**를 가져야만 한다고 주장한다. 다시 말해 효력 있는 법이란 그 구성원의 행위에 **규범**이 되고 있는, 즉 행위에 지침으로 사용되고 있는 법이라는 것이다.

● **규범적 기준** — 어떤 학자들은 이와 같은 심리적·행태적 고찰 역시 불충분하다고 생각한다. 한 사회 내에서 유효한 법이란 단순히 지침으로 사용되는 정도의 것이 아니라고 이들은 주

장한다. 또 이것이 항상 필요한 것도 아니라는 것이다. 중요한 것은 법이 그 구성원들을 **구속한다**는 것이다. 이 견해에 따르면 그 구성원이 준수할 의무가 없는 법이란 효력이 있는 법이라고 할 수 없다.

　　　세 가지 형태의 기준 가운데 마지막 것은 법철학상 가장 열띤 논쟁을 야기한다. 이 의무를 어떻게 이해할 것인가? 네 가지의 중요한 해석이 제시되어 있다. 뒤에 고찰해 보겠지만, 이들은 이론들 가운데 단독으로, 또는 여러 가지 복합된 형태로 나타난다. 그 첫째 해석에 의하면, 법이 사회에 구속력을 행사하는 것은 법이 **강제될** 때라는 것이다. 어떤 의미에서 "힘이 옳은 것이다"라는 말이다. 이 입장은 법강제기관의 존재를 전제한다. 둘째의 해석에 의하면 ― 심리적·형태적 접근방법의 연장이다 ― 법이란 그 구성원들이 **구속적인** 것으로 **승인할** 때에만 구속력을 갖는다는 것이다. 브릿지놀이를 하는 축소판 사회의 구성원들은 브릿지 놀이의 규칙을 그들 자신의 행위의 지침으로 삼는다. 왜냐하면 그들은 그 규칙을 자신들을 구속하는 것으로 **승인하고** 있기 때문이다. 그리고 이것은 법에 있어서도 마찬가지이다. 이것은 일종의 국가에 관한 사회계약설이다. 우리가 제시한 놀이의 예를 따라보면, 우리는 이와 같은 법의무론을 '브릿지놀이 사회의 계약설'이라고 부를 수도 있겠다. 셋째 해석에 따르면, 법의 구속성이란 독특한 종류의 의무로서 당해 사회에서 법을 만드는 데 필요한 **형식적인** 요건에 맞게 만들어진 법에 부여되는 의무라는 것이다. 이 입장은 입법기관 및 헌법과 같은 것의 존재를 전제한다. 넷째 해석의 관점에서 보면, 법이란 그 구성원들이 법준수의 **도덕적 의무**를 가질 때, 사회 구성원을 구속하게 된다는 것이다. 이와 같은 의무는 법이 어떤 윤리적 기준 ─ 예컨대 정의의 원리 ─ 을 만족시킬 때 유지되게 된다.

　● **최소한의 내용** ─ 이 요소는 방금 위에서 말한 넷째의 해석과 연관되기도 하지만, 별도로 언급할 필요가 있다. 한 사회 내에 법이 존재하고 있다는 관념은 이제까지 설명한 요소들 중 어느 하나를 또는 그것들을 종합하여도 적절하게 드러나지 않는다고 말할 수 있겠다. 그러나 이 관념이 그렇게 불확정적인 것은 아니다. 왜냐하면 (이 견해에 따르면) 우리가 한 사회 내에 존재하고 있는 법을 고찰하는 경우에, 우리는 그 법들이 가장 기본적인 법을 포함하고 있다고 생각하기 때문이다. 예컨대 그 사회에서 폭력을 마음대로 사용하는 것을 금지하는 법은 반드시 있어야만 하는 것이다. 이러한 법이 바로 여러 법의 **최소한의 내용**을 이룬다. 다른 면에서 보면 특정한 최소한의 내용의 요구는 ─ 이것이 받아들여지는 경우에는 ─ 한 사회 내에 법규가 존재하기 위한 조건이 아니라, 법체계가 존재하기 위한 또 하나의 조건이라는 주장도 수긍할 수 있겠다. 이것이 옳다면 처음에 제안되었던 "S에 법체계가 존재한다"는 명제에 대한 해명은 이런 점에서는 너무 넓다고 하겠다. 어쨌든 언급해 두어야 할 것은 최소한의 내용이라는 생각은 여러 가지로 해석할 수 있다는 것이며, 이 문제는 법의 본질에 관한 이론들을 논의하는 가운데 고찰해 보게 될 것이다.

‖ 법기관과 법활동 ‖

이 절에서 우리가 해야 할 일은, 일반적으로 한 사회 내에 법기관과 법활동이 존재한다고 말하는 것은 무슨 의미인가를 분석하는 가운데 제기되는 문제들을 설명하는 것이다. 이 두 가지는 뗼래야 뗼 수 없을 정도로 밀접하게 관련되어 있다. 법의 존재와 효력의 기준을 논의하면서 지적했던 여러 점들이 이 문제를 논할 때 다시 제기된다.

법기관과 법활동 양자의 분석에 있어 기초가 되는 근본적인 문제는 한스 켈젠(Hans Kelsen)이 제시한 예를 통해 쉽게 언급할 수 있다. 별개의 두 살인사건을 생각해 보자. 이 두 가지 행동이 행태적인 면에서나 심리적인 면에서나 모두 완전히 같았다고 생각해 보자. 각 행위자는 원한을 품고 그의 적을 칼로 찔러 죽였다. 이때 두 사건 간에 아무런 차이가 있을 수 없다는 결론이 바로 나오는 것은 아니다. 실상 하나는 완전한 살인의 경우이고, 다른 하나는 그렇지 않다. 이것이 가능한 것은 후자의 살인자는 법원의 판결을 집행하는 사형집행관이기 때문이다. 그의 행동은 **공적인** 행동이며 — 그는 법기관이다 — 공적인 권한 하에서 행위한 것이며, 이것이 바로 법활동의 예인 것이다.

독자들은 쉽게 이런 종류의 예를 들 수 있을 것이다. 우리는 빨간등으로 수신호를 하는 경찰관과 그렇게 하는 일반 시민의 경우의 차이를 안다. 전자를 따르는 경우 그것은 법적인 것을 행한 것이 되고, 후자를 따르는 경우에는 위법하게 행위한 것이 된다. 마찬가지로, Y라는 사람이 법을 위반했기 때문에 유죄라고 내가 말하는 것과 법관이 그렇게 하는 것과의 차이를 누구나 인정할 수 있다. 나의 말은 아무런 법적 의미를 갖지 못한다. 나의 말은 법적 효과가 없다. 마지막으로 매우 중요한 예를 하나 더 들면, 내가(또는 심지어 법학교수가) 소화전(消火栓) 옆에 주차하는 것이 금지되어 있다고 말하는 것과 입법자가 이렇게 말하는 경우와는 차이가 있다는 것을 우리는 모두 알고 있다. 법학 교수나 내가 말한 것이 **옳을** 수 있지만 그러나 입법자의 말은 그것을 법으로 **만드는** 것이다. 이러한 여러 예에서 드러난 양자의 차이의 핵심은 법기관에 의한 법활동의 수행이라는 관념인 것이다.

　　법활동과 법기관의 개념은 몇 가지 점에서 상호 관련되어 있다. 어떤 행동을 법활동의 예라고 인식하기 위해서는 그것이 특정한 종류의 행동이어야 한다. 그것은 법을 강제하고, 법 위반을 판결하고, 법을 제정 또는 개정하고, 분쟁을 해결하는 데 관여하고 있는 사람들이 하는 종류의 행동이어야 한다(전형적으로 이런 표제를 달 수 있는 종류의 행동을 뽑아내기란 쉬운 일은 아니다). 둘째로, 법기관이란 특정한 행동을 취한 사람을 말한다. 그러나 그를 법기관으로 만들어 주는 것, 그리고 그의 행동을 법활동이 되게 해 주는 것은 사회 내에서의 그가 가진 **권위적 지위**이다.

　　법의 효력과 관련하여 언급한 접근방법이 다시 반복되는 것은 바로 이러한 지위의 분석에서이다. 물론 공식은 훨씬 더 복잡하다. 우리는 전 목록을 다시 고찰하지는 않겠다. 행태주의적 입장이 대표적인 예가 될 수 있을 것이다. 이 견해에 의하면 X의 특정한 행동이 현재 그 사회에서 실효적이고 또 장래에도 그럴 것이라면, X는 S의 법기관이라고 말하는 것은 참이 될 것이다. 물론 모든 사람의 모든 행동이 모두 실효적이어야 한다고 요구하는 것은 어리석은 일일 것이다. 이것은 법기관의 존재에 대하여 너무 높은 기준을 설정하게 될 것이기 때문이다. 또 우리는 어떤 행동이 갖는 실효성을 근거로 해서 그 행동이 권위적 지위에 있다고 결정할 수도 없다. 오히려 어떤 활동이 법활동으로서의 지위에 있다는 것은 그 활동이 특정한 종류의 실효적 행위양식 속에 자리잡고 있다는 것을 지적함으로써 결정되는 것이다.

여기서 금세기에 매우 큰 영향력을 행사하여 온 **형식적·규범적** 입장에 관하여 특별히 몇 마디 해야 할 것이다. 그 이유는 이 입장이 의식적으로 다른 입장에 적대적 태도를 발전시켜 왔기 때문이다. 이 입장에 따르면, 한 사회의 법의 존재는 법을 만드는 법기관의 존재를 전제한다는 것이다. 나아가 법의 창조는 법에 의해서 규제되는데, 그 법이란 그 법기관이 공적 권한을 갖고 행동할 때에는 그의 말이 입법이라는 법활동이 된다고 규정한다. 이 법은 **수권법**이라고 불리며, 결국 이 법의 존재는, 특정한 법기관이 존재하는 조건이 된다. 이러한 접근 방법은 법의 존재는 법의 존재의 전제조건이라는 확실히 역설적인 결론에 도달한다(좀 덜 전문용어를 써서 이야기해 본다면 이러한 입장은, 입법은 그 권한을 헌법으로부터 끌어내온다고 주장한다. 그렇다면 다음과 같은 문제가 또 나온다. 즉 어디에서 헌법은 그 효력을 끌어내오는가?).

여러 입장들은 각각 그 저변에 근거를 가지고 있으며 또 난점도 가지고 있다. 우리는 다음 장에서 특정한 이론의 맥락 속에서 이 문제들을 논의해 보고자 한다.

2

법의 본질에 관한 제 이론

       이제 제1장에서 확인된 바 있는 관점들을 다루는 몇 가지 주요 시도들을 살펴보자. 법이란 무엇인가? 법의 존재와 효력의 기준은 무엇인가? 법은 그것이 구속력을 가지기 위해서 어떤 도덕적 요구를 만족해야 하는가? 법의 존재와 여러 법기관 및 법활동 간에는 어떠한 관계가 있는가? 법기관 존재의 조건은 무엇인가? 이와 같은 문제들을 하나하나 다루어 보는 대신에, 우리는 법철학상의 두 전통 ― 법실증주의와 자연법론 ― 에 초점을 맞추어서 이 전통의 주요 대표자들이 이 문제를 어떻게 보는가를 검토해 보기로 하겠다. 물론 이러한 전통들이 한결 같은 것은 아니다. 같은 전통에 속하는 이론가들에게 있어서도, 위에서 언급한 법과 법기관의 존재를 결정하는 기준들(행태적 기준, 규범적 기준 등)은 각기 다르게 강조되고 있다.

▌오스틴의 법실증주의 ▌

방향을 잡기 위해서는 먼저 이 두 전통을 명확히 대조해 보는 것이 좋을 것이다. 일찍이 법실증주의가 나타난 것은 유스티니아누스 황제의 학설휘찬(學說彙纂)에 들어 있는 고전적인 명제인 "국왕의 뜻에 따른 것이 법력을 가진다"는 명제에서 찾아볼 수 있다. 이것을 좀더 현대적인 말로 바꾸어 보면, 입법기관에 의해서 제정된 것은 무엇이든 그 사회 속에서 법이 된다는 것이다. 이 명제를 현대 법실증주의자들은 일반적으로 승인한다. 그리고 이들은 "법이 존재한다는 것과 그 법이 좋으냐 나쁘냐 하는 것은 별개의 문제이다"[1]라는 19세기 영국의 학자 존 오스틴(John Austin)의 말에도 동의한다. 이에 대해서 자연법론자들은 정도의 차이는 있지만 이들 명제를 모두 거부한다. 이들은, 입법이란 그 활동의 소산으로 법을 얻기 위해서는 어떤 도덕적 요구를 충족시켜야 하는 목적적 활동이라고 보는 경향이 있다. 둘째로 이들은 법의 존재 문제는 그 법이 도덕적 의무를 지고 있다는 문제, 즉 법의 도덕성의 문제와 완전히 분리될 수는 없다는 견해를 취하는 경향을 보인다. 이와 같이 자연법론자들은 도덕적·규범적 입장을 취하거나 이에 가까운 입장에 선다.

여기서 반드시 지적하고 넘어가야 할 것은, 위에서 인용

---

1) *The Province of Jurisprudence Determined*, 제1판 1832년(New York: Noonday Press, 1954), p.184. 본 장에서 논의되는 학자들의 저서의 발췌문은 M. P. Golding 편, *The Nature of Law*(New York: Random House, 1966)에서 참조할 수 있다.

한 오스틴의 명제가 법이 도덕적으로 평가될 수 없다는 뜻을 담고 있는 것은 아니라는 점이다. 사실은 오히려 그 정반대이다. 오스틴은 공리주의자였다. 제레미 벤담(Jeremy Bentham)과 마찬가지로 오스틴은 입법자에게 지침을 제공해 줄 공리의 원칙(최대다수의 최대행복의 원칙)에 입각한 '입법과학(science of legislation)'을 건설할 수 있다고 생각하였다. 그러나 벤담을 따라 그는 사회 내에 실제로 존재하는 법들(좋은 법이든 나쁜 법이든)과 입법자가 적절히 계몽되었을 때 존재하게 될 법들을 명백히 구분해야 한다는 생각을 가지고 있었다. 둘째로 그는, 법은 사회에 널리 퍼져 있는 도덕률 즉 '실증도덕'과는 구별되어야 한다는 견해를 가지고 있었다(우리의 섬의 예를 상기하라). 오스틴은 법체계들의 일반적인 면모를 설명하고, 그렇게 함으로써 '법학의 영역'(the province of jurisprudence)을 확정하고자 하였던 것이다.

오스틴에 의하면 법학에 있어서의 '핵심어'는 **명령**이다. 한 사회 내에 존재하는 여러 법들은 사회구성원의 행동을 통제하는 주권자의 일반적인 명령 ― 정치적 고권 ― 이다. 주권자란 (a) 일단(一團)의 사회가 이 사람에 대해 **복종의 습관**(habit of obedience)을 가지고 있으며, (b) 반면에 자기 이외에는 누구에게도 습관적으로 복종하지 않는 개인 내지 일정한 개인의 집단이다. 주권자의 명령(=법)은 일정하게 행동하라 또는 하지 말라고 지시를 받은 사람들에게 **의무**(obligation or duty)를 부과한다. 앞의 장에서 논의한 기준에서 보면, 오스틴의 이론은 법과 입법기관의 존재에 대한 행태적 내지는 심리적·행태적(우리가 '습관'이라는 말을 어떻게 이해하는가에 따라서) 접근방법과 규범적 접근방법의 여러 요소를 결합시키고 있다고 말할 수 있겠다. 규범적 요소에 대한 오스틴의 해석은 '명령'에 대한 그의 분석에서 뚜렷하게 나타난다.

명령이란 무엇인가? 오스틴이 내린 정의는 두 가지 요소를 담고 있다. 명령이란 우선 일정하게 행위하거나 또는 행위하지 말아야 한다는 소망의 의사표시이다. 그것은 일반적으로는(반드시 그런 것은 아니지만) 명령법이라는 문장 형식으로 표명된다. 그러나 확실히 모든 소망의 표현이 명령인 것은 아니다. "아, 목이 말라라!"라고 말하는 경우, 이것은 무엇을 마시고 싶다는 바람을 표현하는 것이지, 명령을 발하는 것은 아니다. 그러므로 오스틴에 의하면 명령이 다른 소망의 표시와 구분되는 것은 바로 다음과 같은 특성 때문이라는 것이다. 즉 "한쪽이 다른 쪽의 소망에 따르지 않을 경우, 명령을 받은 한쪽은 그 다른 쪽으로부터 해악을 받게 된다"[2]는 특성이 그것이다. 명령(command)은 위협에 의해서 지지되는 명령(order)이다. 단순한 소망의 표현이 명령이 되고, 정해진 바대로 행동해야 한다는 의무를 부과하는 것은 바로 위하(威嚇)된 해악, 즉 제재에 의해서인 것이다. 오스틴은 '명령'과 '의무'는 상관개념이라고 본다. 따라서 명령의 상황이란 우월자와 열등자와의 관계를 내포하고 있다. 우월자에 의하여 발하여진 법을 오스틴은 필연적인 진리로 본다.

입법기관을 매우 강조하는 오스틴의 이론은 곧 비판을 받게 되었다. 우리는 몇 가지 반대론만을 살펴볼 수 있겠다.[3] 가장 결정적인 비판 중의 하나는 헨리 섬너 메인(Henry Sumner Maine)

---

2) *Ibid.*, p.14.
3) 우리가 살펴보지 못하는 중요한 문제 중 하나는 그의 이론의 결론으로서, 국제법의 법적 성격을 부정한다는 점이다.

경에 의해서 제시된 것이라고 생각된다. 법제도의 진화에 관한 메인의 설명을 모두 다 받아들일 필요는 없다 하더라도 "명시적인 입법은 비교적 나중 단계에 나타난다"는 메인의 주장에는 동의할 수 있겠다. 입법은 권력의 집중(그런데 이것은 많은 사회에서 결하고 있다)을 전제함과 동시에 사고의 '새로운 질서'를 전제한다. 고대 동양의 전제군주제 하에서 왕은 무엇이건 명령할 수 있었고, 이에 대한 사소한 불복종에도 죽음이 따랐다. 왕은 군대를 일으키고, 조세를 거두고, 그의 적을 처형하였다. 그러나 메인은 주장하기를 왕은 결코 법을 만들지 않았다고 한다. 물론 왕이 개별 명령을 발하기는 했지만 자신의 신민이 지키며 살고 있던 규범들, 전래된 관습들을 바꾼다고는 꿈에도 생각하지 않았다는 것이다. 그러므로 법이란 반드시 **제정법**과 동일시될 필요는 없다는 것이다.4)

　　오스틴이 이 비판에 대하여 답할 수 있는 방법에는 두 가지가 있다. 그 하나는 메인이 지적한 규율체제는 법제도가 아니라 기껏해야 실증도덕(positive morality)에 불과하다는 것이다. 규율이 결국 의무를 부과하는 것이라면 그것은 명령자를 전제하는 것이 아니겠는가라고 오스틴은 주장할 것이다. 그러나 오스틴의 의무의 명령설(도덕적 의무까지 포함하는)에서 나오는 이와 같은 답변은 앞으로 살펴볼 것이지만 납득하기 어렵다. 법이 그 의무부과력을 제재에서 이끌어 낸다고 주장하려고 한다면 법을 강제하는 법기관의 존재를 전제하기만 하면 된다. 즉 법이 어느 누

---

4) *Early History of Institutions*, 7판(London: John Murry, 1897). pp.375-386. 현대의 제도와 관련하여 이 비판을 정교하게 만든 것으로는 Lon L. Fuller, *Anatomy of the Law*(New York: American Library, 1969) 참조.

구의 명령이어야 한다고 가정할 필요는 없다.

　　두 번째 방법은 오스틴의 추종자들에 의해서 제안된 것이다. 그들은 오스틴의 이론이 원시 법체계에 적용되는 경우에는 틀릴지도 모르나, 그럼에도 불구하고 현대 법체계에 있어서는 정확하게 맞는다고 주장하였다. 즉 소위 국내법 체계에 있어서, 관습률은 그것이 아무리 오래되었다 하더라도 주권자의 인정을 받지 못하면 법적 지위를 얻지 못한다는 것이다. 그러나 이러한 답변은 주요한 점을 인정한다 하더라도 오스틴의 이론이 갖는 난점들을 모두 구제해 주지는 못한다.

　　오스틴은 주권자가 일단(一團)의 개인들인 경우에는 그것은 반드시 일정한 조직체여야 한다고 주장했다. 다시 말하자면 그 사회 내의 어떤 개인에 대해서 그가 주권자단의 일원인가 아닌가를 결정해 줄 수 있는 규칙(예컨대 선거법)이 존재한다는 것이다. 이렇게 주장하는 이유는 일정한 규모의 조직체만이 그의 의사를 표시하고 그 소망을 발한다고 말할 수 있기 때문이다. 그렇다면 연방제 하에서는 누가 주권자인가? 오스틴의 대답은 미국에 있어서는 '의회의 2/3 그리고 각 주정부의 3/4'이라는 것인데, 그것은 이 '조직체'야말로 헌법을 개정할 수 있는 궁극적인 권한을 가지고 있기 때문이다. 그러나 이러한 (가변적인) 조직체가 법을 의욕하고 원망한다는 것은 불합리한 것으로 생각된다. 둘째로 현대의 입법에 있어서 제정된 법들은 일반인들을 구속할 뿐 아니라, 입법자 자신들도 구속하도록 되어 있다. 오스틴의 이론에 입각해서 보면 입법자가 자기 자신에 대하여 명령하고 위협하는 것으로 보아야 할 것이다. 그러나 이것 역시 불합리한 것으로 생각된다. 우리가 오스틴의 이론을 법 위에 군림하는 절대군주인 가설적인 렉스왕에게 한정한다 하더라도 난점은 남는다. 렉스 1세가 사망하고 왕위계승법에 따라 그의 아들인 렉스 2세가 즉위하는 경우에, 우리가 그 법을 그 왕의 명령이라고 볼 수는 없는 것이다. 나아가 사회구성원들이 렉스 2세에 대하여 준수의 습관을 형성했다고, 즉 일반적으로 준수하게 되었다고 할 수 있기까지는 어느 정도 시간이 걸릴 것이다. 그렇지만 과도기 동안에도 사회는 계속 법에 의해서 지배된다. 그러나 이것을 오스틴적 의미의 주권자의 명령이라고 할 수는 없다. 법을 명령으로 보려고 할 경우에, 그것은 켈젠(Hans Kelsen)이 말한 바와 같이 '탈심리화(脫心理化)'되어야 한다는 것은 이로써 충분히 밝혀졌다고 생각된다. 다시 말해서 법을 반드시 어느 누구의 소망의 표현으로 볼 필요는 없다는 것이다.

‖ 명령과 의무 ‖

두 가지의 반론을 더 살펴보아야 하겠다. 그 하나는 론 풀러(Lon L. Fuller) 교수에 의한 것으로서, 법실증주의에 대한 공격의 일부를 이루고 있는 반론이다.[5] 풀러의 견해에 의하면, 법이란(좀더 엄밀하게 말해서 입법이란) 인간의 행위를 규율 하에 종속시키는 일을 말한다. 추상적으로 말하면, 이것은 오스틴과 합치된다. 그러나 풀러는 다음과 같은 점을 지적한다. 즉 행위를 규율하려는 시도를 병들게 하는 극단적인 형태의 '법의 병리'가 있다는 것이다. 간단한 렉스왕의 상황만 보더라도 렉스왕이 입

---

5) Lon L. Fuller, *The Morality of Law*, rev. ed.(New Haven: Yale University Press, 1969).

법에 실패하는 (법을 만들지 못하게 되는) 여덟 가지의 길이 있다. 즉 (1) 규율 자체를 정립하지 못하는 경우, 그래서 각 문제는 임시적(ad hoc)으로 결정될 수밖에 없게 된다. (2) 준수할 것이 기대되는 규율들을 당사자에게 공표하거나 이용할 수 없게 하는 경우, (3) 소급입법의 남용, (4) 규율을 이해시키지 못하는 경우, (5) 상호 모순되는 규율을 제정하는 경우, (6) 당사자의 능력을 초월하는 행위를 요구하는 규율을 제정하는 경우, (7) 규율을 매우 자주 바꿔서 행위자가 거기에 맞춰 행위할 수 없게 되는 경우, (8) 공포된 규율과 그 실제적인 집행이 일치하지 못하는 경우가 그것이다. 따라서 행위를 규율에 종속시키기 위해서는 반드시 충족해야 할 어떤 조건이 있게 된다. 입법이라는 것을 단순히 왕의 명령공포와 동일시한다는 것은 부정확한 것이다(좀 뒤에 우리는 입법이 성공하기 위한 조건에 관한 풀러의 해석을 검토해 볼 것이다).

　　두 번째 비판은 하트(H. L. A. Hart) 교수에 의한 것인데, 그는 오스틴의 분석이 '어떤 것을 할 의무가 있다'(having an obligation to do something)는 것과 '어떤 것을 하지 않을 수 없다' (being obliged to do something)는 것을 혼동하고 있다고 주장한다.[6] 강도가 총을 내 등 뒤에 대고 '지갑을 내놔'라고 할 경우, 그는 위협에 의해서 뒷받침받는 명령을 발하는 것이다. 이러한 상황을 기술하는 경우에 아무런 선택의 가능성 없이 지갑을 넘겨주어야 할 것이라고 말할 수는 있어도 그렇게 하여야 할 의무가 있다고 말하지는 않을 것이다.

---

6) "Legal and Moral Obligation," in: A. I. Melden, ed., *Essays in Moral Philosophy*(Seattle: University of Washington Press, 1958), pp.82-107.

또 하트는 다음과 같이 주장한다. 즉 어떤 특정한 경우에 어떤 것을 할 의무가 있는가의 여부는, 그 특정한 경우에 위하된 해악을 그가 받게 될 것인가 아닌가와는 별개의 문제라는 것이다. 그러므로 제재, 즉 강제와 의무 사이의 관련성은 — 위하된 것이든 현실적인 것이든 — 입법자의 힘의 사용이라는 것으로는 설명되지 않는다고 하겠다. 왜냐하면 이것은 의무를 가지고 있다기보다는 어쩔 수 없이 그렇게 해야 한다는 차원에 여전히 우리를 남겨두기 때문이다. 하트에 의하면, 그 대신에 필요한 것은, 행위할 것을 규정하고 규정한 것을 위반할 경우 적절한 '해악'을 가하는 권한을 부여하는 **규칙**(rules)이라는 것이다.

지금까지 우리의 논의는 부정적인 것이었다. 필자의 생각으로는 오스틴이 이 비판에 대응하기 위해서는 그의 이론을 수정할 수밖에 없는 것 같다. 그 수정이론의 윤곽은 이럴 것이다. 하트의 비판은 명령과 의무간의 상호관계가 깨어졌음을 보여 준 것이라고 생각된다. 그렇지만 오스틴도 주권자(국가 또는 정부)가 단순히 '암약중인 권총강도'라는 점은 쉽게 인정할 수 있을 것이다. 조세수금원 — 그는 결국 청구서를 주면서 등 뒤에 총을 대고 있는 것과 같은데 — 이 일반 권총강도와 다른 점은 전자가 주권자(입법 및 법집행기관을 결합시킨 것으로 이해되어야 할 것이다)의 — 탈심리화된 — 일반명령이라는 기치 아래에서 행동하고 있다는 점이다. 주권자의 명령이 법이 되는 것은, 특정한 경우에는 강제되지 못할 수도 있지만, 그것이 일반적으로는 강제될 수 있다는 데 있다. '암약중인 권총강도'의 상황이야말로 일반적 명령을 법으로, **법**의무를 부과하는 것으로 성격 규정해 주는 것이다. 이렇게 해서 명령과 의무와의 상관관계는 다시 회복된다.

그러나 이 맥락에서 '법의무'라는 말이 갖는 유용성을 문제시할 수 있다. 과연 그것은 위풍당당한 강제체계에 불과한 것이 아닐까? 만약 그렇다면 왜 '의무'라는 말을 쓰는가? 전통적인 자연법론자는 아마도 도덕적 의무와 완전히 분리시킬 수 있는 의무란 없다고 주장할 것이다. 그러나 오스틴은 법의무와 도덕적 의무간에 필연적 연관성이 있다는 주장을 받아들일 수 없을 것이다. 왜냐하면 '법의 존재와 그 장단은 별개의 문제'이기 때문이다. 불행하게도 오스틴의 법실증주의의 교리에 관한 확대발언은 결국 물을 흐려놓게 되고 만 것이다.

이런 말을 하는 것은 블랙스톤의 **주석서**의 한 절에 관한 논의에서인데, 블랙스톤은 인간의 법이 신의 법과 모순되면 아무런 효력이 없다고 주장한다. 이에 대해서 오스틴은 만약 이것이 실정법은 신법에 맞도록 구성되어야 한다는 취지라면 동의하겠다고 말한다. 그러나 블랙스톤이 뜻하는 바는 신법과 모순되는 법은 구속력이 없고 의무를 부과하지 않는다는 것이고 따라서 법이 아니라는 취지인 것 같다. 이것은 '완전한 넌센스'이다. 왜냐하면 구속력이 없다는 이유로 법을 위반한 자에게도 위하된 형벌이 가해지기 때문이다. 이렇게 보면 오스틴은 법의 구속성을 법의 강제가능성과 동일시한 것 같다. 또 오스틴은 블랙스톤이 언어를 잘못 사용했다고 비난한다. 신법 — 이 신법의 지표는 공리의 원칙인데 — 이란 불명확하다. 어떤 사람에게 해로운 것이 다른 사람에게는 이로울 수도 있다. 따라서 오스틴은 "신의 의지에 해롭거나 위반되는 모든 법은 무효이며 수인(受忍)될 필요가 없다고 일반적으로 주장하는 것은 마치 무정부주의를 설교하는 것과 같다"[7]고 결론 내린다. 이렇게 주장함으로써 오스틴은 — 근자의 펠릭스 코헨(Felix Cohen)의 말을 빌리자면 — 거의 그 자신이 은폐된 관념론자(cryto-idealist)임을 드러내고 있다. 즉 모든 법에 대하여 그것이 일종의 도덕적 명령이라는 성격을 부여한 것 같다는 것이다. 다시 말하자면 법은 법이며, 그것은 도덕적으로 구속력을 가지며 법을 준수할 도덕적 의무가 있다는 것이다. 만약 이것이 오스틴의 견해라고 한다면 법의무란 단순한 강제가능성 이상의 것이며 오스틴은 그의 법실증주의를 — 노베르토 보비오(Norberto Bobbio) 교수가 말했듯이 — 일종의 이데올로기로 바꾸어 버린 셈이다.[8]

▌아퀴나스의 자연법 이론 ▌

몇 가지 적당한 구별을 끌어들임으로써 오스틴의 학설을 구제할 수도 있겠지만, 여기서는 더 이상 고찰하지 않겠다. 오스틴은 입법에 있어서 '의지'라는 요소를 강조한 많은 일련의 사상가들 가운데 한 사람이었다. 이제 눈을 돌려 자연법 이론가 중 한 사람인 성 토마스 아퀴나스(St. Thomas Aquinas)를 살펴보자. 그가 속하고 있는 전통은 '이성'이라는 요소를 강조한다. 그의 사상의 핵심은 다음과 같다.

아우구스티누스가 말한 것처럼 정당하지 못한 법은 결코 법이 아니라고 생각된다. 따라서 법이 가진 힘은 그것이 가진 정당

---

7) Austin, *The Province of Jurisprudence Determined*, p.186.
8) Felix Cohen, *Ethical Systems and Legal Ideals*(Ithaca: Cornell University Press, 1959); Norberto Bobbio, "Sur le positivisme juridique," in *Mélanges Paul Roubier*(Paris: Dalloz et Sirey, 1961), Vol. I, pp.53-73.

성의 정도에 달려 있다. … 모든 인정법은 그것이 자연법에서 유출된 바로 그만큼만 법의 본질을 갖게 된다. 그러나 어떤 점에서라도 자연법에서 이탈하면 그것은 더 이상 법이 아니라 법의 타락인 것이다(Summa Theologiae, Ⅰ-Ⅱ, q. 95).[9]

확실히 오스틴은 이러한 진술을 블랙스톤의 진술만큼이나 비위에 거슬리는 것으로 보았을 것이다.

아퀴나스에 의하면 법이란 '공동체를 배려하는 자에 의해서 공포된 공동선을 위한 이성의 포고'이다. 이러한 일반적인 정의는 네 종류의 법, 즉 영구법, 신정법, 자연법, 인정(실정)법에 적용하기 위한 뜻을 가지고 있다. 영구법이란 우주의 전체 및 그 부분을 지배하기 위한 신의 법이다. 신정법이란 인간들로 하여금 인간의 초자연적인 목적(신의 목적)을 지향하도록 해 준다. 반면에 자연법은 인간에게 그 지상의 목표(행복)를 추구하게 한다. 인정법은 인간 존재를 그들이 속해 있는 특정 공동체의 일원으로서 지배한다. 여기서 우리의 초점은 세 번째와 네 번째 종류의 법에 집중된다.

아퀴나스에게 있어서 실정법이란 **강제력**을 가진 것, 즉 제재로써 지지되고 있는 것임을 바로 지적할 수 있다. 이것은 '공동체에 대한 배려'라는 관념 속에 명백히 포함되어 있다. 이것은 어떻게 사회적·개인적 목적을 달성할 것인가에 관하여 조언을 해주는 것과 이러한 목적에 입각하여 법을 제정하는 것과의 차이를 보여준다. 이렇게 하여 한 사회 내의 도덕과 법 — 물론 이

---

9) *Basic Writings of St. Thomas Aquinas*, Anton C. Pegis. ed.(New York: Random House, 1954). Vol. Ⅱ, p.784.

것들은 상호 관련하지만 ― 을 구별하는 방법 하나가 제시된다. 그러나 실증주의의 견해와는 달리 법에다 법의 성격을 부여해 주는 것은 강제력의 뒷받침이 아니라고 아퀴나스는 주장한다. 법이란 그것이 이성에 근거를 두는 한은 **지시력**(directive power)을 가지며, 행위를 규제할 권한을 갖는다. 입법기관의 결정이 의무를 부과하고 그 사회에서 효력 있는 법으로 존속하게 되는 것은 바로 이 때문이다.

법의 바탕을 이성에 두는 것에는 두 가지 측면이 있는데 ― 아퀴나스는 그들 사이를 명확히 구분하는 것을 인정하지 않을 것이지만 ― 설명의 편의상 이것을 구별해서 설명해 보자. 물론 아퀴나스도 법이 어떤 의미에서는 의욕되는 것이고 명령되는 것이라는 오스틴의 말에 동의할 것이지만, 그러나 아퀴나스의 이론에 기본이 되는 것은(오스틴의 분석은 이것을 받아들이지 않는다) 무엇을 하라 말아라 하는 데 대한 합리적 지시와 자의적인 욕망의 표현을 구별하고 있다는 점이다. 자의적인 것이 아닌 명령은 의지의 목적적 행위이다. 그것은 어떤 목적을 달성하려는 목표를 갖는다. 그리고 그 목적을 위하여 **지시**를 하고 계획을 세우는 것은 이성의 기능이다. 입법이란 사회적 존재로서 또 특정 사회의 일원으로서 사람들이 갖는 목적을 달성하기 위하여 지시, 즉 법을 공포하는 목적적 활동인 것이다. 법을 만드는 데 있어서 합리적 입법자는 주어진 사회적·경제적·역사적 상황을 정확히 고려한다. 따라서 법체계는 어느 정도 그 내용이 다르게 되고 또 시간이 감에 따라 변한다.

아퀴나스 이론의 이러한 측면은 매우 중요한 것이다. 왜냐하면 입법에 대한 일종의 합리적 비판의 이론적 바탕을 제공해 주고 있기 때문이다. 이 이론은 주장하기를 인정법이란 목적을 위한 수단이며, 또 그러한 목적에 대한 합리적인 수단이어야 한다고 한다. 어떤 법이 '법력(法力)'을 갖는가의 여부는 그것이 주어진 목적을 달성하기 위한 합리적인 지시인가의 여부에 달려 있다. 론 풀러나 필립 셀즈닉 같은 비토마스주의적 현대 자연법론자들도 이 점을 강조한다. 셀즈닉이 말하는 바와 같이 실정법의 '자의성을 줄이는 것'이 법률가의 역할인 것이다.

아퀴나스 이론의 이러한 측면에 대해서 가해지는 비판은 이 이론은 왜 법이 의무를 지우는 권한을 갖게 되는가를 설명하지 못한다는 것이다. 왜냐하면 이 이론에 의하면 입법이란 칸트의 소위 '가언명령'(hypothetical imperatives)이기 때문이다. 입법자가 A를 행하라는 지시를 했을 때, 입법자는 "만약 네가 E라는 목적을 달성하기 원한다면, 너는 A를 행해야 한다" 또는 "E라는 목표를 달성하기를 원한다면 A가 가장 할 만한 일이다"라는 식의 가언명령이 유효하다는 것을 전제한다는 것이다. 확실히 이와 같은 가언명령이 의무를 낳는 것은 아니다. "만약 네가 부엌의 싱크대를 고치기 원한다면 너는 렌치를 사용해야 한다"는 가언명령을 생각해 보면 이것을 알 수 있다. 설사 싱크대를 고치기를 바란다고 하더라도 그 결론(너는 렌치를 사용해야 한다)이 렌치를 사용할 의무를 부과한다고 할 수는 없을 것이다. 법도 이와 똑같다는 것이다.

이러한 반론에 대한 아퀴나스의 대답은 궁극적으로 그가 생각하는 법이 지향할 목적이라는 관념에 입각하고 있다. 이렇게 해서 우리는 법을 이성에 근거시키는 두 번째의 측면을 살펴보게 된다. 이것은 공동선의 개념 — 법이란 공동선을 위한 이성의 명령이다 ― 즉 자연법과 정의에 관련된다. 아퀴나스의 이론 중 이 부분은 매우 논쟁이 많은 곳이다.

위에서 본 것처럼 아퀴나스에 의하면 입법이란 목적적 활동이다. 그 기반은 인간이 목적지향적이라는 사실이다. 피조물이 목적을 추구하는 것은 당연한 일이고, 모든 종류의 생명을 가진 존재는 그 본성 즉 본질에 맞는 목적을 지향하는 본능을 갖는다. 사물의 본질을 정하는 것 그리고 그 본성의 완성이라는 목표를 향한 피조물의 본능을 정한다는 것은 신이 우주를 지배하는 한 측면, 즉 영구법이다. **자연법**이란 전통적인 토마스주의적 견해에 의하면, '합리적 피조물의 영구법에의 참여(분유, 分有)'이다. 목표를 달성하기 위한 지시를 제공해 주는 것이 이성의 기능인 것과 마찬가지로 ― 신의 도움이 없이 ― 인간의 본성에 적합한 목표를 알아내는 것 역시 이성의 기능이다. 이리하여 이러한 목표는 추구할 진정한 대상, 즉 선으로 이해된다. 이러한 이성 작용의 기반이 되는 원칙은 "선을 행하고 악을 피하라"는 것이다. 아퀴나스는 이것을 자연법의 '제1의 계율'이라고 한다. 사회에 대하여 배려를 하는 입법자의 경우에 이 계율은 "공동선을 행하고, 공동체에 악이 되는 것은 피하라"는 공식으로 표현되어도 좋을 것이다. 왜냐하면 아퀴나스에게 있어서 공동선이란 법적 정의의 영역이며, 자연법, 정의, 공동선과 일치하지 않는 실정법이란 '더 이상 법이 아니라 법의 타락'이기 때문이다. 부당한 법을 강제하는 것은 시민에 가해지는 폭력이라는 것이다.

자연법에 내용을 부여하는 것은 인간의 본질과 인간의 선에 대한 이성적 통찰이다. 아퀴나스는 이러한 이론을 아리스토텔레스를 따라 전개한다. 인간은 본성적으로 사회적 동물이다.

인간은 개인들과의 공동적인 삶을 원하며, 인간은 타인과의 협동을 통해서만 그의 필요와 욕망을 충족한다. 따라서 사람은 남과 자기 자신을 위해서 타인과 협력해야 한다. 실상 자연법의 제1의 계율은 이런 식으로 공식화될 수도 있다. 그런데 사회적 존재는 존재하기 위하여 반드시 충족해야 할 전제를 가지고 있다. 예컨대 그것은 우리가 우리의 이웃에게 해가 되어서는 안 된다고 요구한다. 그리고 이것은 살인이나 절도를 하지 말라는 것을 뜻한다(이것이 정당방위를 위한 살인을 허용하는 자연법과 반드시 모순되는 것은 아니다). 또 그것은 여러 가지 금지나 책임으로 둘러싸인 결혼이나 가족 생활의 제도화를 요구한다. 이것은 젊은이들을 사회로 인도하는 길과 같은 어떤 형태의 교육을 필요로 한다. 아퀴나스의 정신에 따라 현대 사회과학자들이 말하는 '기본적 필요'(basic needs)를 따져보는 경우 이 목록은 쉽게 더 늘릴 수 있을 것이다.

이와 같은 제도, 의무, 금지들이 자연법의 원리들이다. 이렇게 이해하면 자연법은 과학자들이 찾아내고자 하는 식의 자연법칙, 즉 한결같이 발생하는 사상에 관한 진술과는 구별되어야 한다. 그러나 자연법이라는 말은 모호하며 자연법 이론의 언어를 사용하는 학자들은 종종 아무런 예고도 없이 이런 의미에서 저런 의미로 넘나든다. 아퀴나스는 자연법이 침해될 수 있음을 주장하면서도(자연법이 한결같이 발생하는 사상을 지칭한다면 이것은 불가능할 것이다) 다른 한편으로 자연법과 인간의 본성 간에는 긴밀한 관계가 있다고 주장하려고 한다. 자연법은 무엇을 해야 한다 혹은 하지 말아야 한다는 명령(prescription)을 담고 있기 때문에 아퀴나스는 부당하게도 인간의 본성에 관한 사실명제로부터

규범명제를 이끌어냈다고 비판받아 왔다. 어떠해야 한다는 진술을 사실이 그렇다는 진술로부터 연역하거나 사실판단으로부터 가치판단을 유도해 내는 것은 잘못이라는 것이다.

이것이 과연 오류인가 아닌가는 많이 논의된 바 있다.[10] 몇몇 현대 도덕철학자들은 규범판단과 사실판단 간의 준별을 부인하고 있다. 법철학자들 가운데 아퀴나스의 최근의 추종자 몇몇[11]은 '있는 것'과 '있어야 할 것' 간에 '융화'가 있다고 생각한다. 그리고 풀러(토마스주의자가 아닌 자연법론자) 교수는 그의 초기의 저서『법 그 본질을 찾아서』(The Law in Quest of Itself, 1940)에서, 우리는 이 양자간의 '혼동'을 감내해야 한다고 주장한다.

법실증주의의 교리인 "법의 존재와 그 장단(長短)은 별개의 문제이다"라는 명제가 부정하는 것은 바로 이 점이다. 사실과 가치, 존재와 당위가 어떻게든 합쳐진다면 어떻게 있는 법과 있어야 할 법을 개념적으로 구별할 수 있을 것인가? 법을 평가하는 방법을 제시하기는커녕 이러한 혼동은 사실상 그 평가를 못하게 한다고 실증주의자들은 주장한다. 사회에서 통용되는 법에다 그것이 통용된다는 사실 자체만 가지고 어느 정도의 '도덕적 당위'를 부가하는 입장으로 전락할 위험이 자연법론자에게는 있다는 것이다.

아퀴나스의 이론을 좀더 자세하게 몇 가지 검토해 보면 그가 이 위험을 피할 수 있는지 없는지를 보다 잘 알 수 있게 될 것이다. 본 장의 마지막에 가서 우리는 법과 선법(善法)의 준

---

10) 본 시리즈의 William Frankena, *Ethics*, 2nd ed.의 제6장 참조.
11) 예컨대 Heinrich Rommen, *The Natural Law*, T. Hanley 역(St. Louis: B. Herder, 1947).

별을 반대하는 셀즈닉의 입장을 특별히 살펴보기로 하겠다.

‖ 법과 도덕성 ‖

　　자연법의 제 원리는 법과 도덕이 만나는 바탕이 된다. 이
들은 어느 사회에서나 구속력을 가지고 있으며, 어느 사회에서
도 이것이 강제되기를 바라고 있다. 따라서 우리는 한 사회에서
법체계가 존재하기 위한 필요조건은 법이 적어도 이들 원칙이
제공하고 있는 **최소한의 내용**을 가지고 있는 것이라고 말할 수
있다. 이러한 견해는 실증주의자의 한 사람인 하트(Hart)가 그의
중요한 저서인 『법의 개념』(*The Concept of Law*, 1961)에서 표명하여
공감 어린 평가를 받았다.[12] 그는 이것을 자연법론에 있어서의
'양식의 핵심'(core of good sense)이라고 부르지만 그러나 이에 대
한 그의 해석은 아퀴나스와는 다르다.

　　흄의 정의에 관한 고찰을 회고하는 논의에서 하트는 사회
도덕과 법의 규율을 필요로 하는 인간의 본성에 관한 여러 가지
사실들을 지적하고 있다. 즉 인간은 취약하며 해를 받기 쉽다.
인간은 지적인 능력과 육체적 능력의 면에서 대체로 평등하다.
인간은 완전히 이기적인 것은 아니지만 그러나 타인에 대한 선
의는 제한되어 있다. 그리고 인간은 통찰력이나 자기 통제력이
제한되어 있다. 마지막으로 인간이 필요로 하거나 원하는 자원

---

12) H. L. A. Hart, *The Concept of Law*(Oxford: Clarendon Press, 1961),
　　pp.189-195. 또 Roscoe Pound, *Outlines of Lectures on Jurisprudence*, 5th
　　ed.(Cambridge: Harvard University Press, 1943), pp.168-184에서의 '법률
　　의 요청'에 관한 논의 참조.

은 비교적 희소하다. 이러한 사실들이 주어져 있는 상황 아래에서 인간이 사회 내에서 살고자 한다면 인간은 인격과 재산을 보호해 주고, 어느 정도의 상호관용과 타인의 이익의 존중을 보장해 줄 규칙을 필요로 하게 된다. 이와 같은 규칙들은 법체계에 있어서 '근본적'인 것이다. 왜냐하면 이것이 없이는 다른 어떤 규칙도 전혀 존재할 수 없기 때문이다. 이렇게 하여 하트는 실증주의자들이 주장하는 "법은 어떠한 내용도 가질 수 있다"는 명제와 자신의 입장을 구별한다. 그러나 하트는 어떤 사회 내에 이러한 규칙이 있다고 해도 나쁘고 부당한 법이 존재할 수 있다는 사실은 인정한다.

그리고 나서 하트는 자신의 입장을 아퀴나스의 입장과 구별한다. 첫째로 법체계의 최소한의 내용을 이루고 있는 규칙들이 필요하다고 하는 것은 그 이전의 전제, 즉 타인들과 어울려 산다는 것이 인간이 가진 한 목표이다라는 전제에 달려 있다는 것이다. 하트가 말하는 바와 같이 사회란 '자살클럽'은 아니다. 이 전제는 — 이것은 아마도 인간 세계에 관하여 우리가 생각하고 말하는 데에 반영되고 있는 것이지만 — 아퀴나스의 전제보다는 훨씬 온건한 전제이다. 아퀴나스의 전제란 인간은 자연적으로 인간의 선, 즉 인간의 본질을 충족시켜 주는 목적으로 향하고 싶어 한다는 것이다. 생각건대 하트에게 있어서는 문제의 규칙은 단순히 인간이 집단 속에서 생존하기를 바란다면 인간은 이러이러한 규칙을 가지고 있어야 한다는 가언명령의 지위를 갖는 데 지나지 않는다. 그러나 아퀴나스에 있어서는 이 규칙들은 더욱 강력한 지위를 차지하고 있는 것이다.

둘째로 아퀴나스의 견해와는 반대로 하트의 이 규칙들은

자명하지도 않고 인간의 본성에 관한 자명한 진리로부터 연역되는 것도 아니다. 인간 본성에 관한 각각의 개별 사실들과 〔자원이〕 비교적 희소하다는 조건은, 하트에 의하면 너무도 명백해서 공리(truism)라고 할 만도 한 것이다. 그러나 그 속에는 아무런 필연성도 없다고 그는 주장한다. 오히려 이러한 사실들은 우연적인 것이며 변화할 수도 있다는 것이다. 만약 논리적으로 생각해 볼 수 있는 바와 같이 재화가 아주 풍부해지는 경우에는 사유재산의 인정이나 절도금지와 같은 것은 없을 것이다. 인간의 취약성이나 제한된 선의(이타심) 등에 현저한 변화가 있는 경우에는 법의 최소한의 내용에도 변화가 올 것이다. 법과 도덕 간의 최소한의 교차 부분은 ― 필연적인 것이라고 말한다 하더라도 ― '우연하게도 필연적인' 것에 지나지 않는다. 그러므로 하트는 자연법의 원리가 자명하다거나 법체계의 존재라는 개념 속에 자연법의 원리가 분석적으로 들어 있다고 하는 데에는 동의하지 않는다.

마지막으로 이에 관하여 아퀴나스는 수긍할 만한 답변을 할 수 있을 것 같다. 한 사회 내에 법체계가 존재한다는 개념은 인간과 그의 환경에 관한 매우 특정한 관념의 틀 속에서 발전해 온 개념이라고 주장할 수 있을 것이다. 이 개념을 고려하면 사회 속의 법 가운데에 자연법의 원리들을 포함시킨다는 것은 하트의 의미보다는 더 강한 의미에서 필연적인 것이다. 말하자면 이것은 법체계 개념의 적용을 위한 조건과 관계되는 것이다. 만약 인간의 본성이 바뀌어서 인간이 천사가 되거나 짐승이 된다면 우리의 법개념은 쉽사리 그들에게 적용될 수 없을 것이다.

이 마지막 분석에 있어서 아퀴나스와 하트 사이의 불일치는 그의 인간의 본질에 관한 이론, 즉 '영구법의 이성적 피조물에의 관여'로 정해지는 본질에 관한 견해 차이에 있다. 토마스주의자가 아닌 자연법론자인 당트레브(A. P. d'Entréves)의 말에 의하면13) 이러한 고정된 인간 본성 이론이 바로(그 신학적 기초와 함께) 자연법론을 현대에 받아들이는 데 장애요인으로 밝혀졌다는 것이다. 그러나 역시 토마스주의자가 아닌 필립 셀즈닉(Philip Selznick)은 인류의 '정신적 동일성'과 문화 상호간의 보편적인 것들의 존재를 간과해서는 안 된다고 주장한다. 셀즈닉에 의하면 사회과학적 연구는 이제 우리에게 인간의 본성이 무엇인가를 드러내 줄 수 있게 되었고, 만약 이와 다른 것을 주장한다면 그것은 하나의 독단이 될 것이다. 이러한 입장에서 보면 자연법의 원리란 연구가 발전함에 따라 수정될 수도 있는 가설과 같은 것으로 보아야 한다14)는 것이다. 현대의 몇몇 토마스주의자들도 이러한 생각에 동조하고 있다. 그러나 그러한 생각이 어느 정도로 자연법과 인간의 본성에 관한 아퀴나스의 교리 — 이 교리는 실상 확고한 신학적·윤리적 틀 속에서 나온 것이다 — 와 양립할 수 있게 될는지는 명백하지 않다.

　　입법과정에 관한 아퀴나스의 고찰을 간단하게 살펴보자. 앞에서 본 것처럼 한 사회 내의 법은 자연법 원칙들을 포함한다. 또 이 법은 — 그 자체 자명한 것은 아니지만 — 이들 원칙으로부터 연역(conclusion)적으로 도출할 수 있는 법들을 포함하게 된다. 이러한 법들은 '자연법으로부터 힘'을 갖게 되고, 말하자면 입법자

---

13) "The Case for Natural Law Re-examined," *Natural Law Forum*, Ⅰ(1956), pp.27-46.

14) "Sociology and Natural Law," *Natural Law Forum*, 6(1961), pp.84-104.

에 의해서 다시 입법이 되는 것이다. 아퀴나스가 말하는 또 하나의 파생양식은 입법자가 자연법에 들어 있는 간격을 메워 주는 '법정'(determination)이다. 자연법원리는 사기를 금한다. 그러나 예컨대 사기의 목적으로 우편을 이용하는 데 대한 형벌을 법정 — 구체화 — 하는 것은 입법자의 과제인 것이다.

그러나 이와 같은 두 가지의 파생양식이 아퀴나스의 고찰의 전부는 아니다. 법이란 공동선을 달성하기 위한 지시이고, 대부분의 법은 — 특히 근대국가에 있어서는 — 연역이라든가 법정으로 자연법의 원리로부터 파생되어 나올 수는 없다. 오히려 법은 주어진 상황에서 어떻게 공동선이 증진될 수 있겠는가에 관한 입법자의 실제적인 판단을 나타낸다. 어떤 의미에서든 이러한 법이 입법 이전에 이미 존재하고 있었다고 할 수는 없다. 이들은 이성적인 목적의 산물임과 동시에 입법자의 의지의 산물인 것이다.

이제 우리는 앞에서 미루어 둔 문제들을 다루어 볼 수 있게 되었다. 즉 입법자가 제정한 것은 무엇이든지 법이며 — 법은 법이다 — 기존 법에다 어느 정도의 '도덕적 당위'를 부가시키는 입장으로 아퀴나스가 타락할 위험이 있는가의 여부이다. 저자의 생각으로는 그러한 위험이 있다 하더라도 그것은 있는 법과 있어야 할 법을 혼동하는 데서 오는 위험은 아니다. 또 그것이 아퀴나스 이론에만 있는 것도 아니다.

아퀴나스는 이 문제에 관해서는 아주 명백하다. 그는 법이 부당하여 자연법에 어긋날 수 있는 경우를 열거한다. 즉 공동선이 아니라 입법자의 사적인 선을 목표로 하는 경우, 공동선을 목표로 하지만 그 부담이 불공정하게 부과되는 경우, 공동선을 법으로 만들기 위하여 입법자가 헌법상 또는 관습상의 권한을 유월하는 경우이다. 부당한 법은 '법이 아니라 폭력'이며, '스캔들이 되거나 민심을 교란'하기를 피하기 위해서 준수한다면 몰라도 그것을 준수할 하등의 의무도 없다.

그러나 여전히 위에서 언급한 위험이 제기되는 것은 어떤 입법이 공동선을 증진시키는가 아니면 사실상 부당한가에 관하여 시민의 판단이 입법자의 판단과 다를 수 있기 때문이다. 양자의 판단 둘 다 잘못될 수도 있다. 그렇다고 양보해야 할 것은 시민의 판단이며 결국 시민은 법은 준수해야 한다고 해야 할 것인가?

이 딜레마는 아퀴나스가 갖는 난점이라기보다는 ― 그의 이론적 입장은 명백하다 ― 양심적인 시민이 갖게 되는 난점인 것이다. 즉 부당한 입법이라고 생각되는 법을 준수할 것인가, 준수하지 않음으로써 야기되는 해악을 무릅쓸 것인가를 교량해야 하는 양심적인 시민이 직면하는 문제인 것이다.[15] 그러나 아퀴나스는 이러한 해악을 평가하면서 그 입법이 법이라는 기치 아래에서 만들어졌다는 사실, 그리고 그에 대한 어떠한 부준수도 법의 권위를 좀먹는다는 사실을 반드시 고려해야 한다는 것도 인정한다(아퀴나스는 오스틴과 마찬가지로 무정부상태에 대한 두려움을 가지고 있다). 법을 준수하는 이유 중의 하나는 그 입법이 입법자에 의한 것이라는 데 있으며, 이런 관점에서 보면 아퀴나스는 그것에 대하여 '도덕적 당위'를 부여하는 것으로 볼 수 있을 것이다.

한 가지만 더 지적하고 아퀴나스에 관한 논의를 끝맺기로 하자. 입법자는 공동선을 추구해야 한다는 것이 그의 계명이다.

---

15) 정치적 복종의 기초에 관한 논의는 본 시리즈의 Joel Feinberg, *Social philosophy* 참조.

그러나 공동선이란 무엇이며, 어떻게 우리가 그것을 찾아낼 수 있는가? 공동선 또는 공익이 무엇인가를 결정하는 문제는 현대 사회에 있어서는 더 어렵게 되었다. 왜냐하면 이해가 상반되는 많은 집단이 존재하고 있기 때문이다. 필요한 것은 상반되는 이해를 조정하는 길이며, 아퀴나스는 이 점에 관해서는 별반 큰 도움을 주지 않는다. 자연적인 충동 또는 요구와 원망에 호소한다는 것은 충분한 것으로 보이지 않는다. 이것들 자체도 종종 상반되며, 따라서 조정수단이 요구되는 것이다. 그렇다고 이러한 문제가 극복하기 어렵다는 말은 아니다. 또 이것이 공동선이라는 것으로 법의 본질을 분석하는 이론가에게만 맡겨진 것도 아니다. 이것은 법이 인간과 사회의 선을 증진해야 한다고 믿는 사람은 누구나 직면해야 하는 문제인 것이다.

▌ 홈스의 예언설 ▌

위에서 본 것처럼 아퀴나스의 이론은 거대한 형이상학적 구조를 지니고 있다. 이제 여기서 우리는 그 극단적인 반대의 출발점을 갖고 있는 학자에게로 눈을 돌려보기로 하자. 그는 바로 가장 위대한 미국연방대법원 판사인 올리버 웬들 홈스(Oliver Wendell Holmes Jr.)이다. 그의 논문 「법의 진로」(The Path of the Law)은 미국 법사상계에 가장 영향력 있는 글일 것이다. 그의 입장은 대중에게는 법의 '악인설'(bad man theory) 또는 '예언설'이라고 불리고 있다.

홈스는 법의 존재와 그 장단은 별개의 문제다라고 하는 오스틴의 명제를 지지한다. 그는 용어사용의 중첩의 결과로 ―

법에서도 도덕에서도 권리·의무·악의·고의·과실 등등의 말을 쓴다 ─ 전통적인 이론의 모든 방면에서 도덕개념과 법개념 간의 혼동이 나타나고 있음을 발견했다. 그러나 법이란 '하늘 위에 어디에나 있는 것'은 아니다. 또 법은 윤리체계와 같은 연장선상에 놓이는 것도 아니다. 홈스에 의하면 어떤 사회에서 무엇이 법인가를 알고자 하는 사람은 악인의 관점에 서서 문제에 접근해야 한다는 것이다.

그 악인이란 사람은 도덕에는 조금도 개의치 않으나, 선한 사람과 마찬가지로 법에 저촉되는 것은 피하려고 한다. 자기가 의도하는 행위가 합법적인가를 변호사에게 물을 때 그가 알고자 하는 것은, 어떻게 공권력이 자신에게 행사되겠는가 하는 것이다. 홈스에 의하면 이러한 질문에 대답하는 경우 변호사가 하는 일은 일종의 예언이라는 것이다. 법적 의무란 "사람이 어떤 일을 하거나 하지 않을 때에는 법원의 판결에 의해서 이러저러한 방법으로 고통을 겪게 된다는 것 이외에 아무것도 아니다 ─ 그리고 이것은 법적인 권리에 관해서도 마찬가지이다"라고 홈스는 말한다.16)

법이란 '법원이 사실상 어떻게 행동하는가에 관한 예언'이다. 홈스가 생각하는 예언은 주어진 사건에 대한 법원 판결의 일반적인 예언인 것이지, 후일 미국의 '법현실주의자'(legal realists)들이 주장한 것과 같은 특정 사건에 관한 특정한 재판관의 판결에 대한 예언은 아니다.

이것은 상당히 관심을 끄는 견해이다. 오스틴이 논리의

---

16) O. W. Holmes, Jr., "The Path of the Law," *Harvard Law Review*, 10(1897), p.458.

산(酸)으로 법을 세척했던 것과 똑같이 홈스는 법을 냉소의 산(酸)으로 목욕시켰던 것이다. 홈스는 도덕관념이 법의 성장에 영향을 미친다는 것을 부정하지 않는다. 실상 그가 법학에 가져다 준 주된 공헌은 사법적 결정이 종종 가치판단을 포함하고 있다는 사실을 밝혀준 것이었다. 이러한 가치판단들은 법관의 의견이 갖추게 되는 논리적 형식에 가려져서 잘 보이지 않는 불명확한 대전제였던 것이다. 그러나 예언설은 법발전의 이론이 아니라 법의 '한계'의 이론, 즉 '한 사회 내에서 무엇이 법인가'에 관한 이론인 것이다.

생각건대 이 이론은 법을 보는 매우 시사적인 방법을 제공해 주는 장점은 가지고 있지만, 일반이론의 지위를 가질 수는 없다(홈스가 사실상 그렇게 생각했다고 하더라도 그렇다). 이 이론이 갖는 매우 어려운 난점 가운데 하나는 잠재적 소송 당사자의 관점을 택하는 경우에 이 학설은 법관이 갖는 관점을 망각하게 된다는 점이다. 법관이 이 사건에 관하여 무엇이 법인가를 자기 자신에게 물었을 때 자기 자신 또는 다른 법관이 결정을 내릴 것을 예언하려고 하는 것이 아닌 것은 분명하다. 아마 이렇게는 말할 수 있을 것이다. 즉 법관은 자신의 판결이 상소되는 경우 상급심이 어떻게 결정할 것인가를 예언하려고 한다. 그러나 이러한 대답도 타당치 않은 것은 그 법관이 최종심급의 일원(또는 단독제의 경우에는 바로 그 법원 자체)이 될 수 있기 때문이다. 더욱이 어떤 법체계는 상소제도가 없는 경우도 있다.

홈스가 잡아내지 못한 중요한 문제는 법원이 어디에서 그 권위를 끌어내는가 하는 것이다. 법원을 법기관으로 만들고 법관의 판결을 법활동으로 만드는 것은 무엇인가? 문제에 답하는 표준적인 방법은 수권법, 즉 권한을 부여하는 법을 지적하는 방법이다. 이때 이 수권법을 법원이 내릴 판결의 예언이라고 해석하는 것은 순환론으로 보인다. 이것을 앞장에서 언급했던 행태적 접근법을 잘 다듬은 이론으로 다룰 수도 있겠지만 그러나 이때에도 법관 이외의 타인의 행동에 관한 언명이 포함되어야 한다고 생각된다.

홈스의 이론이 가진 문제는 그것이 법원중심적이라는 것이며, 따라서 법원이 없는 법체계에는 적용되지 않는 것으로 보인다는 점이다. 이러한 생각에서 몇몇 홈스의 '현실주의' 계열의 추종자들은 그 이론을 확장하여 법을 강제하고 법을 적용하는 기관까지를 포괄하게 만들었다. 그러나 헤르만 칸토로비츠(Hermann Kantorowicz)가 지적하는 바와 같이 이러한 기관이 강제하고 적용하는 것은 법이지, 서로간의 판단이나 행동에 관한 예언은 아닌 것이다.17) 그렇다고 이 말이 다음과 같이 이해되어서는 안 된다. 즉 법은 항상 이미 만들어져 있어서(기성품이어서) 강제되거나 적용되기를 기다리고 있다고 이해되어서는 안 된다는 점이다. 풀러(Fuller) 교수는 그의 『법의 해부』(*Anatomy of the Law*)에서 이런 식의 생각을 논파했고, 홈스도 칸토로비츠도 그에게 동의하리라고 생각된다.

어쨌든 칸토로비츠의 지적은 정확한 것으로서, 법원 중심적, 나아가서는 기관 중심적 견해가 사회의 평범한 구성원들의 법에 관한 시야를 왜곡시키기도 한다는 점을 보여 주고 있다. 야구경기를 생각해 보자. 야구경기는 경기자가 알고 또 따르고

---

17) "Some Rationalism about Realism," *Yale Law Journal*, 43(1934), pp.1240-1252.

있는 규칙들을 가지고 있다. 이러한 규칙들을 단지 심판이 어떻게 결정할 것인지에 관한 일반화된 예언이라고 본다는 것은 대단히 잘못된 일일 것이다. 사회 속의 법도 마찬가지이다. 일반 시민들도 법관들도 모두 법을 행동의 지침으로 **사용한다**. 물론 법이라는 것은 야구보다는 훨씬 더 진지하고 광범위한 목적을 가진 일이며, 법관 기타 공무원의 결정은 시민의 눈에 잘 드러난다. 즉 법관과 그 밖의 기관원들은 법창조 과정의 참여자인 것이다. 그렇기는 하지만 이 비판은 타당한 것이며, 그렇기 때문에 우리는 또 다른 법실증주의자인 한스 켈젠의 이론을 살피게 되는 것이다. 아마도 켈젠은 20세기 법이론에, 특히 유럽대륙과 라틴 아메리카에 가장 큰 영향을 끼친 사람일 것이다.

‖ 켈젠의 규범으로서의 법 ‖

예언설에서 보면 법이란 기술적 언명(descriptive statements)이란 점을 언급해 두어야 할 것이다. 당위적 요소, 즉 '…해야 한다'는 요소는 전혀 무시되었다. 이것은 켈젠(Kelsen)에게는 전혀 받아들여질 수 없는 것이다. 왜냐하면 그가 주장하기로는 법이란 **규범**이기 때문이다. 법의 의미는 규범적 언어, 특히 '…해야 한다'(ought)는 말을 쓰지 않고는 표현될 수 없다. 물론 이 말이 도덕적 당위(moral ought)를 가리키는 것은 아니다.

켈젠은 자신의 이론을 법의 **순수이론**(순수법학)이라고 부른다.18) 이것은 우리가 남태평양 도서부락의 가상적인 법체계를

---

18) 켈젠의 저서들은 양이 방대하다. 영역된 그의 주저(主著)는 『*Pure Theory of Law*(순수법학)』(M. Knight 역, Berkeley: University of California

기술했던 것을 상기해 보면 설명될 수 있을 것이다. 켈젠은 먼저 우리의 설명 속에 들어 있는 어떤 이데올로기적인 경향이나 윤리적 경향(예컨대 토마스 아퀴나스의 자연법론에 담겨져 있던 것과 같은)을 말끔히 씻어 버려야 한다고 주장한다. 이리하여 켈젠은 법의 존재에 관한 오스틴의 교설을 지지하게 된다. 그 다음에 그는 무엇이 법인가에 관한 언명과 공무원 또는 비공무원의 행동에 대한 기술적 언명을 혼동해서는 안 된다고 주장한다. 이 순수이론의 주된 목표는 한 사회의 법을 '드러내기 위한' 여러 개념적 도구를 제공함으로써 그들의 법적 성격과 현실적 내용을 그려내고, 체계 내에서의 그들의 상호관련성을 보여준다는 것이다.

　　　많은 종류의 규범체계가 존재한다. 켈젠에 의하면 법질서란 그 준수를 확보하기 위해서 강제라는 기술을 사용하는 규범체계라는 것이다. 이것으로부터 켈젠은 다음과 같은 결론을 끄집어낸다. 즉 ― 이 결론에 의문에 없는 것은 아니지만 ― 법의 내용을 표현하는 언명은 반드시 그것이 강제를 규정하는 것으로 표현되어야 한다는 것이다. 이와 같은 언명의 양식은 가언적이다. 즉 만약 유권기관에 의해서 이러이러한 것(예컨대 특정한 행위)이 발생했다고 확정된 경우에는 유권기관은 이러이러한 제재(예컨대 징역형의 선고 또는 채무변제 명령)를 해야 한다는 것이다.[19] '해야 한다'는 것이 여기에서는 본질적인 것이며, 켈젠에

　　Press, 1967)과 『*General Theory of Law State*(법과 국가의 일반이론)』(A. Wedberg 역, Cambridge: Harvard University Press, 1946)이다.

19) 법을 묘사하기 위해서 (예컨대) 법은 지하철에서 흡연을 금하고 있다고 일상적으로 말할 수도 있겠다. 그러나 '실질적 내용'은 오로지 법적용기관에게 무엇을 해야 할 것인가를 말해 주는 범전적(範典的)인 형식으로만 표현될 수 있다는 것이다.

의하면(특히 그의 근자의 저술에서는) 그것은 '반드시 해야 한다'(must), '할 수 있다'(may), 또는 '권한이 있다'는 것을 의미할 수도 있다고 한다.

　여기에서 지적해 두어야 할 것은, 우리가 도서사회의 법을 묘사했던 언명들 자체가 법(법규범)은 아니라는 사실이다. 이러한 언명들은 법규가 아니라 진위를 판별할 수 있는 보고이다. 여기서 검토해 볼 수는 없으나 법을 표현하는 가언명제는 반드시 당위적 용어를 사용해야 하지만, 후건(後件)에 있는 '해야 한다'는 규범적으로 쓰인 것이 아니라 기술적으로 쓰인 것이라는 켈젠의 명제는 흥미 있다. 그러나 어쨌든 우리의 언명이 그 사회에서 사람들이 어떻게 행동하는가를 기술한 것은 결코 아니다. 물론 우리가 간단히 살펴볼 것처럼, 그 명제들의 진위가 이런 식의 기술을 전제조건으로 하고는 있지만 말이다.

　법을 묘사하기 위해서 우리는 먼저 법을 인식해야 한다. 켈젠의 견해에 의하면 이것은 입법행위를 인식할 수 있어야 한다는 것을 요구한다. 그가 내거는 슬로건은 '모든 법은 실정법이다'라는 것인데, 이것은 그에게 있어서는 법이란 의지행위(act of will)에 의해서 창설되기도 하고 무효화되기도 한다는 것이다. 이 교리는 칸트식의 존재와 당위의 구별, 그리고 인식과 의지의 준별에 기원을 두고 있는 것으로 생각된다. 이 의지행위는 욕구의 표현인 오스틴식의 명령이 아니다. 예의 그 도서사회에서 절대군주인 렉스왕이 모든 사람은 토요일 밤에 목욕을 해야 한다는 명령을 발하는 경우에 국민들이 그렇게 하기를 바라는 그 왕의 의향 자체가 법이 되는 것은 아니라는 것이다. 이것은 옳다고 생각된다. 그러나 법이 의지행위에 의해서 창설된다는 교리는 메인(Maine)이나 풀러(Fuller)가 명령설에 반대하여 전개한 비판의 대상이 될 것으로 보인다. 어쨌든 이러한 교설이 렉스왕의 사례에서는 수긍할 수 있는 것이라 하더라도 악셀 헤거스트룀(Axel Hägerström)이 지적한 것처럼[20] 다수의 구성원을 가진 입법의 경우에는 수긍할 수 없다. 헤거스트룀의 비판은 법이란 의지행위 자체가 아니라 오히려 이러한 의지행위의 '객관적 의미'라는 켈젠의 또 다른 명제에 의해서 단지 부분적으로만 완화될 수 있을 뿐이다. 그런데 바로 이 명제는 입법행위 및 그 사회에 존재하는 법을 인식하는 열쇠가 된다.

다음과 같은 경우를 생각해 보자. 즉 렉스라는 왕과 존(그는 이 도서사회의 한 구성원이다) 둘 다 모든 사람이 토요일 밤에 목욕하기를 원하고 두 사람이 각각 "모든 사람은 토요일 밤에 목욕을 해야 한다!"라는 선언을 발했다고 하자. 켈젠의 말대로 하면 그 선언은 '주관적 의미'에 있어서는 같으나, 렉스왕의 선언만이 법으로 되는 '객관적 의미'를 갖는다. 왜냐하면 렉스왕의 선언은, 렉스왕의 명령이 유효한(즉 구속력이 있는) 법이라고 말하는 다른 법과 일치하기 때문이다.

이것은 물론 아주 단순화한 입법의 모델이지만 법 자체가 법의 창조를 규율하고 있다는 켈젠의 입장을 잘 보여준다. 그가 말하는 것처럼 법은 그 **효력**을 다른 법에서 끌어낸다. 따라서 한 법체계 내에서 제 법은 위계적 구조를 형성하여 하위 법규범의 효력은 상위 법규범에 호소함으로써 정당화된다. 그 이유는 하위 법규범의 내용이 상위 법규범의 내용과 부합하든가 아니면

---

20) *Inquiries into the Nature of Law and Morals*, C. D. Broad 역(Stockholm: Almquist and Wiksell, 1953), passim.

하위 법규범의 창설이 상위 법규범에 의해 수권되었기 때문이다. 켈젠의 이론의 이러한 측면은 많은 복잡한 논점을 제기하기 때문에 여기서 더 자세히 이것을 다룰 수는 없지만, 우리에게 중요한 것은 법의 효력은 (그 자체 효력이 있는) 다른 법에서만 연유할 수 있다는 그의 견해이다. 우리가 사회에 있어서의 법을 묘사하는 경우에도 이러한 사실을 반영해야 한다. 법의 효력의 조건들과 법창설적 의지행위를 식별해 내는 기준들 사이에는 일치하는 면이 있다. 법은 이와 같은 식별을 위한 '해석의 도식'(schemes of interpretation)로 작용한다. 우리가 규범적 관점이라고 하는 것을 먼저 가지고 있지 않으면 법규범은 인식할 수가 없는 것이다.

　　이러한 고찰은 결국 우리로 하여금 켈젠의 이론의 핵심에로, 그리고 그 이론의 가장 특징적인 학설에로 도달하게 해 준다. 어떤 법의 효력을 다른 법으로 거슬러 추구해 들어가다 보면 우리는 궁극적으로 주어진 체계 내의 모든 여타의 법이 그 효력을 이끌어 내는 법에 도달하게 된다. 이것이 바로 그 체계의 **근본규범**(Grundnorm)이다. 예컨대 근본규범은 렉스왕에게 복종하라든가 또는 헌법에 규정된 입법 절차에 맞게 제정된 법은 효력이 있다라고 말한다. 그러나 어떤 체계의 근본규범은 그 자체 실정법인 것은 아니다. 근본규범은 그 체계 하에 살고 있는 사람들에 의해서 결코 표현되지 않을 수도 있다. 근본규범의 효력은 입법과정 그리고 의지행위를 법창설 행위로 인식하는 가운데 효력이 있다고 **전제되어** 있다. 즉 근본규범은 규범적 관점을 제공해 주는 것이다. 근본규범을 통해서 우리는 법실증주의의 한계에 도달하게 된다. 물론 어떤 체계의 근본규범의 효력을 어떤 도덕적 혹은 이데올로기적 규범(예컨대 정당성원리)으로부터 이끌어 내려고 해볼 수도 있겠지만 켈젠은 이런 방식을 거부한다. 우리가 일단 근본규범에 도달하기만 하면 우리는 어떤 사회의 법을 묘사하는 데 필요한 모든 것을 갖게 된다는 것이며 켈젠은 법의 존재는 법의 존재를 전제한다는 너무나 자명한 역설 앞에서도 조금도 동요하지 않는다.

켈젠에 대하여 비판을 가하기 전에 한 가지 더 생각해 보아야 할 것이 있다. 순수법학의 이론에 따르면 한 사회의 법은 사람들이 어떻게 행동하는가에 관한 진술과 동일시되어서는 안 된다는 것을 우리는 알았다. 섬의 모든 주민들이 토요일 밤에 목욕을 한다는 사실은 이런 법이 존재하고 있다는 의미를 내포하고 있는 것은 아니다. 또 그들이 목욕을 하지 않는다고 해서 목욕하기를 요구하는 법이 없다는 말이 되는 것도 아니다. 행동이 법에 따르는 경우(이와 같은 준수의 동기와는 상관없이), 법은 '실효적'(effective)이라고 켈젠은 말한다. 어떤 사회에 효력 있는 법체계가 존재하고 있다고 말할 때, 이 주장이 참일 필요조건은 법이 대체로(by and large: im großen und ganzen) 실효적이라는 것이다. 러시아의 영토 내에 존재하는 법은 현대 러시아법(원문은 소비에트법임—역자주)이지, 차르시대 러시아의 법이 아니다. 비록 후자가 과거 그 지역에서 실효적인 때가 있었다 해도 말이다. 일군(一群)의 법들이 실효적이지 못함으로써 그 효력을 상실할 수 있다. 따라서 어떤 사회 내에 존재하는 법을 나타내는 언명의 진위 판별은 그 구성원들의 행태(엄밀하게 말하면 공무원들의 행태)에 대한 어떤 기술을 전제한다. 그럼에도 불구하고 켈젠에 의하면 법에 효력을 부여하는 것은 그 법의 실효성(effectiveness)

이 아니라는 것이다. 효력이란 궁극적으로 주어진 체계의 근본 규범으로부터 유출된다는 것이다.

켈젠은 많은 중요한 통찰과 독창적인 생각들을 제공해 주었다. 그러나 동시에 그의 이론은 그 내부에 여러 가지 난점들을 안고 있다.

바로 위에서 언급한 점을 살펴보자. 한 체계에 있어서 법의 효력은 근본규범에 준거하여 발생하게 된다. 여기에서 켈젠은 순환논법에 빠지고 있는 것 같다. 왜냐하면 근본규범이란 효력 있는 법을 통해서 그 법에 효력을 부여하는 전제된 규범에로 거슬러 올라가 추급함으로써 그 체계를 묘사할 때 찾아지는 것이다(작동하는 하나의 규범이 존재한다는 것을 실제로 보장해 주는 것은 무엇인가?). 그러나 이것은 근본규범과 독립해서 효력 있는 법이 무엇인가를 이미 말할 수 있다는 것을 전제한다.

'효력 있는 법'의 의미도 역시 문제가 있다. 명백히 켈젠은 소위 '승인설'을 부인하지만 그가 완전히 승인설에서 빠져나갔는가 하는 것은 명확하지 않다. 효력 있는 법이란 그 법에 종속하는 사람들이 구속력 있는 것으로 승인하거나 받아들인 규범이라고 승인설은 생각한다. 켈젠은 근자의 논문에서 근본규범이란 특정한 실효적 강제질서를 '효력 있는 법의 체계'라고 생각하는 사람들이 전제하는 것이라고 주장한다. 이 말은 그 사회의 구성원 또는 공무원이 특정한 질서를 구속력 있는 규범체계로 생각하는 경우에 그들은 어떤 근본규범의 효력을 전제하고 있다는 뜻이다[21](이 개인들이 실효적인 강제질서를 반드시 법체계로 보아

---

21) Hans Kelsen, "On the Pure Theory of Law," *Israel Law Rev.*, 1(1966), pp.1-7. 다른 곳에서 말한 것과는 반대로 이 논문에서 켈젠은, 근본규범

야 하는 것은 아니다. 그 대신에 그들은 그것을 단순히 '암약중인 권총강도'의 상황으로 볼 수 있다. 그들에게 있어서는 조세수금원과 강도 사이에 아무런 차이가 있을 필요가 없다. 이것은 오스틴의 견해와는 반대가 된다. 오스틴에 의하면 준수의 습관이 존재하는 경우 — 즉 실효적인 명령이 존재하는 경우 — 에는 법체계와 법의무가 존재한다). 이렇게 볼 때, 켈젠이 '승인'의 관념과 비슷한 어떤 것을 사용하고 있다는 것은 명백하다. 왜냐하면 법을 유효한 것으로 본다는 것은 그것이 자신을 구속하는 것으로 보는 것과 같기 때문이다. 그리고 켈젠이 승인설에 대해서 갖는 불만은 다만 승인설이 근본규범을 내버려두었다는 것뿐이다. 켈젠은 승인설을 완전히 피할 수는 없는 것 같다. 그것은 특히 법체계를 묘사하는 출발점이 — 우리가 위에서 본 것처럼 — 유효한 법이기 때문이다.

그러나 이 결론은 근본규범 이론이 불필요한 쓸데없는 것이 아닌가 하는 문제를 제기한다. 과연 법학자는 한 체계의 유효한 법을 묘사하기 위하여 규범적인 관점이 필요한 것일까? — 그것이 단지 '인식론적 기능'만을 수행함에 불과한 경우에도?

켈젠이 승인설을 필요로 하고 있다고 하는 견해를 가진 것으로 생각되는 알프 로스(Alf Ross) 교수는 이 점을 논한다. 로스는 체스 놀이를 예로 든다. 체스 놀이에 근본규범이 존재한다

이란 특정체계를 묘사하는 법학자의 전제가 되기도 한다는 견해를 부정한다. 법학자에게 있어 근본규범이란 오로지 인식론적 기능만을 맡는다는 것이다. 즉 근본규범은 어떤 강제질서를 효력 있는 법의 체계로 해석하기 위하여 고안된 것이다. 근본규범을 전제하는(즉 그 효력을 전제하는) 사람은 바로 그 사회의 구성원 또는 공무원인데, 그것은 그 질서를 자기 자신을 구속하는 규범체계로 볼 경우에 그렇다는 것이다. 이 문제는 더 연구해 볼 가치가 있다. 켈젠의 입장은 다음 절에서 논의할 하트의 내적, 외적 관점과 비교해 보아야 할 것이다.

고 하는 생각은 전혀 불필요하다. 즉 우리나 놀이를 하는 자나 체스의 유효한 규칙을 묘사하기 위해서 근본규범을 전제할 필요는 없다는 것이다. 로스는 **행태적 고려**만으로는 부족하다는 것을 인정한다. 장기의 졸이 뒤로 가지 않는다고 해서 그러한 규칙이 있다는 것이 드러나는 것은 아니다. 우리는 **심리적**인 요소도 고려해야 한다. 우리는 경기자의 '정신적인 삶'을 알 필요가 있다. 즉 무엇이 그들 자신을 구속하고 있다고 믿거나 경험하는가를 알 필요가 있다. 그리고 이때 문제되는 것이 법관(또는 법적용 공무원)이라는 것만 빼면 이것은 법에서도 같다. 일정한 영토 내에서 효력 있는 법규범 체계는 "법관의 마음 속에서 실제로 작용하고 있는 규범들로 구성되어 있다. 왜냐하면 이것들이 법관에 의해서 사회적으로 구속력을 갖고 따라서 준수된다고 느껴지고 있기 때문이다."[22] 로스에 의하면 근본규범에 준거한다는 것은 규범이라는 관념과 사회적 현실(즉 행위 패턴)과의 관계를 왜곡시킬 뿐이라는 것이다.

구속력 있다고 '느껴지는' 것이라는 관념은 저자에게는 약간 모호하다. 그러나 이것을 더 상세히 분석하는 대신에 켈젠과 로스의 통찰 중 많은 부분을 다시 새롭게 다듬은 하트(H. L. A. Hart)의 실증주의적 입장에 눈을 돌리기로 하자.

▌하트의 규칙 ▌

하트의 저서 『법의 개념』(*The Concept of Law*)은 법철학에 있

---

22) Alf Ross, *On Law and Justice*(London: Stevens and Sons, Ltd., 1958), p.35.

어서 정말로 훌륭한 책이다. 이 책이 목표로 하고 있는 것은 법체계의 핵심적 모습을 설명함으로써 법체계가 가진 그 밖의 모습도 이해하게 하고, 그렇게 하여 법체계와 다른 유형의 사회제도와의 복잡한 관계를 명확히 한다는 것이다. 이것을 위해서는 우리는 규칙(rule)이라는 관념을 필요로 한다. 규칙은 법체계 및 그 밖의 다른 유형의 제도의 중심에 놓인다. 하트의 철저한 비판이 보여주는 바와 같이 위하에 의해 지지되는 명령이나 행동의 예언이라는 것도 규칙이 무엇인가를 설명하지 못한다. 법의 효력 및 법체계의 존재에 대한 하트의 분석에서 기본이 되는 것은 규칙에 관한 내적 관점과 외적 관점의 구별이다.

먼저 하트는 한 사회나 집단이 규칙을 가지고 있다는 것은 무엇인가라는 질문을 던진다. 이 질문에 대하여 그는 규칙의 승인이라는 것으로 대답한다. '승인'이란 도덕적 시인이나 구속감을 의미하지 않는다. 어떤 규칙(예컨대 "교회에 들어갈 때는 모자를 벗어야 한다")은 행위의 표준을 설정해 준다. 그 표준이 일반적으로 준수된다고 해서 일단의 사람들이 그 규칙을 받아들였다고 말할 수는 없다. 왜냐하면 그렇게 보는 것은 규칙을 순전히 외적 관점에서만 보는 것이 되기 때문이다. 그 표준에서 이탈한다는 것은 일반적으로 그 집단에 의해서 비판받을 잘못으로, 또 비판을 가할 충분한 좋은 이유로 받아들여져야 한다. 표준에 의해 정해진 행위(행위 자체는 규칙의 '외적 측면'이다)에 관한 이와 같은 '내적 관점' 즉 '반성적 비판적 태도'를 갖는 것은 그 규칙을 받아들이는 것이 된다. 그 집단을 관찰하는 관찰자가 일정한 규칙이 거기에 존재한다는 진술을 한다고 할 때 그 뜻은 그 구성원들이 일반적으로 특정한 표준을 준수하고 있으며 또 그 구성원들이 그것에 관하여 내적 관점을 채택하고 있다는 것이다. 하나의 규칙을 받아들이게 되는 동기는 구성원마다 다를 수 있다. 결국 하트에 의하면 어떤 규칙이 의무를 부과하는 것으로 생각되는 것은 그 표준에 맞게 행동하여야 한다는 일반의 요구가 줄곧 계속되고 그 표준에서 이탈하는 자에 대한 사회적 압력이 크거나 또는 이탈하는 데 대한 위하가 클 경우이다.23)

하트는 어떤 사회가 방금 언급한 종류의 규칙들만을 가질 수도 있다는 사실을 인정한다. 이와 같은 사회구조는 의무(의 부과)라는 1차적인 규칙의 체계라고 말할 수 있다. 이것이 성공적으로 작용할 수 있는 것은, 오로지 사회가 긴밀하게 결합되어 있고 안정된 환경에 놓여 있을 때에만 그렇다. 조건이 달라지면 이런 식의 체제는 세 가지 면에서 결함을 드러내게 된다. 그것은 (1) 불확실성: 무엇이 규칙이며, 그 구체적 범위가 어디까지인가 하는 데 대한 의문이 제기될 것이다. (2) 정태적 성격: 규칙의 변경양식은 오로지 완만하게 생성·소멸하는 과정이 될 것이다. (3) 비실효성: 규칙은 산재해 있는 사회적 압력으로서만 유지될 것이고 규칙이 침해되었는가의 여부를 최종적으로 판단할 방도가 없게 될 것이다.

하트는 말하기를, 이러한 결함들은 2차 규칙을 도입함으로써 치유될 수 있다고 한다. 첫째로 승인(인지)의 규칙(rule of recognition)이 채택될 수 있다. 이것에 의하여 1차 규칙이 권한 있는 것으로 인식될 수 있는 성격을 갖게 된다. 이 규칙은 공공기념

---

23) 규칙의 승인이 두려움에 입각하고 있다면 의무를 가지고 있다는 차원이 아니라 '어쩔 수 없이 그렇게 강요된다'는 차원에 우리가 있지 않겠는가? 여기에 승인의 어떤 도덕적 근거가 있지 않겠는가?

비에 각인되어 있는 1차 규칙의 목록을 열거하는 것으로 될 수도 있다. 아니면 이것은 사실상 현대사회에서 찾아볼 수 있는 것 같은 복잡한 규칙들(예컨대 "왕이 의회를 거쳐 제정한 것이 법이다")이 될 수도 있다. 두 번째 결함은 **변경의 규칙**(rules of change)을 도입함으로써 치유될 수 있다. 이것은 1차 규칙의 의도적인 변경을 가능케 하는 것인데, 이것은 일반적으로 일정한 조건 하에서 변경을 발의할 수 있는 권한을 가진 개인들을 조직함으로써 이루어진다. 입법과 폐지는 위하가 뒷받침해 주는 명령이 아니라 이와 같은 규칙으로 이해되어야 한다. 확실히 이 규칙과 승인의 규칙과는 밀접한 관계가 있다. 마지막으로 비실효성은 **사법의 규칙**(rules of adjudication)을 도입함으로써 치유될 수 있다. 이것은 1차 규칙이 침해되어서 강제를 가하게 되었을 때 일반적으로 특정 절차에 따라서 판결을 내릴 권한을 어떤 개인에게 부여하는 것이다. 하트는 말하기를, 법사를 보면 이 세 번째 2차 규칙이 다른 규칙보다 먼저 채택되는 경향이 있다고 한다.

위에서 설명한 것처럼 하트는 '법 이전의 세계로부터 법의 세계로'의 이행의 발자취를 서술하고 있다. 법이란 **1차 규칙**과 **2차 규칙**이 **결합**된 것이다(독자들은 하트의 변경의 규칙 및 사법의 규칙과 우리의 법기관 세 가지 사이의 관련성을 이미 간파했을 것이다). 2차 규칙의 도입은 점차적이고 부분적인 형태로 나타날 수 있기 때문에 법체계의 존재라는 것도 정도의 문제가 될 수도 있을 것 같다. 하트는 메인이 오스틴에게 한 비판이나 켈젠에게도 적용되는 비판을 확실히 피하고 있다.

그러나 언급하고 넘어가야 할 난점도 있다. 하트는 2차 규칙을 여러 가지로 성격규정 한다. 따라서 어떤 면에서는 권한 부여규칙(non-mandatory rule)(예컨대 유언에 의한 상속을 위한 규칙) 같은 것은 2차 규칙인 것으로 보인다. 그러나 승인의 규칙, 변경의 규칙, 사법의 규칙에 있어서 중요한 것은 하트의 말대로 그 것들이 규칙에 대한 규칙이라는 것이다. 어쨌든 난점이란 하트가 처음에 제시한 규칙과 그 존재에 대한 성격 규정이 2차 규칙에도 적용되는가 하는 점이 전혀 명확하지 않다는 것이다. 어떻게 이 규칙들이 행위의 표준을 설정하고, 따라서 이에 관한 내적 관점을 갖는다는 것이 무엇인지를 알기란 매우 어렵다.

효력 있는 법의 개념을 하트는 그 체계의 2차 규칙 특히 궁극적인 승인의 규칙을 지적함으로써 설명한다. 주어진 체계에서 의무를 부과하는 1차 규칙이 효력을 갖는 것은 그것이 승인의 규칙에 일치할 경우이다. 그러나 여기서 지적해야 할 것은 하트가 처음에 내린 의무 부과하는 1차 규칙의 성격규정과 승인의 규칙, 변경의 규칙, 사법의 규칙의 존재에 관한 그의 입장과의 사이에는 불연속성이 있다는 점이다. 전자의 경우에 있어서 승인을 해야 하는 개인들은 규칙에 복종하는 사람들이기도 하다. 후자의 경우에 있어서 본질적으로 중요한 의미를 갖는 개인들은 그 체계의 (법적용) 공무원인 것이다. 따라서 그 사회의 일반 구성원은 의무를 부과하는 1차 규칙에 관해선 ─ 그것이 효력 있는 법이기 위해서 필요한 ─ 내적 관점을 가질 필요가 없다는 결론이 된다. 즉 다만 승인의 규칙에 합치될 필요만 있다는 것이다. 여기서 오스틴이 말하는 것처럼 정치적으로 우월한 자(공무원)가 열등한 자에게 정해 준 규칙이라는 이유를 제외하고 나면 이러한 규칙이 어떤 의미에서 의무를 부과하는가는 명백하지 않다.

하트에 의하면 어떤 사회에 법체계가 존재하기 위해서는

두 가지 조건이 충족되어야 한다. 첫째는 유효한 법이 그 구성원들 사이에서 준수되어야만 한다. 이것은 명백히 켈젠의 행태적 의미에서 그것이 **실효적**이어야 한다는 뜻이다. 둘째 조건은 승인의 규칙·변경의 규칙·사법의 규칙이 공무원들에게 받아들여져야 한다는 것이다. 그러나 공무원들이란 누구인가? 공무원이란 공무원에 의하여 승인되었기 때문에 규칙으로 존재하는 규칙에 의해서 수권을 받은 사람들이라고 말할 수밖에 없는데 이것은 순환론일 것 같다. 이러한 난점을 피하기 위해서 하트는 오스틴의 '준수의 습관'과 같은 것을 간접적으로 다시 끌어들이고 있는 것 같다. 공무원들은 그 사회의 구성원들이 습관적으로 준수하고 있는 사람들이라는 것이다. 즉 준수되는 것은 법뿐만이 아니라는 것이다.

　　하트의 궁극적인 승인의 규칙에 대한 취급은 켈젠의 근본규범의 교리와 비교해 보아야 할 것이다. 켈젠의 견해에 의하면 근본규범이란 효력 있는 법이 되기 위해서 반드시 전제되어야 할 것이다. 왜냐하면 효력이란 효력으로부터만 도출될 수 있기 때문이다. 그러나 하트에 의하면 특정한 법의 효력을 위한 궁극적인 표준이 그 자체 효력 있는 법인가 아닌가를 묻는 것은 아무런 의미도 없다는 것이다. 어떤 체계의 궁극적인 승인의 규칙은 유효한 법이 아니다. 그것의 존재는 '사실문제'이다. 아마도 이렇게 주장했던 것은 외적 관점에서 나온 것 같다. 즉 궁극적인 승인의 규칙이 존재한다고 하는 것은 그 사회에 존재하는 법을 인식하는 데 있어 어떤 기준들(예컨대 기념비에 새겨진 규칙들 속에 열거된 것)에 준거하는 공무원들의 일치된 '실무'가 있다는 것이다. 그러나 이렇게 어떤 실무가 — 단순히 수행되는 것에 불과한 것이 ─ 규칙으로 될 수 있는가? 따라서 첨언해야 할 것은 실무란 어느 정도는 행위의 표준으로 받아들여진다는 점이다. 표준이 받아들여진다고 하는 것은 사실문제이다. 그러나 이 경우의 받아들임이 공무원의 행태로 환원될 수 있겠는가 하는 것에는 논의의 여지가 있다. 하트가 이것을 원할 것은 명백하다. 그러나 예컨대 로스 같은 사람은 이러한 환원을 받아들이지 않을 것이다.

위에서 언급한 난점이 하트의 이론에 치명적인 것이라는 것은 아니다. 오히려 반대로 그의 이론은 매우 시사적인 것으로 생각되고, 또 그의 이론은 다른 실증주의자가 갖는 많은 심각한 난점과 모호함을 성공적으로 피한 하나의 실증주의적 접근방법인 것이다. 그러나 저자가 하트의 이론에 대하여 던지는 주된 물음은 이 이론이 주요한 점에 관해서 완전한 바탕을 놓아 주고 요구들을 충족시켜 주는가 하는 의문이다.

우리는 이미 법과 도덕 간에는 '우연한 필연적'(contingently necessary) 관계가 있다는 하트의 견해가, 법의 존재와 장단을 구별하는 오스틴의 견해와 반대되지는 않는다는 것을 보았다. 이 구별은 다른 실증주의자와 마찬가지로 하트도 받아들인다. 우리가 아직 고찰해 보지 않은 문제는 오스틴의 명령설에 대한 풀러의 비판이 하트에 대해서도 어떤 힘을 갖는가 하는 것이다. 이 비판을 처음 언급할 때 저자는 이것이 오스틴에게만 겨누어진 것이 아니라 법실증주의에 대한 광범위한 공격의 일부분이란 말을 했었다. 이 비판은 법과 도덕의 관계가 실증주의자들이 받아들이는 것보다 더 밀접한 관계가 있다는 이름 아래에서 성립된 것이다. 이제 풀러의 이론을 살펴보고 어떻게 이런 주장이 발전되어 가는지에 대하여 눈을 돌려보기로 하자.

∥ 풀러의 실증주의 비판 ∥

풀러는 우리를 자연법의 전통으로 되돌려 놓는다. 그러나 그가 옹호하는 이론은 토마스주의풍의 것은 아니며 따라서 거기에 신학적·형이상학적 틀은 존재하지 않는다. 더구나 풀러는 개별적으로 법이라고 칭해지는 것들을 평가할 토마스 아퀴나스식의 기준을 제안하지도 않는다. 그가 보다 관심을 기울이는 것은 법체계의 전반적인 운행이며, 오히려 그는 개별 법률을 평가하는 것은 어렵다는 점을 강조한다. 그의 이론은 일종의 '절차적' 자연법론이며 이 이론은 거의 중립성을 가지면서 대립하는 다양한 실질적 목적에 봉사하는 것이다. 풀러는 두 가지의 상호관련되는 주제를 자연법 전통에 끌어들인다. 입법자가 그의 임무를 완수하기 위해서 반드시 고려해야 할, 사회질서의 제 원칙을 찾아내려는 관심과 입법과정에서의 이성의 역할에 대한 강조가 그것이다.[24]

풀러는 이 주제를 가지고 법실증주의에 대한 비판을 시작한다. 그는 법 가운데 순전히 자의적인 요소가 있다는 것을 인정한다. 그리고 그는 많은 규칙들이 단순히 그것이 규정된 절차나 또는 승인의 규칙(rule of recognition)에 맞기 때문에 법으로서의 지위를 갖게 된다는 점도 인정한다. 그러나 이것이 법체계가 되기 위하여 요구되는 전부일 수는 없다. 이 점에 관하여 비근한

---

24) 존재와 당위의 '연관성'이 있다는 풀러의 초기 저작의 주제는 그의 최근의 저작에서는 명시적으로는 거의 언급되지 않고 있다.

예를 하나 들어보자. 일단의 사람들이 배가 난파되어 섬에 표류해 왔다든가 또는 일단의 사람들이 캠핑을 가서 예정일보다 날짜가 지났다고 생각해 보자. 곧 각 개개인들은 어떤 일을 할당받게 될 것이고 구성원의 행동은 통제 받게 될 것이다. 명백히 이 과제 부과과정과 행동통제는 성격상 목적이 있는 것이며, 우리가 그것을 이해하고자 한다면 우리는 명령의 요소뿐만 아니라 이성이 그 가운데에서 하고 있는 역할도 알아야 할 것이다. 바로 이 점이 법체계에 관한 실증주의적 평가가 미치지 못하는 점이다. 실증주의자들은 완결되었다고 가정된 체계에서 출발하고 법체계를 '창조하거나 운영'하는 데 따르는 문제에 대해서는 고려하지 않는다.25) 만약 한 사회가 엄청난 혁명을 겪게 되어 새로이 법체계를 창조해 내게 된다면 법실증주의로부터는 그 지침으로 별로 얻어 낼 것이 없을 것이라고 풀러는 주장한다.

풀러의 입장에 흐르고 있는 법(내지는 입법)의 개념은 **인간의 행동을 규칙의 지배 하에 놓으려는 기도로서의 법**(내지 입법)의 개념이다.26) 법이란 '행위'(activity)이며 법체계란 계속적인 목적적 노력의 결과이다. 풀러는 법체계가 광범위한 문제에 직면한다는 것을 발견했다. 그 중에는 여러 제도와 공적 역할들을 서로 조화시켜야 한다는 문제가 있다. 그리고 법제도나 규칙들이 여러 목적에 봉사해야 한다는 데서 기인하는 모호성과 불확실성과 대결해야 한다는 문제가 있다. 풀러는 우리의 법과 법기관이 서로

---

25) 공리주의자들(특히 벤담)은 '입법의 과학'(science of legislation)에 관심을 보였으나 그들은 이것과 자신들의 법의 존재에 관한 이론과를 준별하였다.

26) Fuller, *The Morality of Law*, p.106.

모순되지 않게 작동하도록 보장할 규칙을 찾아내기란 쉬운 일이 아니라는 사실을 증명해 준다. 또 이 문제는 어떤 한 법기관의 작용과도 관련된다. 하트의 2차 규칙인 사법의 규칙, 즉 개인들에게 1차 규칙의 위반에 관한 분쟁을 판결할 권한이 부여되는 규칙을 생각해 보자. 이렇게 해서 창조되는 기구는 법관·원고·피고의 역할이 분리되어 있지 않다면 그 기능을 적절하게 수행할 수 없을 것이 명백하다. 그러나 이는 단순히 이 기구가 그 과제를 잘 수행할 수 있을 것인가의 문제가 아니다. 풀러는 법기관이 기능하기 위한 적절한 규칙이 고안되지 않는다면 재판기관이 실제로 존재하는가(존재의 정도)의 문제도 제기된다고 말할 것이다.

적어도 이들 가운데 몇 가지 문제는 법기관과 법활동이 따라야 할 상세한 일련의 명령을 도입함으로써 쉽게 해결될 수 있으리라고 생각할 수도 있겠다. 즉 우리에게 필요한 것은 예컨대 승인의 규칙과 같은 법효력의 상세한 기준이라는 것이다. 가장 간단한 해결책은 렉스왕을 법원(法源)으로 설정하는 것이다. 그러나 풀러가 렉스왕의 법 제정이 실패하는 여덟 가지 길에서 보여준 바와 같이 이것은 전혀 해결책이 되지 못한다. 만약 렉스왕이 비밀입법정책이나 과다한 소급입법정책 등을 추진한다면 그는 행동을 규칙의 지배 하에 두게 하는 과업에 실패하게 될 것이다. 렉스왕이라는 것은 한 가지 예에 지나지 않는다. 풀러는 더욱 복잡한 구제방법도 실패하리라는 것을 보여준다.

위에서 말한 것 속에는 하트류의 실증주의자가 동의할 수 있을 많은 것이 있다. 하트도 법체계에 본질적인 것이 규칙이며, 따라서 렉스왕이 이러한 규칙을 만들기에 실패하면 법을 제정하기에 실패할 것이라고 주장한다. 그러나 풀러의 의도는 하트나 기타 실증주의자들의 이론을 논파하는 것이다. 풀러가 들고 있는 예의 핵심은 이것이다. 즉 직접적으로 실정법에는 규정될 수 없지만 입법이 성공할 조건이 있으며 이러한 조건은 그것들이 실정법에 규정되어 있지 않더라도 충족되어야만 한다는 것이다.

풀러는 이러한 조건들을 규정하는 데 있어 일반적으로 쓰이지 않는 용어를 사용했기 때문에 매우 큰 어려움을 겪었을 것이다. 이것들은 실패하는 여덟 가지 길과 대비해 보면 잘 드러난다. 풀러는 이 조건들을 **법을 가능케 하는 도덕성**이라고 성격 규정한다. 아퀴나스의 이론이 법의 '외부에' 있으면서 법이 여기에 일치하여야 하는 도덕성을 중심으로 하고 있음에 반해서, 풀러의 '법의 도덕성'은 법 자체에 **내재**하고 있다. 그가 '합법성'을 가질 여덟 가지의 길을 성격 규정하는 데에는 난점이 있다고 생각된다. 그것을 살펴보기 전에 풀러의 이론에 관하여 좀더 살펴보아야 하겠다.

풀러에 의하면 '법의 도덕성'이 요구하는 바를 충족하는 데 완전히 실패하면, 이것은 단순히 나쁜 법체계가 되는 것이 아니라 법체계 자체가 성립하지 않는 결과가 된다고 한다. 그러나 완전한 실패란 아주 드물 것이다. 여기서 어려운 문제가 제기되는데 그것은 여덟 가지의 조건 가운데 하나 또는 몇 가지가 실패하는 부분적 실패의 경우, 이 법체계의 법적 지위는 어떻게 될까 하는 것이다. 명백한 것은 이 요구 사항은 기껏해야 법체계를 구성하는 지침일 뿐이라는 것이다. (풀러도 알고 있었던 바와 같이) 개별법의 법적 성격 — 즉 개별법이 법인가 아닌가 하는 것 — 을 판단하기 위하여 이 조건들을 적용하기는 어렵다. 실상 풀러는 예컨대 도덕적으로 비난 받는 소급입법이 때로는 그 체계의 결함을 치유하기 위하여 필요하다는 사실을 지적하는 수고를 하고 있다.

　　이러한 이유로 인해서 나치스법의 지위에 관하여 하트와 의견교환을 할 때 풀러가 취했던 입장은 어떻게 보면 결론이 없는 것처럼 보인다.[27] 훌륭한 실증주의자답게 하트는, 논의되고 있는 예는 악법이지만 그러나 법은 법이라고 주장한다. 그는 소급입법을 통해서 이 악을 치료해야 한다고 한다. 반면에 풀러는 나치스법 가운데 이 부분은 법의 도덕성이라는 관점에서(임시법, 비밀입법, 소급입법 등이기 때문에) 볼 때 너무도 결함이 많기 때문에 법적 성격을 갖지 못한다고 주장한다. 그러나 그의 입장에 선다 하더라도 문제는 쉽게 해결되지 않는다. 풀러는 개별법이 문제가 되는 경우에는 오스틴의 저 유명한 구별을 완전히 부인하지는 못할 것이라고 생각된다.

　　이제 풀러가 규정한 입법의 조건의 성격을 살펴보기로 하자. 왜 그들이 '도덕성'을 이루는가? 실상 풀러는 두 가지의 도덕, 즉 '의무의 도덕'과 '열망의 도덕'을 구별한다. 그는 주장하기를 어떤 행위는 의무의 도덕보다는 열망의 도덕에 의해서 지배된다고 한다. 예컨대 예술에 있어서의 탁월함을 이루는 것은 열망의 문제이며, 예술상의 실패는 의무의 유기가 아니다. 따라서 직업이나 기술에 있어서처럼 우리가 인식할 수 있는 정해진 목적을 갖고 있는 곳에서는— 그런데 이 목적들은 여러 상이한 정

---

27) H. L. A. Hart, "Positivism and the Separation of Law and Morals"; Lon L. Fuller, "Positivism and Fidelity to Law —A Reply to Professor Hart," *Harvard Law Review*, 71(1958), pp.593-629, 630-672.

도의 성공을 거둘 수 있다 ― 우리는 거기에 대응하는 '내적 도덕성(internal morality)'을 갖는다. 내적 도덕성은 그 일의 목표를 달성하기 위해서 반드시 충족하여야 할 조건들로 이루어져 있다. 입법의 기술이란 것도 여러 가지 다른 정도의 성공을 거둘 수 있는 것이기 때문에 풀러는 법의 도덕성이라는 것도 근본적으로는 열망의 도덕이라고 주장한다.

그러나 이러한 설명은 받아들이기 어렵다. 왜냐하면 이것은 '도덕성'이라는 말을 지나치게 넓게 쓰고 있기 때문이다. 골프를 잘하기 위한 조건을 '골프의 내적 도덕성'이라고 부른다거나 금고털이의 탁월한 금고 여는 기술의 조건을 '내적 도덕성'이라고 부르는 것은 이상하게 느껴진다. 모든 종류의 탁월함이 도덕적인 것은 아니며 마찬가지로 모든 종류의 열망이 '열망의 도덕'을 내포하고 있는 것도 아니다.

근자에 나온 그의 저서 『법의 해부』(Anatomy of the Law)에서 풀러는 흥미롭게도 입법이 성공하는 조건을 입법의 '묵시적 법'이라고 하고 있다. 아주 드물게만 그것을 '법의 도덕성'이라고 한다. 그러나 입법자나 공무원들이 사회의 구성원들에 대해서 공정하고 책임 있게 행동하는 경우에 이것들을 입법자나 공무원에 대한 **도덕적 지침**이라고 성격규정하는 데 잘못된 것은 없는 것 같다. 풀러의 법의 도덕성은 적어도 '법의 지배'(rule of law)나 법의 '정당한 집행'이 의미하는 내용의 일부가 된다. 이에 부합하는 경우에는 대중에 대한 입법자나 법적용자의 자의적인 대우는 적어질 것이다. 법이 불명확하다거나 법의 집행이 공포된 법과 일치하지 않는 경우에는 시민들은 불의를 당하기 쉽다. 더구나 이러한 상황에서는 법과 관련해서 개인의 '의무'가 무엇인지,

또는 시민에게 의무를 부과하는 법이 대체 존재하는지에 관하여도 의문을 품게 된다. 또 이러한 지침들이 법에 '내재하는' 것이라고 성격 규정하는 것도 틀릴 것이 없다고 생각된다. 왜냐하면 이것들은 풀러가 정의하는 것처럼 입법이라는 일의 본성에서 파생되어 나오는 것이기 때문이다. 여기서 잠시 셀즈닉이 이 점을 어떻게 발전시켰는지를 보기로 하자. 그러나 추가해 두고 싶은 것은 이러한 지침에 따른다고 해서 어떤 실질적인 ('법외적인') 기준에서 보아 나쁘다든가 부당한 법이 성립될 가능성이 완전히 배제되는 것은 아니라는 점이다. 풀러는 법의 존재와 의무의 문제 사이에는 오히려 복잡한 관계가 있다는 것을 여전히 보여주고 있는 것이다.

▌ 셀즈닉의 법의 권위 ▌

셀즈닉(Selznick)은 자연법 전통과는 달리 법과 선법(善法)의 준별을 거부한다. 풀러와 마찬가지로 그는 넓은 의미의 법 관념을 제시하고 있다.[28) 법이란 한 집단(공적이든 사적이든)이 규칙을 권위 있는 것으로 받아들이고 그 규칙에 관한 기관의 직무를 권위 있는 것으로 받아들이는 그러한 기관이 존재하는 경우에 항상 존재한다는 것이다. 법의 중요 요소는 제재가 아니라 권위의 발동이다. **합법성의 이념**이란 합리적인 사회 조직 형태가 널리 확산되어 있는 데에서 나타난다. 막스 베버(M. Weber)를 따라 셀

---

28) Philip Selznick, *Law, Society, and Industrial Justice*(New York: Russell Sage Foundation, 1969), pp.3-34; "Sociology and Natural Law," *Natural Law Forum*, 6(1961), pp.84-104.

즈닉은 세 가지 종류의 권위의 정당성(legitimation), 즉 전통적·카리스마적, 그리고 합리적·법적 정당성을 고찰한다. 합리적·법적 정당성의 경우에 당해 제도의 목표 달성을 위하여 고안된 규칙의 지배 하에 권위의 행사를 종속시킴으로써 권위의 자의적인 행사를 제거하려는 노력이 존재하게 된다. 법적 권위라는 것은 전적으로 권위 자체가 제한될 때에만 존재하게 되는 것이다.

그러나 합법성의 이념은 법 이전에 존재하는 법전이 아니다. 또 그것은 스포츠맨십이라는 이념이 그 경기의 규칙과 동일시될 수 없는 것처럼 법을 수록한 어떤 법전과 동일시할 수 있는 것도 아니다. 오히려 합법성이란 권위행사의 기준이라는 내용을 담고 있으며 셀즈닉에 의하면 합법성은 입법자가 '이성에 따라야' 한다고 요구한다는 것이다. 이성은 수단과 목적 간의 관계에 대하여 세심한 주의를 하도록 요구하며, 목적이 바람직한 것인가 하는 것도 이성에 비추어 명확히 하게 해 준다. 셀즈닉은 '이성'이라는 말을 존 듀이가 말한 '과학적 지성'(scientific intelligence)의 뜻으로 사용하고 있다. 사회과학의 발견 사항들이 합리적(이성적) 입법자에게 불가결의 것일 뿐만 아니라, 그것들은 법적인 권위도 갖는다는 것이다.

어떤 집단(한 사회, 산업 조직)을 법적으로 질서 지운다는 것은 합리적 규제의 필요성에서 나온다고 셀즈닉은 주장한다. 그러므로 합법성의 이념이란 자연적인 토대와 객관적인 가치를 가진다. 따라서 합법성의 이념은 법에 '내재'하고 있다고 말해도 좋으리라 생각된다. 그것이 기능하는 경우에는 나쁜 법체계는 법체계로서 나쁜 것이다. 셀즈닉은 그의 이론이 어떻게 '법의 병리현상'(즉 실효적인 규율이 필요하지만 그것이 실패하는 경우)을 진단하는 데 도움을 주는가를 보여주고자 한다. 셀즈닉은 한 사회의 실정법이란 제도(이 제도의 권위는 승인받은 것이다)에 의해서 제정된 규칙들이라는 것을 인정한다(이것은 법효력에 관한 일종의 승인설로 생각된다). 이 면에서 그의 견해는 법의 존재와 그 장단은 다르다는 오스틴의 구별과 양립할 수 있다. 동시에 셀즈닉은 합법성의 이념을 위반하여 만들어진 규정은 합법성의 이념에 따라 만들어진 규정보다는 법규정의 성격이 약하다고 주장한다. 전자의 규정은 단순한 악법이 아니라 법으로서 열등하다는 것이다. 이러한 법은 우리의 전면적인 존중을 받지 못하며, 셀즈닉의 진의는 그러한 법이 부과하는 의무는 어떻든 불완전하다는 것을 말하고자 한 것이라고 생각된다.

셀즈닉의 논의는 장점이 있지만 그는 '이성'이라는 말을 모호하게 사용하고 있는 것 같다. 과학적 지성이라는 의미의 이성이란 세 번째 종류의 권위의 정당성이 갖는 '형식적 합리성'(formal rationality)과는 동일한 것이 아니다. 셀즈닉에 의하면 이성에 따른다는 것(합법성)은 입법자에게 인간을 자유로운 존재로 그리고 그 이익을 보호할 만한 가치가 있는 존재로 보아야 할 것을 요구한다는 것이다. 그러나 이러한 의미의 합법성의 파괴가 자의적이고 부당한 것일 수 있다 하더라도, 그것이 과학적 지성이라는 의미에서이건 당해 체제의 규칙에 따른다(형식적 합리성)는 의미에서이건 이성을 파괴한다는 것이 저자로서는 납득이 가지 않는다. 요컨대 셀즈닉은 그의 이성의 개념에다 어떤 실질적인 가치를 부가하고 있다. 이러한 점에서 그의 입장은 고전적인 토마스주의의 입장과 가깝다.

셀즈닉과 풀러는 입법과정에서 이성의 역할을 강조한 자

연법 전통 그리고 법과 도덕 간에 필연적인 관계가 있다는 자연법적 견해를 계속 유지 발전시키고 있다. 셀즈닉이나 풀러의 이론도 하트의 이론의 여러 요소들, 특히 2차 규칙이라는 관념 그리고 규칙의 승인이라는 관념을 요구하고 있으며 어느 정도는 이미 명시적으로 내포하고 있다. 그러나 이들 세 사람의 접근방법을 결합시켜 주는 확장된 이론은 아직 나오지 못하고 있다. 이것이 과연 일관성 있는 바탕 위에서 이루어질 것인가는 문제로서 남아 있다.

3

법의 한계

▌권리의 보호 ▌

현대 법철학에 있어서 가장 첨예하게 대두되고 있는 문제 가운데 하나는 법의 강제를 허용할 수 있는 한계가 어디에 있는가에 관한 문제이다. 이것은 '도덕의 강제'(enforcement of morals) 논쟁이라는 이름을 얻었을 정도로 유명한 문제이다. 이 논쟁은 영국의 판사인 패트릭 데블린(Patrick Devlin) 경의 동명의 강연에서 발단되었다.[1] 법을 사용하여 성행위의 기준을 강제하는 문제를 둘러싸고 많은 문헌이 나오고 있다. 그러나 이 문제는 법의 정당한 사용에 관한 포괄적인 원칙이라는 주제로 논의된다. 여기에서 문제가 되는 것은 앞 장에서 우리가 살펴본 것과 같은 개념의 문제 내지는 정의의 문제가 아니라 규범적인 문제이다.[2]

---

1) 이 강연은 데블린의 저서 *The Enforcement of Morals*(London: Oxford University Press, 1965)에 "Morals and the Criminal Law"라는 제목으로 수록되어 있다.
2) 강조하여야 할 것은 우리가 위에서 고찰한 많은 논자들은 법체계가 존재한다는 것 또는 어떤 규범을 가지고 있는 데 관한 긍정적인 이유, 정

법은 어떤 목적을 달성하여야 하며 법은 어떤 목적을 달성하여서는 안 되는가? 법이 간섭하여서는 좋지 않은 행동영역이 있는가? 이 논의에 참여했던 사람들의 마음 속에 가장 중요한 것은 부각되었던 것은 바로 이 마지막의 소극적인 문제이다.3)

이것은 권위와 자유라는 매우 근본적인 문제이다. 한 사회가 그 구성원의 행위를 긍정하거나 제한하는 권리를 갖는 이유는 무엇인가? 자기 자신의 선택과 결정에 따르게 하기 위하여 개인에게 맡겨져야 할 것은 무엇인가? 이 문제는 전통적으로 윤리학, 정치학 그리고 사회철학의 담당분야였다. 현대국가에서는 이것을 법에 입각해서 생각하지 않을 수 없다. 왜냐하면 대부분의 우리의 행동들은 — 심지어는 아주 은밀한 것까지도 — 이 범위 속에 들어가기 때문이다. 이 문제를 다룬다는 것은 필연적으로 법의 한계에 대한 고찰에 도달하게 된다. 몇몇 논자들을 살펴보기 전에 문제를 제기하기 위해서 몇 가지 개략적인 언급이 필요할 것이다.

개인이 가져야 할 자유가 얼마나 되는가 하는 물음에 대해서 어떤 사람은 곧 대답을 한다. 가능한 한 많이라고. 그러나 조직사회라는 배경 위에서 자유라는 개념이 갖는 구체적 의미를 생각해 보면 곧 이러한 간단한 대답이 별 도움을 주지 못한다는

당화하는 이유도 역시 제공해 준다는 점이다. 예컨대 법은 규칙을 위한 자연적인 필요에서 나온다. 법은 인간과 재산을 보호하기 위하여 필요한 것을 제공해 준다. 법은 공동선을 증진하기 위한 수단이다라는 것 등이다.

3) 본 장의 주제에 관해서 또 다른 시각에서 고찰한 것으로는 본 시리즈의 Joel Feinberg, *Social Philosophy*(Englewood Cliffs, N.J.: Prentice-Hall, Inc., 1973), 제2, 3장 참조.

것이 명백해진다. 자유란 복잡한 문제이며 이 자리는 이 문제를 자세히 분석해 볼 자리가 아니다.[4] 우리의 목적에 비추어 볼 때 이 대답 속에 함축되어 있는 '자유'의 의미를 지적하는 것으로 충분하다. 그것은 자유란 자기가 하고 싶은 것을 할 수 있는 능력이라는 것이다. 약간 확대하면 자유란 그것이 무엇이든 간에 자신의 이익, 욕망, 기호에 따라 행동할 수 있는 능력이다. 이러한 의미에서의 자유란 (고전적인 홉스의 말처럼) 외적 장애가 없는 상태와 동일한 것은 아니라 하더라도 적어도 그것이 없다는 것을 함축하고 있다. 그러나 조직사회라는 배경 하에서 자기가 원하는 모든 것을 할 자유가 없다는 것은 명백하다(물론 나는 내가 원하는 모든 것을 할 자유가 있을 수 있다. 그러나 그렇게 되면 너는 네가 원하는 모든 것을 할 자유가 없게 되는 것이다). 조직사회란 그 본성상 강제력을 행사하는 사회이며 자신의 소망에 반하는 행위를 강요할 잠재력이 항상 존재한다.

　　　무정부주의자들은 이러한 필요성은 사실이 아니라고 주장할 것이다. 그러나 아무튼 이 간단한 대답은 우리가 알고 있는 것과 같은 사회에는 적용되지 않는다. 형식적 조직이 없는 사회생활에 있어서도 필연적인 강제의 측면은 존재한다. 가정, 학교, 기업체와 같은 소규모 사회 내에서도 '공적 의무'의 요구는 발생한다. 그러나 개인의 자유를 이상이나 선으로 생각하는 사회는 강제력 행사를 한계 짓는 원리를 찾아내고자 한다는 것 또한 명백한 사실이다. 이 문제와 19, 20세기에 걸쳐 치열하게 전개되었던 경제규제 논쟁과의 관계를 이미 독자는 간파했을 것이다.

---

4) *Ibid.*, 제1장.

자유의 이상을 사회라는 맥락 속에 실현시킨다는 문제가 어려워지는 것은 인간이 반드시 가져야 할 권리를 이야기하게 된다는 사실 때문이다. 그리고 이러한 권리는 허공에 떠 있는 것이 아니라 보호받는 권리(protected rights)인 것이다. **보호받는 권리**라는 말은 타인에 대한 힘이나 강제력의 잠재적인 행사라는 뜻을 담고 있다. 내가 가지고 있는(또는 가지고 있다고 생각하는) 자유 가운데 하나를 생각해 보자. 나는 내가 가진 어떤 넥타이를 맬 자유 — 보호받는 권리 — 를 가지고 있다. 이것은 사소한 예에 지나지 않는 것처럼 보인다. 이 예는 중학교 학생이 머리를 길게 기를 권리라든가, 버스 운전사나 경찰, 사기업체의 직원의 수염을 기를 권리, 학교 선생이 정치적인 표찰이나 완장을 착용할 권리에까지 쉽게 확장될 수 있다. 이와 같은 문제들은 소구(訴求)할 수 있을 정도로 중요한 것이라고 간주되어 왔다(미 연방법원의 판결은 어중간한 태도를 취하고 있다). 그러나 사실 초등학교 선생이 여인의 나체가 그려진 넥타이나 어느 인종을 경멸하는 문구가 쓰어진 넥타이를 맬 권리를 갖는다 — 또는 가져야 한다 — 는 것에는 의문이 있다. 넥타이라는 사소한 것으로 생각되는 예가 상징적으로 보여주는 것은, 만약 보호받는 권리가 존재한다면 그와 반대방향의 이익, 욕망, 기호를 갖는 타인에게 대하여는 자유에 대한 제한이 가해지는 일단의 복잡한 경우가 있다는 것이다. 한 사람에게는 약이 다른 사람에게는 독이 될 수도 있다. 따라서 어느 누구의 보호받는 권리는 — 벤담의 말을 빌리면 — 타인의 자유의 희생의 대가로 얻어지는 것이다.

▌ 법적 강제의 한계에 관한 밀의 이론 ▌

본 장 마지막에 가서 권리의 보호 문제를 다시 논하기로 하고 여기서는 강제의 법적 행사를 제한하는 원칙들을 만들어 보려는 몇 가지 시도를 고찰해 보기로 하자. 1957년에 발표된 월펜던위원회의 보고서가 마땅한 출발점이 될 것이다(데블린 경의 강연은 바로 이 보고서에 대한 한 반응으로 나온 것이다).

이 위원회는 '동성애죄 및 매춘'에 관한 영국법제를 연구하여 그 개정을 위한 권고안을 만드는 책임을 맡았었다. 한계의 문제를 제기하면서 동 위원회는 다음과 같이 말했다.

> 도덕상의 죄의 영역과 법적 의미의 범죄의 영역을 ─ 법기관의 행동을 통하여 ─ 같게 하려는 시도가 사회에 의해서 의도적으로 기도되지 않는 한, 간단히 말해서 법의 소관사항이 아닌 도덕 내지 부도덕의 영역은 남아 있어야 한다.[5]
> 부도덕 그 자체에 관심을 기울이는 일은 법의 의무가 아니다. … 법의 의무는 공공질서나 공서양속을 침해하거나 일반 시민을 범죄적인 것 또는 유해한 것에 노출시키는 행위에 국한되어야 한다.[6]

이 위원회는 '도덕'이나 '부도덕'이라는 말을 설명하지는 않고 있으나, 명백히 이 말들은 성적 의미를 담고 있는 것으로

---

5) *The Wolfenden Report: Report of the Committee on Homosexual Offenses and Prostitution*(New York: Lancer Books, 1964), p.52(paragraph 61).

6) *Ibid.*, p.169(paragraph 257).

이해된다. 사실 '윤리'와 '도덕'이라는 말은 일상 언어에서 이제는 서로 바꿔 쓸 수 있는 말이 아니다. '도의적인 책임'으로 소환된 국가 공무원은 '윤리의 위반'을 이유로 비난받는 사람과는 전혀 다른 것으로 비난되는 것이다.

그런데 '사적 도덕'이라는 말은 '공적 도덕'이라는 말과는 대조적인 뜻을 가지고 있다. 이 말은 (1) 사적인 영역에서 이루어진 것과 공적인 영역에서 이루어진 것과의 구별, (2) 개인들의 사적 이상들과 사회의 실증도덕(positive morality)과의 구별, 또는 (3) 타인에게 해를 입히지 않는 행위와 타인에게 해를 입히는 행위 사이의 구별로 해석될 수 있다. 확실히 이러한 구별은 월펜던위원회가 수임 받은 권한에 국한된 적용영역보다는 더 넓은 영역을 제시해 준다. 합의에 의한 동성애나 매춘과 같은 소위 '피해자 없는 범죄'(victimless crimes) 외에도 우리는 중혼, 일부다처, 근친상간, 간통, 사통, 피임, 낙태, (공연)음란, 음란물과 같은 성과 관련된 문제, 그리고 나아가 약물 및 알코올 음료, 도박, 안락사 그리고 자살도 생각해 볼 수 있는 것이다.

월펜던 보고서는 철학적 저작이 아니기 때문에 그 제한원리를 자세히 설명하지 않는 것은 당연하다. 그러나 곧 알 수 있었던 것은 그 정신이 밀이 『자유론』(On Liberty)에서 피력한 사상과 유사하다는 것이다. 밀에게 있어서는 위에서 말한 구별 중 세 번째 것이 중심 역할을 맡고 있다. 이것은 하트가 밀의 '유명한 문장'이라고 칭한 구절에 나타나 있다.

이 논문의 목적은 그 사용되는 수단이 법적 처벌이라는 형태의 물리적 힘이거나 여론이라고 하는 정신적인 강제이거나 간에 강제와 통제의 방법으로 사회가 개인을 다스리는 것을 절대적으로 좌우할 하나의 단순한 원리를 주장하려는 데 있다. 그 원리란 인간이 그들 동료 중 어떤 사람의 행동의 자유에 대하여 개인적 또는 집단적으로 개입하는 것이 정당화되는 것은 자기 보전을 목적으로 하는 경우뿐이라는 것이다. 문명사회의 어느 일원에 대해서이든 그의 의사에 반해서 권력을 행사하는 것이 정당화될 수 있는 것은 타인에 대한 해악의 방지를 목적으로 하는 경우뿐인 것이다.[7] 그 사람 자신의 행복을 위하여라는 것은 물질적인 것이건 정신적인 것이건 정당화의 충분한 근거가 되지 못한다. … 사람의 행위 가운데에서 그가 사회에 대해서 책임을 지고 있는 부분은 오로지 다른 사람들과 관계되는 부분뿐이다. 그 자신에게만 관계되는 부분에 있어서는 그의 독립성은 가히 절대적이다. 자기 스스로에 대해서, 그 자신의 육체와 정신에 대해서는 그는 주권자인 것이다.[8]

이것이 바로 '법의 소관 사항이 아닌' 행동 영역이 있다는 입장을 밝힌 부분이다(물론 밀은 법에만 국한한 것은 아니다).

밀은 '타인에 대한 해악'이라는 원칙에 어떤 예외가 있음을 인식하고 있다. 즉 어린이, 정신박약자, 지진자(遲進者)가 그 예이다. 여기에서 그는 보호주의(paternalism)를 인정한다. 즉 이들은 타인에 대하여 해악을 야기할 가능성이 있는 경우뿐만이 아니라, 자기 자신을 위하여서도 제약을 받을 수 있다는 것이다. 그렇지만 "성숙한 성인에 있어서는 그 자신을 위한다는 것은 강

---

7) 이 문장이 하트가 그의 *Law, Liberty, and Morality*(Stanford: Stanford University Press, 1963), p.4에서 지적하고 있는 문장이다(강조 — 원문).

8) John Stuart Mill, *On Liberty*, 초판 1859(Chicago: Gateway Edition, 1955), p.13.

제의 충분한 보증이 되지 못한다." 밀이 제시하는 근본적인 이유는 각 개인은 단연코 자신의 이익의 최선의 판단자라는 것이다(하트와 같은 최근의 논자들은 이 점에서 밀보다는 덜 낙관적이다. 따라서 이들은 보다 높은 정도의 보호주의를 인정하게 된다). 밀은 또 법이 그 개인의 선을 증진시키기 위해서 개인의 생활에 간섭하는 경우, 그것은 잘못된 각도에서 간섭하게 되기 쉽다고 주장한다. 그러나 이 주장은 이러한 개입이 항상 부당하다는 것을 확증해 주는 것은 아니다. 기껏해야 이 주장은 그러한 결과에 대한 전제조건이 되는 데 그친다. 밀의 논문의 상당한 부분은 언론의 자유를 옹호하는 데 할애되고 있다. 그는 장기적으로 볼 때는 결국 불개입이 진리를 찾는 데 있어 사회를 유리하게 한다는 공리주의의 주장을 내세우며, 타인에게 해가 되지 않는 행위의 영역에서의 '삶의 방식'에 대해서도 똑같은 변호의 말을 하고 있다. 그러나 19세기의 논자인 스티븐(James Fitzjames Stephen)이 지적한 것처럼 공리주의의 주장은 어중간하다. 즉 만약 개인의 자유를 제한하는 것이 일반의 행복을 증진시키고 나아가 결국에 가서는 그 자신의 행복까지 증진시키는 것이라면 왜 개인의 자유가 제한되지 말아야 할 것인가?[9] 이렇게 볼 때 밀의 입장의 배후에는 또 하나의 중요한 원칙이 있다. 그것은 자기충족을 위해서는 자유가 필요하다는 것이다. 이것은 매우 중요한 것이기는 하나, '절대적' 불개입권을 설정해 주지는 못한다.

어쨌든 이 '유명한 문장'에 쉽게 공감할 수는 있지만 이것이 우리를 크게 도와 줄 것 같지는 않다. 밀의 의도는 정당하게

---

9) *Liberty, Equality, Fraternity*(New York: Henry Holt, 1882). 이 책의 많은 부분은 밀을 비판하는 데 할애되었다.

법과 여론의 '강제'의 한계 밖에 존재하는 행동영역을 구분해 낼 수 있게 해 주는 간단한 하나의 원칙을 제공해 주는 것이다. 그의 해악 원칙이 여기에 적합한가? 여기에는 많은 문제가 있다. 밀이 생각하는 식의 행위, 즉 타인에게 해가 되지 않는 행위가 있는가? 그 원칙이 우리가 필요로 하는 전부인가? 아니면 어떤 보충을 필요로 하는 것인가? 이 원칙이 과연 '간단'한가?

먼저 우리는 위에서 인용한 마지막 진술이 그 앞에서 한 진술에서 귀결되지 않는다는 것을 지적해야 할 것이다. 밀 자신의 말에서 보아도 개인이 — 아무런 제한 없이 — 자신의 몸의 주권자라는 말은 맞지 않는다. 임신중의 여자에게(기형아를 낳게 하는) 수면제 복용이 허용되어야 할 것인가? 개인이 스스로에게 엽기적인 유전적 실험을 하는 것이 허용되어야 할 것인가? 이러한 행위는 확실히 타인과 관계된다든가 타인에게 해가 되는 행위이다. 다시 좀 덜 극단적인 예를 들어보자. 거의, 아니 모든 주에서는 오토바이 주행자에게 헬멧을 쓸 것을 요구하고 있다. 정부는 이것을 강제할 헌법상의 힘을 가지고 있지 못하다고 밀과 같이 주장하면서 뉴멕시코주 법무장관은, "오토바이 주행자에게 헬멧을 쓸 것을 요구함으로써 주행자가 부상을 입을 확률이 적어진다는 것은 의문의 여지가 없다. 그러나 만약 오토바이 주행자가 자신의 개인적인 쾌를 추구하기를 선택하고 헬멧을 쓰지 않고 주행하기로 한 경우 그의 선택이 그의 동료를 부상 입힐 것이라고 할 수는 없다"고 주장한다. 생각건대 후자의 진술은 논쟁의 여지가 있다. 오토바이 주행자가 부상을 입을 경우에, 사적 집단이든 국가이든 — 어느 누군가 이 머리 나쁜 주행자를 보살펴 줄 부담을 져야 하지 않을 것인가? 우리의 복지사회에서 아주 위험한 행동을 하는 사람은 부상당하는 경우 공적인 부담이 되기 쉽고, 따라서 이러한 위험을 감소시키는 데 사회의 이익은 있는 것이다. 이와 같은 경우에 국가의 행위를 밀이 말하는 것처럼 '타인에게 해악을 낳는 것으로 계산되는' 행위에만 국한시킬 이유가 없게 된다. 밀은 당연히 이러한 경우는 국가의 활동영역 내에 들어온다는 것을 인정할 것이다. 그러나 저자가 말하고자 하는 점은 방금 언급한 것과 비슷한 고찰들이 밀이나 그의 추종자들이 이 원칙에 입각하여 국가의 강제대상에서 제외했던 많은 경우에 대해서 제시될 수 있다는 점이다.

개인은 자기의 몸과 마음의 주권자라는 주장이 갖고 있는 난점은 보다 일반적인 난점의 한 특수한 경우에 불과하다. 우리는 본래적으로 타인에게 해가 되지 않는 행동영역 또는 타인과 관계 없는 행동영역을 한 번이라도 쉽게 끄집어 낼 수가 없다 ("타인에게 해가 된다" "타인과 관계가 있다"는 말은 그 뜻이 같은 것은 아니지만 밀은 서로 바꿔 쓸 수 있는 것으로 사용하고 있다). 이것은 밀의 소위 '자기 배려적' 행위와 '타인 배려적' 행위의 구분이라는 악명 높은 문제를 다른 말로 표현한 것이다. 문제는 순전한 자기 배려적(즉 자애적) 행위가 과연 있는가, 또 있다 해도 법이나 도덕의 강제의 범위 밖에 있는 그러한 행위가 있는가 하는 것만은 아니다. 이러한 행위의 예가 있다는 것은 인정할 수 있다. 오히려 문제가 되는 것은 문제의 행위가 **항상** 자기 배려적인 것인가 하는 점이다.[10] 왜냐하면 입법자는 적어도 대체로는 규

---

10) 확실히 이와 같은 문제에 답하기 위해서는 경험적 자료가 필요하다. 순환론에 빠지지 않는 타인과 관계가 없는 행동 유형을 정의하기란 불가능하다. 그러나 우리는 어떤 종류의 행위는 타인에게 해악을 야기하

칙이라는 것을 가지고 일을 해야 하기 때문이다.

밀은 이 난점을 알고 있으며 그는 결국 이 간단한 원칙을 포기하고 만다. 따라서 그의 논문 제4장에서 밀은 많은 사람들이 이 원칙이 입각하고 있는 구별을 받아들이지 않을 것을 인정하고 "개인이 스스로에게 가하는 해악은 동정과 이해 관계 때문에 그 개인과 가까운 관계를 맺고 있는 사람들에게 깊은 영향을 미칠 수 있으며 또 전체 사회에도 약간은 영향을 미치게 된다"[11]는 사실을 받아들인다. 그럼에도 불구하고 밀은 개인이 '공공에 대하여 지고 있는 특정한 의무'나 '타인에 대하여 갖는 명백한 의무'를 위반하지 않을 경우에는 이와 같은 해악은 우연적인 것에 불과하며, 인간의 자유라는 보다 큰 선을 위하여 사회가 부담해야 할 **불편**(inconvenience)이라고 고집한다.[12] 그러나 이러한 주장은 밀 자신의 원칙을 붕괴시키는 셈이 된다.

첫째로 우리가 미리 무엇이 의무인지를 정해 놓지 않았었다면, 침해 행위가 발생했을 때 그것을 '자기 배려적인' 부류의 행위라고 말하는 것은 부당하다. 그런데 무엇이 의무인가를 결정하는 것이야말로 자기 배려적인 행위와 타인 배려적인 행위를 구분하는 밀의 원칙을 통해서 우리가 결정하게 되어 있는 것이다. 둘째로 그는 '불편함'이라는 것을 지적함으로써 결과적으로 필요한 것은 인간의 자유라는 선에 대하여 불편함을 **교량**하는

지 않거나 단지 중요하지 않은 해악만을 야기하는 것 같으며 모종의 [해악(harm)에 대한 정의를 전제한다면] 따라서 이러한 행위는 제한되어서는 안 된다고 말할 수 있다. 그러나 이것은 '불편함'의 문제를 제기하는데 이것은 다음 몇 절에서 논의된다.

11) Mill, *On Liberty*, p.118.
12) *Ibid.*, pp.119-120.

것이라고 말하고 있는 셈이다. 물론 밀은 인간의 자유라는 선이 불편보다는 항상 더 크게 평가되리라는 신념을 가지고 있다. 그러나 반드시 그런가? 이런 경우를 생각해 보자. 고속도로에 인접한 사유건물에 볼썽사나운 광고판이 붙어 있는 경우 말이다. 지금 입법부가 이 광고판을 완전히 제거할 것인가, 그 크기를 제한할 것인가를 결정하고 있다고 생각해 보자. 공공에 대한 의무라는 문제는 없다. 또 개인에게 '돌아갈' — 그것이 무엇을 의미하든 간에 — 피해도 존재하지 않는다. 그러나 이 '불편함'이 인간의 자유라는 보다 큰 선을 위해서 사회가 부담할 수 있을 불편함인가? 얼마전에 — 캘리포니아주에 — "얼 워렌(전 미국 연방대법원장)을 탄핵한다"고 하는 커다란 간판이 걸려 있었다. 이 광고판에 '탄핵한다'는 말 대신에 잘 알려진 4자(字) 영어 단어(욕 내지는 음란한 말을 의미함 — 역자 주)가 들어 있는 경우를 생각해 보자. 이것이 과연 인간의 자유라는 보다 큰 선을 위해서 사회가 부담해야 하는 '불편함'일까?

인간의 자유라는 선에 대해서 공공의 불편함을 교량해야 한다는 것을 묵시적으로 승인함으로써 밀은 그의 '단순한 원칙'을 사실상 포기한다. 그러나 더욱 중요한 것은 '불편함', '관계', '해악', '일정한 피해' 등의 말이 결국 무슨 뜻인가 하는 문제이다. 이러한 의미들을 명확히 하지 않고는 어떤 교량도 할 수 없다. 이러한 말들을 사용하는 배후에는 도덕적·사회적인 일련의 전제들이 있으며 이것은 명백히 할 필요가 있다.[13] 예컨대 어느

---

13) Ernest Nagel, "The Enforcement of Morals," in P. Kurtz, ed., *Moral Problems in Contemporary Society*(Englewood Cliffs, N. J.: Prentice-Hall Inc., 1969), pp.143f.

것이 불편한 것이라는 명찰을 달게 되면 우리는 그와 관계된 이익이 중요한 것이 아니거나 다른 이익보다 덜 중요할 것이라고 말하는 것이 된다. 이것은 각 경우에 배제할 필요가 있다. 생각건대 자유란 중요한 인간의 선이다. 그러나 그것은 무조건적인 선은 아니며, 자유는 다른 선과 경쟁하게 될 수도 있는 것이다.

‖ 도덕의 입법화 ‖

최근의 논자인 허버트 패커(Herbert Packer) 교수는 그의 중요한 책 『형사제재의 한계』(*The Limits of the Criminal Sanction*)에서 '타인에 대한 해악'이라는 밀의 공식은 해결해 주는 것이 너무 적다는 것을 인정하면서도 그것이 유용한 것이라고 생각하고 있다. 왜냐하면 "어떤 형태의 행위가 범죄로서 제재를 받아야 하는 것은 순전히 또는 일차적으로 그것이 부도덕하다고 생각되기 때문은 아니라는 것을 이것은 명백히 해 주고 있기 때문이다. 이것은 만일 문제의 행위를 형법이 억제하지 않는다면 어떤 나쁜 결과가 초래될 우려가 있는가에 대한 상세한 고찰을 하게 해 주는 것이다."14) 여기서 이미 제시한 '부도덕한 결과와 나쁜 결과'의 구별에 대해서 주목하라. 형법이 정당하게 금지할 수 있는 것은 후자의 행위이지 전자가 아니다. 이들의 차이는 무엇인가? 소위 '도덕상의 죄'(moral offenses) 분야에서 입법자의 지침이 되는 기준을 논의하면서, 패커는 그 가운데 하나로 만약 그 행위로부터 아무런 세속적인 해악이 나오지 않았다는 것이 밝혀질

---

14) *The Limits of the Criminal Sanction*(Stanford: Stanford University Press, 1968), p.267.

수 있는 경우에는 그러한 형태의 행위는 범죄가 되어서는 안 된다고 주장한다. 따라서 우리는 무엇이 부도덕한가 하는 것과 무엇이 세속적인 해악을 야기하는가 하는 것을 구별하게 된다.

그런데 불행하게도 패커 교수는 '세속적'(secular)이라는 형용사의 뜻을 어떻게 사용하고 있는가에 관하여 말해 주지 않는다. 세어 보니 이 책에는 이 단어가 50번 이상 쓰였으나 이것을 정의하려는 노력은 전혀 보이지 않는다. 모든 사람이 해롭다고 동의하는 형태의 행위가 있다는 것은 확실하다. 예컨대 폭행을 수반하는 범죄, 강간, 살인 등이 그것이다. 그러나 우리가 세속적인 해악이 무슨 뜻인지를 알지 못하는 경우에는 자신있게 구분 지울 수 없는 많은 행위가 있는 것이다.

루이스 헹킨(Louis Henkin) 교수는 그의 논문 「도덕과 헌법: 음란의 죄」(Morals and the Constitution: the Sin of Obscenity)[15]에서 패커 교수와 비슷한 견해를 표명한다. 헹킨은 주장하기를 법이 음란물의 억제를 위하여 개입하는 데 반대하는 헌법상의 근거가 있다는 것이다. 그는 음란물의 억제는 자유의 박탈인데 이를 위하여는 적법절차(due process of law)가 요구된다고 한다. 적법절차는 입법이란 공공목적을 가져야 한다고 요구하고 있으며 '합리적이고 공리적인 사회목적'만이 적법절차를 만족시킨다고 그는 해석한다. 국가는 어떤 전통적인 또는 일반화되어 있는 사적 도덕관을 유지하는 입법을 하지 않을 수도 있다는 것이다. 또 헹킨은 나아가 도덕의 입법화는 종교의 유물이며 헌법은 이러한 종교의 창설을 금지하고 있다고 주장한다.

---

15) "Morals and the Constitution: the Sin of Obscenity," *Columbia Law Review*, 63(1963), pp.391-414.

여기에서도 우리는 패커 교수의 경우와 매우 유사한 대립이 있음을 볼 수 있다. 사적 도덕, 즉 단순한 기호의 문제이거나 아니면 종교적 기원을 갖는 것이라고 생각되는 사적 도덕과 합리적 공리적 검토를 받아야 할 행위와의 대립이 그것이다. 여기에 게재되어 있는 난점은 똑같다. 이것도 역시 구체적인 입법에 적용되기 위해서는 도덕의 체계와 사회적 제 전제에 입각한 상세한 검토를 거쳐야 하는 것이다. 합리적·공리적 사회 목적이란 무엇인가? 벤담류의 최대 행복이라는 관념인가 아니면 다른 어떤 것인가? 아마도 이것은 사회에서 광범위하게 합의를 볼 수 있는 목적일 것이지만 그러나 확신할 수는 없다.

이미 언급한 것과 같이 밀은 자신의 제한원리에 대한 여러 가지 예외를 인정한다. 근자의 많은 논자들은 밀을 넘어서서 어떤 경우에는 그 '자신'을 위하여 성인들을 법적으로 강제하는 것을 인정하고 있다. 하트는 이것을 **법적 보호주의**(legal paternalism)라고 부르면서 이러한 입장을 옹호한다. 그는 **법적 도덕주의**(legal moralism), 즉 법은 행위가 '그 자체' 부도덕하기 때문에 금지할 수 있다는 입장을 부정한다. 보호주의를 그가 지지하는 근거는 개인이 항상 자신의 이익에 대한 최선의 판단자는 아니라는 사실에 있다. 그가 마약판매를 제한하는 법을 지지하는 것은 이와 같은 근거에 입각한 것이지, 마약 사용이 갖는 어떤 부도덕의 혐의에 입각한 것은 아니다. 오토바이 주행자가 헬멧을 써야 한다는 요구도 아마 역시 보호주의적 이유에서 받아들일 수 있는 것이 될 것이다. 또 하트는 말하기를 "살인이나 폭행의 위법성조각(정당화)사유에서 피해자의 승낙을 배제하는 법은 그 자체 개인을 보호하도록 마련된 보호주의(paternalism)의 한 단편이라고 충분히 설명될 수 있을 것"16)이라고 한다.

밀의 '타인에 대한 해악' 원칙을 이렇게 깊이 잠식해 들어가는 경우 다음과 같은 물음이 제기될 수 있겠다. 즉 하트는 훨씬 더 많은 것을 인정해야 되지 않겠는가 하는 점이다. 하트는 보호주의의 범위에 대해서 분명하지 않다.17) 더구나 어떤 것이 자신에게 이익이 되지 못한다는 판단이 도덕 판단이 아니라는 사실도 전혀 명백하지 않다. 하트는 어린이들이 '타락'하지 못하도록 보호되어야 한다고 주장하는 월펜던 보고서에 동의한다. 그러나 데블린이 그 보고서를 논의하면서 주장하는 바와 같이 우리가 만약 그 문제의 행위가 어떤 의미에서 부도덕하다고 생각하지 않는 경우에는 우리는 이렇게 할 아무런 이유가 없다. 어린이에 대한 보호주의정책은 그 어린이가 성인이 된 후 소급해서 생각해 보아 그것이 자신의 이익이 되는 것이었다고 인정하게 될 때는 정당화된다고 주장되어 왔다. 생각건대 이 말은 이 어린이가 자라서 '정상적인' 성인이 되고 '정상적인' 판단을 한다고 하는 것을 전제하고 있다. 그러나 도덕 판단과 정상성 판단을 구분하기는 어렵다. 어쨌든 보호주의는 법영역을 한계 짓는 굳건한 경계선을 우리에게 주지는 못한다.

하트는 주장하기를 많은 현행법상의 금지가 정당화되는 것은 이것이 도덕 '그 자체'를 강제하려고 하기 때문이 아니라 범죄적 침해라고 생각되는 것으로부터 대중을 보호하여 주기 때

---

16) Hart, *Law, Liberty and Morality*, p.31.
17) 예컨대 보호주의란 것이 이런 것을 의미하는가? 즉 어떤 면에서 보면 행위자 자신의 이익이 되는 것은 아니지만 사회적으로 볼 때는 가치 있고, 도덕적으로 볼 때는 위대한 행위를 억압하여야 한다는 것인가?

문이라고 말한다. 중혼죄를 예로 들어보자. 중혼이 본래적으로 부도덕하거나 종교적인 계율을 깨뜨리는 것이기 때문에 법이 그것을 범죄로 규정했다고 하는 것은 부당한 말이 될 것이다. 오히려 그 이유는 중혼이란 결혼의식의 신성함을 믿는 사람의 감정을 상하게 한다는 것이다. 결국 중혼이란 'nuisance' 즉 '남에게 폐가 되는 행위'라는 것이다. 그런데 중혼금지가 이런 식으로 옹호된다고 하더라도 이런 식의 정당화가 사실상 우리 사회에서 일반적으로 제시되고 있는 것인가에는 의문이 있다. 네이글 (Nagel) 교수가 지적하는 것처럼 하트는 선결문제 요구의 오류를 범하고 있다. 즉 어떤 행위가 남에게 폐가 되는 행위(또는 범죄)이다라고 하는 판단이 그 행위의 도덕성에 대한 판단과는 항상 상관이 없다고 전제한다면 말이다.[18] 생각건대 중혼이 범죄인 것은(그리고 범죄가 되어야 하는 것은) 그것이 결혼과 가정생활의 이념에 반하기 때문이라고 말할 수 있겠다. 중혼을 범죄화한다는 것은 때로는 이러한 결혼이 재산관계를 파괴하거나 자녀를 양육하는 우리의 상황을 심각하게 악화시킬 수 있다는 근거에서 정당화되기도 한다. 이것은 맞는 말이겠다. 그러나 이러한 결론은 부분적으로는 우리가 가진 가정생활관 때문에 가능한 것이다(이러한 견해가 지금에 매우 심한 공격을 받고 있다는 것을 부정하지는 않겠다. 그러나 그렇다고 해서 **사실상** 이러한 문제가 법의 소관 사항이 아니라는 뜻은 아니다).

---

18) Nagel, *The Enforcement of Morals*, p.155.

‖ 프라이버시 ‖

그렇다면 하트는 어디에다 구획선을 긋는가? 그가 '타인에 대한 해악'이라는 밀의 공식을 수정했다면 그의 입장은 어디에 근거하고 있는 것인가? 저자가 그를 옳게 이해하였다면, (비록 이것이 유일한 것은 아니라 할지라도) 법의 한계를 결정하는 근본적인 기준은 **공적 차원에서 이루어진 행위**와 **사적 차원에서 이루어진 행위**와의 구별에 있다. 이것은 특히 사적인 차원에서 합의한 성인들 사이의 동성애를 논의하는 데에서 나온다. 물론 성과 관련된 분야의 많은 법들이 모호한 경향이 있고 법집행 당국에 많은 재량권을 남겨 놓는다는 것은 주지의 사실이다. 많은 집행이 선별적으로 되며 갈취와 함정수사 등의 가능성이 있다. 또 여기에는 이중성을 보이는 태도도 있다. 즉 19세기의 영국법은 여자의 동성애는 내버려 둔 채 남자들 간의 동성애만을 범죄시하였다(이것은 놀라운 것이 아니다. 법이란 조각보와 같이 단편적인 성격을 갖는 것이니까). 그러나 이러한 사실들만으로는 법에 대한 명백한 한계가 설정되지 못하며 또 이것이 하트의 주된 고찰인 것도 아니다.

하트는 **교량**을 하는 것으로 보인다. 즉 밀이 취했던 교량적 태도가 바로 그것이다. 밀의 말을 빌리면 — 동의하는 성인들 사이의 사적 차원의 동성애가 이루어진 것을 알고 고통을 느끼는 대중의 불편함은 거의 중요성이 없으며 이러한 사적 차원의 행위를 금지하는 데 존재하는 사회적 이익은 확실히 적다. 이러한 경우에는 쉽게 하트의 견해에 동의하게 된다 — 대중이 느끼는 고통만이 문제되는 것이라면 말이다. 그리고 어떠한 행위가 사적 차원에서 이루어지는 경우에는 법과 실증도덕 양쪽을 모두 고려해 보아도 그 속에는 보다 적은 사회적 이익만이 존재하고 있다는 일반적인 명제에도 쉽게 동의할 수 있을 것이다. 하트는 사적 차원의 동성애 행위의 경우에 그 불편함이란 밀이 말한 것처럼 '사회가 인간의 자유라는 보다 큰 선을 위하여 부담할 수 있는' 것이라고 확실히 믿고 있다. 하트 자신의 말이 바로 이 점을 지적하고 있다. "개인의 자유에 가치를 부여하는 사회질서는 그렇게 함으로써 발생한 고통으로부터 보호 받을 권리를 가질 수는 없다."19)

그럼에도 불구하고 사적 차원에서 이루어진 행위라고 하는 단순한 사실로서는 공적인 관심의 영역에서 배제되기에는 충분하지 않다는 것은 명백하다. 아마도 하트는 동의하는 성인 사이에 사적 차원에서 행해진 가학 및 피학대성 음란행위(sado-masochistic acts)가 법적 금지의 영역 밖에 있다고는 말할 수 없을 것이다. 말하자면 이와 같은 행위들은 보호주의의 지배 하에 놓이는 것이다. 피해자의 승낙을 폭행에 대한 위법성조각사유로 인정하지 않는 보호주의적 논의도 이러한 행위의 범죄화를 인정할 것이다. 방금 위에서 인용한 하트의 진술은 부분적으로는 그의 성문제에 대한 견해를 반영한 것으로 생각된다. 성충동이란 자연적인 것이며 강력한 것이다. 그리고 그에 대한 억압은 고통이거나 커다란 불만이 된다. 이것은 사실일 것이다. 그러나 성에 대한 규제가 없으면 어떤 사회도 존재하지 못한다. 문제는 어디

---

19) Hart, *Law, Liberty and Morality*, p.47.

에다 한계선을 긋느냐 하는 것이며 이것은 매우 어려운 문제이다. 아마도 사적 차원의 동성애의 경우에는 대중은 아주 적은 정도의 고통만을 느낄 것이다. 그러나 예컨대 사적 차원에서의 인신모독 행위의 경우에는 커다란 고통을 느끼게 될 것이다.[20) 하트의 교량은 이런 차이에 대해서는 이점이 있을 수 있다. 위에서 인용한 진술은 성도덕이 다양한 기호와 전통의 문제라는 견해를 반영해 주는 것으로도 생각된다. 여기에는 많은 진실이 담겨져 있다. 그러나 본연에 맞게 행동하면서 살아가야 한다는 이상은 완전히 무시될 수는 없다. 어떤 종류의 성행위와 '농도 짙은' 음란문서는 인간성을 타락시킨다. 왜냐하면 그것은 인간을 물건으로 취급하고 있기 때문이다. 그러나 어떤 행위를 도덕적으로 비난하는 것과 그것이 법으로 금지되어야 한다고 하는 것은 다른 것이다.

하트가 다른 측면의 성도덕을 어떻게 다루었는가는 분명하지 않다. 사적 차원에서 동의하는 성인 사이의 동성애 행위의 금지 — 이것을 그는 인정할 수 없는 것으로 본다. 그러나 동성애동맹을 법제화하는 것은 어떤가? 이는 단순히 사적 활동의 문제가 아니라 결혼과 가정생활의 이념 속에 들어 있는 권리와 의무와 관계되는 문제로 생각된다. 이 문제를 단순히 사적 차원의 도덕/부도덕과 공적인 음란행위의 구별이라는 근거 위에서만 결정할 수는 없다. 스티븐이 말하는 것처럼 "범죄적인 것이 아닌 한 악을 참는다는 것과 거기에 법적 권리를 부여한다는 것, 즉

---

20) Louis B. Schwartz, "Moral Offenses and the Model Penal Code," in R. Wasserstrom, ed., *Morality and the Law*(Belmont, California: Wadsworth Publishing Company, 1971), pp.94ff.

내버려두는 정도가 아니라 다른 것과 똑같은 '삶의 방식'으로서 세상 사람들에 대해서 스스로를 주장하고 똑같은 법의 보호를 받을 권리가 있다는 것은 전혀 다른 것이다."21) 여기에서 권리의 보호에 관해서 앞에서 말한 것을 기억할 필요가 있다. 법의 보호의 후퇴를 의미하는 것이라면 몰라도 단순히 법의 소관사항이 아닌 것이 무엇인가 하는 것은 문제가 아니다. 더욱이 스티븐이 말하는 것처럼 그리고 대도시 주민들이 검증해 볼 수 있는 것처럼 사적 차원의 행위가 '공적인 것이 되는' 수가 있으며, 또 법이 달성하여야 할 목표에 대하여 여타의 법 영역보다 이 분야에서 덜 관심을 기울여야 할 이유는 없는 것이다.

　　이 마지막 말이 오해되지 않기를 바란다. 내가 주장하려는 것은 우리가 지금까지 논한 종류의 행위가 반드시 범죄화되어야 한다는 뜻이 아니다. 오히려 내가 주장하고자 하는 바는, 우리가 간단한 제한원리에서부터 먼 길을 걸어왔는데도, 법의 영역 밖에 있는 행동 영역을 영구적으로 구획지어 주는 아무런 방법도 얻지 못했다는 것이다.

　　물론 행위가 어느 영역에 속하느냐 하는 것은 행위의 중요한 측면으로 생각되지 않을 수도 있겠지만, 월펜던 보고서가 제시한 논거에 반대하는 데블린 경을 포함한 거의 모든 논자가 사적인 차원의 행위에 대해서 커다란 비중을 두고 있다. "가능한 한 프라이버시는 존중되어야 한다"22)고 데블린

---

21) Stephen, *Liberty, Equality, Fraternity*, p.153.
22) Devlin, *The Enforcement of Morals*, p.18. 또 "입법과 여론은 어떠한 경우에라도 철저히 프라이버시를 존중해야 한다"는 스티븐의 말을 참조(*Liberty, Equality, Fraternity*, p.160). 그러나 그는 이것을 흥미 있게도 곡해한다. 공적인 음란행위는 프라이버시의 침해라는 것이다. 그는

은 말한다. 따라서 법을 형성하는 데 있어서 '프라이버시의 요구'와 '도덕질서 내의 공익'은 특히 '행위에 관여하고 있는 사람들이 동의하는 당사자가 되는' 경우에는 동등한 것으로 평가되어야 한다는 것이다.[23] 사실 형법을 만드는 데 있어서 고려해야 할 요인들에 관해서 데블린, 스티븐, 패커 사이에는 중요한 일치점이 존재한다. 왜냐하면 스티븐이 말하는 것처럼 법이란 통제될 필요가 있는 '조잡한 엔진'이기 때문이다. 패커는 많은 이러한 요인들을 열거한다. 예컨대 문제의 행위를 억압하는 것은 형벌의 목적과 일치하지 않는 것은 아니다. 따라서 그러한 행위는 공평·무차별한 법제를 통하여 다루어질 수 있다. 그리고 그것을 다루는 데 있어서 형사적 제재 외의 다른 합리적인 대안은 없다[24]는 것이다. 또 하나의 중요한 고려사항은 어떤 행위를 범죄화하는 것이 때로는 범죄자들로 하여금 그 행위를 도맡아 하게 만드는 결과가 된다는 것이다.

말하기를 프라이버시는 "한 사람으로 하여금 자기 자신의 감정에 지나치게 주의를 기울이게 강요하거나 설득하여 지나치게 그 분석의 중요성을 생각하게 만듦으로써 침해될 수도 있다. 음란한 짓이라고 말할 수 있는 행위는 항상 어떻게든 프라이버시를 침해한다." 그러나 스티븐은 "그렇지만 그 한계를 정의하기란 불가능하기 때문에 법과 여론이 선보다는 해악을 가하는 침입자가 될 실질적인 영역이 존재한다"(p.162)고 말한다.

23) Devlin, *The Enforcement of Morals*, p.18. 데블린은 나아가 따라서 "사소한 동성애 행위는 형벌의 대상이 되어서는 안 된다"고 말한다. 그는 뒤이어 순전한 도덕상의 죄에 형벌이 가해져서는 안 된다는 월펜던 권고안을 지지한다.

24) *Limits of the Criminal Sanction*, 16장에서 전개되는 패커의 유용한 논의 참조.

그럼에도 불구하고 데블린은 (그리고 스티븐도 동의할 것이지만) 법에 '이론적인 한계설정'을 할 수는 없다고 주장한다. 이제까지의 논의가 옳다면 이 입장은 밀, 패커, 하트의 입장 바로 그것임에 틀림없다. 저자의 생각으로는 이들 논자들이 데블린의 다음과 같은 말, 즉 "낙태에 관한 법이 불필요한 불행을 가져온다면 낙태가 법의 소관사항이 아니라는 이유로 폐지할 것이 아니라 개정을 하라. … 사회 소정(所定)의 입법자는 경합하는 가치를 교량할 의무가 있는 것"[25]이라는 말을 부정할 수 없을 것 같다.

▌ 법과 도덕에 관한 데블린의 이론 ▐

먼저 데블린을 지적함으로 논의를 시작해야겠다. 그러나 그는 아직까지 거의 다루어진 바 없다. 이제 그에게 눈을 돌려보자. 물론 그가 주장하는 부정적 명제가 옳기는 하지만 그러나 그의 명제에는 모호한 점과 난점이 있다.

우리는 먼저 데블린 및 그와 같이 논쟁에 참여한 그 밖의 대부분의 사람들의 주장을 살펴보자. 우리가 살고 있는 다원적 사회에서 우리는 종교적 신앙의 자유가 있어야 한다고 믿으며 또 광범위하고 다양한 종교행사가 용인되고 있다. 그렇다면 왜 이러한 사태가 도덕에 대해서는 똑같이 통하지 않는가? 데블린의 대답은 사회는 사람의 공동체일 뿐 아니라 관념의 공동체이기도 하기 때문이라는 것이다. 당·부당에 관한 공통의 신념과 태

---

25) Devlin, *The Enforcement of Morals*, p.117.

도 그리고 공통된 행위기준이 사회생활의 필수조건이다. 사회가 유지되기 위해서 사회는 그 구성원들에게 이러한 신념들, 태도, 그리고 기준들을 주입시키고 그것들을 따르기를 요구하며 또 그렇게 할 권리가 있다. 따라서 **공적 도덕**(public morality)은 사회의 존립에 본질적인 것이다. 여기에 데블린은 유명하면서도 악명 높은 비유를 한다. 즉 반역죄와 부도덕의 비유이다. 이들 양자는 사회의 통합성을 깨뜨릴 수 있다. 그리고 사회가 반역을 막기 위하여 법을 사용할 권리를 가지고 있는 것처럼 사회는 부도덕을 막기 위하여 법을 사용할 권리가 있다는 것이다. 그러나 여기서 우리는 데블린의 이론을 해석하는 데 주의해야 한다. 설령 사회가 공적 도덕의 침해를 막기 위하여 법을 사용할 권리를 갖는다 하더라도 사회가 그것을 반드시 **사용해야 한다**는 결론이 나오는 것은 아니다. 데블린은 사회에 도덕적 판단을 내릴 권리가 있다는 문제와 법에 의해서 그 판단을 강제한다는 문제를 구별한다. 둘째 문제에는 일반적인 대답이 존재하지 않는다. 각 경우는 위에서 언급한 종류의 가치와 실천적 고려와의 사이의 교량을 내포한다. 예컨대 피해자의 승낙이 항상 위법성조각사유가 되지는 않는다는 규칙이나 중혼죄가 보여주는 것은, 법이 도덕적 판단을 강제한다는 사실이라고 데블린은 주장한다. 이것은 형사법 이외의 법영역에서도 찾아볼 수 있다. 우리는 앞서 이 문제를 하트의 보호주의와 관련시켜 논한 바 있다.

사회가 관념의 공동체라는 데블린의 생각은 다원적 사회의 개념과는 양립할 수 없는 것이라고 공격을 받아 왔다. 월하임(Wollheim) 교수는 "사회의 동일성과 연속성이란 하나의 도덕을 공유하고 있는 데 근거하는 것이 아니라 상이한 도덕에 대한 상호 관용에 있는 것"²⁶⁾이라는 자유주의적인 견해를 주장한다. 이 것은 경청할 만한 주장이다. 그러나 다원적 사회에서도 관용에 한계가 있다는 사실은 쉽게 수긍할 수 있다. 어떠한 사회도 위에서 언급한 의미의 완전한 다원적 사회일 수는 없다. 특히 권리의 보호와 관련하여 문제된 것들을 생각하면 그렇다. 더욱이 다원적 사회가 생존할 수 있기 위해서는 여러 상이한 도덕 중에서 공통되는 합의, 즉 공통의 핵이 있음을 전제한다는 것은 전적으로 사실일 것이다. 반면에 다원적 사회의 핵심적인 면모는 도덕관이나 가치가 아니라 절차나 제도에 관한 공통된 합의라는 것이 주장되어 왔다. 이 말도 역시 이점을 가지고 있다. 그러나 생각해 보면 이것은 지나친 것일 수 있다. 다원적 사회라는 것은 그 합의된 절차에서 나오게 될 이익과 기대를 갖지 않은 토론모임은 아닌 것이다. 데블린은 관용을 반대하지는 않는다. 그러나 그는 관용을 얼마나 인정할 것인가에 대해서는 전혀 명백히 하지 않는다.

데블린은 사회가 공적 도덕을 가지고 그것을 강제하기 위하여 법을 사용하는 권리를 갖는다는 것은 사회를 보존할 권리에서 파생되어 나오는 것이라고 주장한다. 하트에 의하면 이것은 수긍할 수 없는 가정, 즉 사회라는 것이 어느 정도는 그 도덕과 같은 것이라는 수긍할 수 없는 가정을 요구하고 있다. 왜냐하면 그래야만 단순히 도덕을 위반하는 것이 그 사회를 파괴시키는 것이 될 것이기 때문이다. 또 정의상 사회가 붕괴되고 새로운 것으로 대치되지 않으면 그 사회의 도덕은 바뀔 수 없다

---

26) Richard Wollheim, "Crime, Sin and Mr. Justice Devlin," *Encounter* (November 1959), p.38.

는 결론도 나온다. 그러나 이것은 우스꽝스러운 일이다. 이에 대하여 데블린은 사회의 도덕이 바뀔 수 있다는 것을 부정하는 것이 아니라고 대답한다. 더욱이 그는 만약 법이 도덕을 강제하기 위하여 사용되는 경우에 법도 (서서히이기는 하지만) 도덕의 변화에 따라 변해야 한다고 주장한다. 그의 입장은 공유하고 있는 도덕으로부터 일탈한다는 것은 그 사회의 존재를 위협할 수 있고 따라서 법에는 아무런 이론상의 제한도 존재하지 않는다는 것이다. 우리가 반역행위를 억압하는 것은 그것이 사회의 존립을 위협할 수 있기 때문이지, 반역행위가 사회를 파괴할 것이기 때문은 아니다. 법은, 도덕을 한 사회에 있어서 본질적인 것으로서 강제하기 위해서 사용될 수 있는 것이다.

우리는 그의 예에서 데블린이 마음 속에 담고 있는 것이 무엇인가를 어느 정도 알 수 있다. 만약 누가 매일밤 은밀히 자기 집에서 음주 만취한다고 할 때 누가 이에 대해서 나쁘게 생각하겠는가? 밀의 말을 빌리면 음주 만취는 한 사람의 삶의 방식에 지나지 않는 것이다. "그러나 이런 경우를 생각해 보라"고 데블린은 주장한다. "전 인구의 1/4 내지 1/2이 매일 술에 취한다면 사회는 어떻게 되겠는가? 사회가 만취를 금지하는 입법을 하는 권한을 갖게 되어서야 비로소 여러분은 음주자에 대하여 이론상 제한을 가할 수 있을 것이다."[27] 동성애나 사통(私通)도 마찬가지이다. 그러나 그는 그것들이 제한되는 한에서는 양자를 관용할 용의가 있을 수도 있다는 것을 인정한다.

이런 것들은 합리적인 것 같다. 그러나 난점은 공적 도덕

---

27) Devlin, *The Enforcement of Morals*, p.14. p.63에 인용된 스티븐의 언급도 여기에 적절한 말이다.

으로부터의 일탈이 ― 광범위하게 확산된 경우에 ― 사회의 **존립**을 위협한다는 사실은 아직까지 명백하지 않으며 나아가 이것이 무엇을 의미하는지도 명백하지 않다. 사실상 사회에 본질적인 도덕의 영역이란 무엇인가? 음란문서의 반포가 금지되어야 한다는 것이 우리 사회에 본질적인 것인가? 도박이 금지되어야 한다는 것이 본질적인 것인가? 데블린의 입장에는 모호한 점이 있는 것 같다. 한편에서 그는 명백히 '악'에의 탐닉이 개인과 사회를 약화시킨다고 주장한다. 사회는 외부적 공격에 의해서 파괴되는 것처럼 내부적으로도 '해체'될 수 있다는 것이다. 반면에 그는 때로는 중요한 것은 다만 어떤 행위에 의해서 사회의 존재가 위협받고 있다고 사회가 **믿는가** 아닌가라고 주장하는 것 같다.

어떻게 공적 도덕이 확인되는가? 데블린은 우리에게 영국의 법률가에게는 낯익은 모습을 가르쳐 준다. 즉 클라팜버스에 탄 사람(the man in the Clapham omnibus), 올바른 마음을 가지고 있는 사람, 이성적인 사람이 그것이다. 중요한 것은 배심석에 앉은 열두 사람이 대표하고 있는 사회의 단면이다. 공적 도덕은 올바른 마음을 가진 사람의 도덕적 판단에 의해서 결정되며 이러한 판단들은 주로 감정의 문제인 것으로 인정된다. 데블린을 반대하는 사람들은 이 점을 공격한다.

입법자측의 생각이 필요할 때는 대중의 감정이 고조될 때인데, 입법자는 감정적인 고려보다는 합리적인 고려에 의하여 움직여야 한다고 하트는 주장한다. 생각건대 이 비판은 약간 핵심을 벗어난 것 같다. 데블린은 '실질적인 비난 감정', '혐오감', '증오감'과 같은 말들을 사용하고 있다. 그런데 이것은 관용의 한계를 결정하는 것과 관련하여 사용되고 있다. 왜냐하면 그는 이 한계를 넘지 않는 한 어떠한 것도 처벌되어서는 안 된다고 주장하고 있기 때문이다. 더욱이 데블린은 도덕적 판단은 해야 한다고 하고 있다. 그는 우리들에게 동성애를 차분하고 냉정하게 보아야 한다고 하면서 우리가 그것을 매우 지독한 악으로 생각해서, 그것이 있다는 사실만으로 그것이 범죄가 된다고 생각하는가 어떤가를 스스로에게 물어보라고 말하고 있다. 생각건대 대부분의 미국인들은 바퀴벌레를 먹는다는 생각만 하여도 불쾌해질 것이지만 그들은 이것을 범죄라고 생각하지는 않는 것 같다. 여전히 하트가 반대하는 데에는 일리가 있다. 왜냐하면 데블린도 교육받은 사람(하트의 '합리주의적' 도덕가)은 여론에 영향을 가하려고 노력할 수 있고, 입법자는 공적 도덕이 어떠한 가치를 갖든 간에 그것을 따라야 할 의무가 있다고 주장하고 있기 때문이다. 이것은 복수를 갖추고 있는 민주주의이다. 이것을 '민주주의의 역설'이라고 볼 수도 있을 것이다. 왜냐하면 입법자는 그것이 어떤 사람의 자유를 제한하는 경우에도 대중의 의사에 따라야 할 것인가라는 문제가 제기되기 때문이다. 그러나 주요한 문제는 데블린이 현재 존재하고 있다고 생각되는 것보다 더 커다란 도덕관의 수렴을 가정하는 경향이 있다는 사실이다. 또 이 점이 입법자는 서로 충돌하는 가치를 교량할 의무가 있다는 데블린 자신의 주장과 어떻게 조화할 것인가도 명확하지 않다. 그리고 교량이 문제가 되는 것은 사회가 권리의 보호를 인정하는 경우이다.

　　이러한 난점들에도 불구하고 데블린의 주안점은 그대로 유지된다. 즉 법에 대한 이론상의 한계는 없다는 것이다. 저자의 생각으로는 하트의 '인간의 고통 및 자유의 제한은 악이라는 중요한 원칙'[28]으로 이것이 부정되리라고는 생각되지 않는다. 저자는 여기에다 자유란 선이기 때문에 그 제한은 악이라는 말을 덧붙이고자 한다. 그러나 자유는 유일한 선이 아니며 때로는 다른 선을 달성하기 위해서는 제한되어야 한다. 밀은 적절하게도 자유의 중요성을 강조한다. 자유가 없으면 사회의 진보가 없으며 도덕의 발견도 없다고 믿는 데에는 이유가 있다. 마치 자유 없는 어린이가 최선의 의미의 성인이 되지 못하는 것처럼[그러나 물론 훈육(징계)도 필요하다]. 우리가 자유에다 매우 높은 우선순위를 매기는 것은 우리가 선한 생활에 관해서 갖는 관념 때문인 것이다.

법의 한계는 사안에 따라서 결정되어야 할 것이다. 매우 자주 우리는 그 적용 범위에 관하여 견해 차이를 갖게 될 것이다. 왜냐하면 우리는 어떤 정책이 가져올 결과에 대해서 의견이 일치하지 않기 때문이다. 따라서 확고한 근거를 가진 사회 지식이 꼭 필요하다. 어떤 견해차이는 준경험적 문제에 관한 견해 차이에서 비롯될 것이다. 낙태가 바로 그러한 경우이다. 낙태란 한 인간을 죽이는 것인가? 이에 대한 대답은 확실히 태아가 법의 보호를 받아야 하는가 아닌가의 문제와 관계된다. 나아가 우리가 생명에 대해서 부여하고 있는 가치가 태아의 경우에 있어서는 어떻게 되는가? 그리고 우리가 제시하는 대답에는 어떤 도덕적인 의미가 들어 있는가?

가치의 문제는 피할 수 없다. 이것은 우리가 사안별로

---

28) Hart, *Law, Liberty and Morality*, p.82.

해결해 나간다 하더라도 그렇다. 왜냐하면 결과나 사실들을 평가하기 위해서는, 또 상호 경합하는 이익들을 교량하기 위해서는 우리는 가치의 안내를 필요로 하기 때문이다. 법체계가 증진시켜야 할 가치를 명확히 하지 않고는 우리는 법의 한계를 명백히 할 수 없다. 우리는 적어도 선한 삶(이 속에 자유가 구성 요소로 들어 있다)에 대한 잠정적인 관념 정도라도 가질 필요가 있다. 이 관념은 비판과 수정, 확대에 열려 있어야 한다. 다원적 사회에서는 이에 관한 많은 견해가 있게 될 것이고 관용이란 없어서는 안 될 것이다. 이 말은 자기의 견해를 관철시키지 말아야 한다는 뜻은 아니다. 물론 법의 도구적 성격은 신중하고 사려 깊게 사용되어야 한다.

여기에서 중요한 것으로 부각되는 선한 삶에 대한 관념은 고립되고 자급자족적인 개인의 견해가 아니라 사회 속에 사는 개인의 견해이다. 따라서 우리에게는 선한 사회라는 관념도 역시 필요하다. 이러한 사회가 어떤 것인지를 저자는 감히 말할 수 없다. 그러나 자유사회라는 것이 개인으로 하여금 악할지도, 해로울지도, 바보 같은 것일지도 모르는 짓을 하도록 허용하는 위험을 지니고 있다는 데에는 의문의 여지가 없다. 그렇지만 문제를 이러한 상황하에 놓아둘 수는 없다. 왜냐하면 이러한 허용이 무제한할 수는 없기 때문이다. 자유방임(laissez faire)의 도덕은 권리의 보호가 없는 사회를 낳는다. 자유에 대한 요구는 교량되어야 한다. 그렇게 되면 자유사회는 선한 사회가 어떠한 것이고 어떤 내용의 자유를 구현할 것인가 하는 문제에 관심을 기울여야 할 것이다. 그 답을 하기란 우리로서는 어려운 것이지만 그 문제는 피할 수 없는 것이다.

형 벌: 억제설

법과 제재와의 사이에 필연적인 관계가 있다고 긍정하는 법이론은 철학적 숙고의 소산이다. 그렇지만 일반인에게 있어서는 그와 같은 관계가 있다는 것은 상식으로서 당연한 것으로 보일지도 모른다. 그렇게 생각하는 사람은 법이란 것을 주로 법과 법강제가 불가분의 관계에 있는 형법이라는 분야에서 본다. 법을 상징하는 것은 입법자라기보다는 방범활동을 하고, 범죄를 수사하고 범죄자를 체포하는 경찰관이다. 법강제의 절차는 여기서 끝나지 않는다. 재판과 유죄판결이라는 정교한 절차를 거치고 나서 범죄자에게 형벌을 가하는 데서 법강제는 절정에 달한다.

이 과정의 각 단계에서 윤리적 내지 도덕적인 문제가 야기되지만 그 가운데에서도 형벌이라는 것만큼 많은 논쟁의 대상이 된 것은 없었다. 우리는 어떤 권리로 형벌을 가하는가? 형벌이란 대체 정당화되는가? 정당한 형벌이란 어떤 것인가? 예컨대 사형은 정당한 것이며 인도적인 것인가? 어떤 사람이 자신의 행위에 책임을 져야 하고 따라서 형벌을 받아야 하는가? 형벌을 면제해 주는 것이 적당할 때는 어떤 경우인가? 이러한 문제들은 여러 가지 다양한 대답을 불러 일으켜 왔고 급기야는 형벌이라는 것 전체에 대해 회의론을 불러 일으키기도 했다. 한쪽 극단에서 정신과 의사나 사회과학자들은 형벌이란 그 자체 하나의 '범죄'이거나 거의 정당화할 수 없는 것이라고 주장하면서, 처분이나 치료로 형벌을 대치시킬 것을 요구해 왔다. 반면에 법철학자들은 일반적으로 형벌을 정당화될 수 있다고 주장하지만 그 근거에 대해서는 견해가 일치하지 않는다. 그러나 이 문제를 철학과 정신의학이나 사회과학과의 논쟁이라고 보아서는 안 될 것이다. 근본적인 철학적 과제는 어떤 특정한 형벌제도를 정당화하거나 거부하는 데 있는 것이 아니라, 형벌과 책임이라는 것에 대한 합리적인 판단을 얻는 데 중요한 의의가 있는 견해들을 고찰해 보는 데 있는 것이다.

▎정당화의 문제 ▎

형벌이란 무엇인가, 그리고 왜 형벌은 정당화를 요구하는가? '형벌'(또는 벌)이라는 말이 때로 비유적으로 사용된다는 것은 일반적으로 지적되고 있다. 밤에 발끝이 돌뿌리에 채이거나 궂은 날씨에 외출했다가 감기에 걸리게 되면 부주의해서 벌을 받은 것이라고 말하기도 한다. 그러나 이는 형벌이라는 말을 비유적으로 사용한 것이다. 우리는 앞으로 몇몇 철학자들이 '형벌'의 정의를 어떻게 내리는가가 중요한 문제라고 주장하고 있다는 것을 보게 될 것이다. 그러나 지금은 우리가 형벌의 **뚜렷한** 예를 식별해 낼 수 있다는 것으로 충분하며, 이 뚜렷한 예는 특히 당국이 범죄를 범한 사람을 처벌하는 경우에 준거가 되는 법 속에서 찾을 수 있다. 이때 고통이나 (생명, 자유, 권리, 재산의) 상실이 개인에게 의도적으로 부과된다. 나아가 이것은 ― 그의 의사에 반하는 것은 아니라 하더라도 ― 그의 동의 없이 이루어진다. 어떤 사람에게 고통이나 손실을 의도적으로 부과한다는 것은 일견 도덕적으로 악한 것이다. 따라서 이와 같은 의도적인 고통 내지 손실의 부과가 정당화될 수 있겠는가 하는 정당화의 문제가 제기되는 것이다.

이러한 종류의 문제는 다른 맥락에서도 제기된다. 우리 사회의 많은 사람들은 아무런 동의 없이 행동의 제한 ― 어떤 의미에서는 구금 ― 을 받는다. 이들 가운데는 전염병자, 정신병자, 자기 행동에 책임을 지지 못하는 자 등이 있다. 우리는 보통 이러한 상황에서 부과된 자유의 박탈을 형벌의 예라고 생각하지는 않지만 그러나 이들에 있어서도 역시 유사한 ― 반드시 용이하다고는 할 수 없는 ― 정당화 문제가 제기된다. 물론 이것들과 형벌 간에는 중요한 차이가 있다. 버틀러 주교가 지적하는 바와 같이, 구금되어 있는 범죄자에 대한 우리의 태도는 홍역이나 천연두 때문에 격리되어 있는 사람들에 대한 태도와는 아주 다르다.[1] 형벌이라는 관념에는 비행, 죄, 비난, 벌, 유죄판결과 같은 관념들이 뚜렷이 관련된다. 형벌에 관한 여러 이론들을 논의해 보면서 우리는 이러한 관념들이 그 속에서 어떤 역할을 하고 있는가를 보고자 한다. 한편 동의 없는 의도적인 자유의 박탈에 관하여 볼 때 범죄자에 대하여 보다 '의학적인' 또는 '치료적인' 접근방법을 채택하여 외관상 형벌 및 그와 관련된 관념들을 회

---

1) Joseph Butler, "A Dissertation upon the Nature of Virtue," in *The Analogy of Religion*(London, 1736).

피하는 것만으로는 이 정당화 문제를 피할 수 없다.

하트가 지적한 것처럼 형벌의 정당화 문제는 세 가지의 주요한 측면이 있다. (1) 도대체 왜 우리는 형벌을 가해야 하는가? 즉 형벌을 정당화해 주는 형벌의 목적은 무엇인가? (2) 형벌을 가함에 있어서 우리는 누구에 대하여 정당화되는가? (3) 어떤 방법으로 우리는 정당하게 형벌을 가할 수 있으며, 그 정도는 얼마인가?[2] 이와 같은 문제들이 완전히 별개의 문제로 다루어질 수 있겠는가 하는 데에는 논의의 여지가 있다. 전통적인 형벌 이론들은 이 문제들에 대답하는 데 있어서 각각 다른 중요성을 갖는다. 예컨대 어떤 이론은 "누구에게 우리가 형벌을 가해야 할 것인가?" 하는 물음보다는 "도대체 왜 형벌을 가하는가?" 하는 물음에 보다 더 적합하다.

형벌의 정당화 문제는 감옥의 개선 문제와 혼동되어서는 안 된다는 것을 염두에 둘 필요가 있다. 위의 (3)항 때문에 이러한 혼동이 일어날 여지가 있다. 감옥의 개혁은 주로 범죄자가 형벌을 받는 **동안**에 범죄자를 어떻게 할 것인가에 관련되어 있는 문제이다. 시설의 개선, 상담, 직업 훈련 등은 형벌에 관하여 정반대의 철학적 이론을 가진 사람도 똑같이 환영할 수 있는 것이다. 비인도적이고 잔혹한 처우 ― 유감스럽게도 이것은 감옥생활의 많은 부분을 차지한다 ― 는 일반적으로 형벌 이론들을 잘못 **적용한** 경우에만 '정당화'될 수 있다. 이러한 처우는 철학자들이 정당화하고자 하는 형벌의 측면이 아니다. 그것은 이들의 관

---

2) 하트의 중요한 논문, "Prolegomenon to the Principles of Punishment," in H. L. A. Hart, *Punishment and Responsibility*(Oxford: Clarendon Press, 1968), pp.1-27 참조.

심이 예컨대 지방 오케스트라나 교도소 전속 목사의 방문에 있는 것이 아닌 것과 같다. 이와 같은 방문은 좋지 않은 처우와 마찬가지로 범죄자가 형벌을 받는 동안 교도소 안에서 일어나는 일이며 이것은 형벌 자체의 필연적인 부분은 아니다.

이 이론들을 살펴보기 전에 고찰해 보아야 할 점이 하나 더 있다. 그것은 '형벌'의 정의에 관한 것이다. 물론 우리의 관심의 초점은 법에 의한 형벌이며, 법에 의한 형벌은 전형적으로 세 가지의 것을 전제한다. (1) 일단의 법, (2) 누가 법의 강제수단의 하나인 형벌을 받아야 할 것인가를 결정하는 절차, (3) 형벌을 부과하는 유권적 사회기구. 어떤 사회 내에 이러한 조건들이 존재하는 경우에는 그 사회는 **법에 의한 형벌제도**를 가지고 있다고 할 수 있을 것이다. 이미 언급한 바와 같이 사실 근자의 많은 논자들은 이 제도를 엄격하게 정의한다. 그러나 지금은 우리의 비교적 느슨한 정의가 도움이 된다. 즉 우리의 이 정의는 형벌을 정당화하는 여러 상이한 이론들 가운데 중립적인 것이기 때문이다. 여기에서 사용되는 '법강제'라는 용어에 대해서도 같은 말을 할 수 있다. 형벌을 가함으로써 전형적으로 법이 강제된다고 하는 사실을 부인하는 이론은 없다. 현 단계에서는 제도를 정의하면서 그 속에다 도덕적인 요소들, 즉 많은 논자들이 건전한 형벌 이론에서 요구된다고 생각하는 도덕적인 요소들을 집어넣어서는 안 된다. 이러한 배경 위에서 우리는 이제 법에 의한 형벌이 정당화되는가의 여부, 그리고 된다면 어떤 근거에서 또 어떤 조건하에서인가 하는 문제를 검토해 볼 수 있겠다.

여기에는 두 가지의 서로 경쟁하는 형벌 이론이 있다 — **억제설**과 **응보설**이 그것이다. 셋째 종류의 이론, 즉 플라톤이 처음 제안한 **개선이론**도 있는데 이것은 종종 다른 이론에 부수하여 나타난다. 법에 의한 형벌은 이 세 가지 모두를 포괄해야 한다고 함으로써 이 이론들의 경합을 상식적으로 해결하고자 하는 유혹도 있다. 즉 형벌은 사람들이 범죄를 범하지 못하게 억제해야 하며, 범죄자에게 정확한 응보를 가해야 하며, 또 그를 개선해야 한다는 것이다. 그러나 이와 같은 해결이 수미일관하게 가능한가에는 의문이 있다. 각 이론들은 여러 난점에 부딪치는 것 같다. 억제라는 이름 아래, 첫째 이론은 명백히 무고한 자에 대한 형벌과 범죄의 도에 비례하지 않는 형벌의 부과를 인정한다. 응보란 법의 권한 밖에 있는 도덕적 사악성에 대한 평가를 전제하고 있는 것으로 생각되며 따라서 순전한 복수로 전락하는 것으로 생각된다. 마지막으로 형벌 자체가 개선할 수 있는 힘을 갖는가는 의문의 여지가 있다. 형벌은 단지 범죄자를 사회의 적으로 굳히는 역할밖에는 하지 못하는 것으로 생각된다. 억제설에서부터 논의를 시작해 보기로 하자.[3]

‖ 억제설 ‖

형벌이 범죄나 그 밖의 비행을 억제하는 것으로 작용한다는 생각은 매우 오래된 것이다(예컨대 신명기 21장 21절 참조). 그러나 가장 오래된 억제설의 명제는 플라톤의 **법률편**(xi, 934)에 나타나 있는 것 같다.

---

[3] 개선 이론은 종종 다른 이론에 구현되어 나타나거나, 형벌을 부인하는 견해로 되기 때문에 이 이론을 독자적으로 고찰하지는 않겠다.

형벌이란 과거에 대한 응보가 아니다. 왜냐하면 이미 행해진 것은 아직 행해지지 않은 것으로 될 수가 없기 때문이다. 형벌이란 장래를 위하여 부과되는 것이며, 형벌을 받는 사람과 형벌 받는 것을 보는 사람 양자 모두에게 범죄를 혐오하게 만들거나, 그렇지 않더라도 어쨌든 그들의 과거 행위의 많은 부분을 행하지 않도록 보장하기 위해서 부과되는 것이다.

이 말을 법에 의한 형벌을 억제로 정당화하는 핵심으로 받아들이는 경우에 우리는 이 이론이 **목적론적** 성격을 갖는다는 것을 알 수 있다. 형벌은 그 자체가 선한 것이 아니다. 즉 형벌은 그 형벌이 가져올 선한 결과(범죄의 감소)를 지적함으로써 정당화된다. 바로 이것이야말로 수단으로서의 형벌을 정당화해 주는 목표 내지 목적인 것이다. 억제설은 **장래를 향한** 이론이다. 왜냐하면 이러한 결과는 시간상으로 형벌이 부과되는 다음에 나타나기 때문이다. 바로 이 점에서 이 이론과 응보설은 대조를 이룬다. 응보설은 형벌을 가한 뒤에 나타날 어떤 선한 결과와는 상관없이 범죄자의 처벌의 정당성을 긍정한다 — 물론 그것은 오로지 범죄자가 도덕적으로 책임이 있는 경우에 그렇다 — 그 이유는 범죄자가 (과거 사실로서) 범죄를 범했기 때문이라는 것이다. 근자의 몇몇 논자들은 이 두 이론을 절충한 주장을 하기도 한다. 이들은 주장하기를 억제의 목적은 법적 제재라는 **제도**를 갖는 것을 정당화해 주며, 반면 과거를 회고하는 식의 응보적 사고는 **일정한 개인**(범죄자)을 처벌하는 것을 정당화해 준다는 것이다. 또 억제설은 "도대체 왜 처벌을 하는가?" 하는 문제에 대한 대답을 주며, 응보설식의 견해는 "누구를 처벌할 것인가?"에 대한 답을 준다는 것이다. 이것은 나중에 살펴보기로 하자.

형벌을 억제라는 것으로 정당화하는 이론은 모종의 경험적 전제에 입각하고 있다. 즉 형벌이 사실상 사람들로 하여금 범죄를 범하지 못하도록 억제한다는 것이다. 이 억제설에 대한 표준적인 반론은 형벌이 사실상 억제하지 못한다는 것이다. 그것은 상습범의 엄청난 비율을 보아도 그렇고 또 법관 앞에 서서 판결을 기다리고 있는 범죄자가 형벌이 앞으로 닥쳐올 것이기 때문에 억제되지는 않는다는 사실이 증명해 주는 것과 같다. 그들은 주장하기를 범죄가 발생한다는 사실만 보아도 형벌이 얼마나 무력한가를 알 수 있다는 것이다. 따라서 범죄를 감소시키기 위해서는 그 원인을 제거하려고 하는 편이 낫다고 주장한다.

이 반론을 고찰해 보기 위해서는 두 가지를 구별할 필요가 있다. 그 하나는 형벌의 위하력과 형벌의 사실상의 부과의 구별이다. 형법은 근본적으로, 사회적으로 해가 되는 것으로 생각되는 행위가 있기 때문에 사회는 그러한 행위가 일어나는 것을 바라지 않으며, 형법은 이것을 형벌로 위하함으로써 억제하려고 한다는 것을 사람들에게 말해 주기 위해서 존재한다. 이 점은 법적 형벌제도에 대한 보다 엄밀한 정의의 내용이다. 법적 형벌은 전형적으로 법의 체계를 전제하는데, 그 법은 범죄를 규정하고 그것을 범할 경우 형벌을 가한다고 위하한다.

형벌의 위하로 인해 범죄행위를 저지르지 못하게 억제된다고 믿는 데에는 훌륭한 근거가 있는 것 같다. 자기 관찰을 하지 않더라도 경찰의 파업기간중의 범죄의 증가나 전시에 점령군이 공포한 명령에 대한 준수를 보면 이것은 지지된다. 물론 지금 처벌을 받고 있는 범죄자가 자기의 범행의 결과로서의 형벌로부터 위하되지 않았다는 것은 사실이다. 그러나 그 위하는 그에게 같은 종류의 행동을 더 이상 범하지 못하게 억제한다고 할 수는 있다(내가 주차위반으로 벌금(정확히는 과태료—역자주)을 물은 적이 있다고 해서 내가 주차위반을 하지 못하도록 억제되지 않았다는 것은 아니다). 범죄의 원인을 제거함으로써 범죄에 대처한다는 생각에 누구나 박수를 보낼 수 있지만, 그러나 형법, 즉 특정 범죄에 대하여 형벌로 위하하고 있는 형법을 없애 버리자는 제안은 거의 수긍할 수 없는 것이다.

　　둘째의 구별은 **특정한 억제**와 **일반적 억제**의 구별이다. 범죄자가 받는 실제의 형벌이 그 범죄자로 하여금 장차 동종의 범죄를 다시 범하지 못하게 억제하는가의 여부 — 이것이 바로 '특정한 억제(특별예방)' 이론이 의미하는 것이다 — 는 어느 정도는 그가 받는 형벌에 좌우된다. 만약 그 범죄자가 처형되는 경우에는 그 형벌은 완전히 실효적인 것이 될 것이다. 그가 수감될 경우에는 적어도 그가 수감된 동안에는 그는 범죄에 대하여 억제되어 범죄를 범하지 못하게 된다. 그렇지 않은 경우도 있기는 하겠지만 형벌이 범죄자의 마음을 바꾸어 그를 개선하게 될 것이라는 사실도 생각해 볼 수 있다. 여기서 중요한 문제로 제기되는 것은 교도소 수감이라는 것이 범죄자의 마음에 충분한 공포를 유발하여 범죄자로 하여금 석방된 뒤에도 범죄를 범할 용기를 갖지 못하게 하는가의 여부이다. 높은 재범률은 그 반대의 증거가 된다. 그러나 현재 우리가 알고 있는 단계에서는 이것이 결론적인 것은 아니다.

　　어쨌든 억제론자의 주된 관심은 일반적 억제(일반예방) — 즉 범죄자를 처벌함으로써 타인이 동종의 범죄를 행하지 못하게 억제하고 따라서 범죄를 감소시킨다는 것이다. 벤담(Bentham)의 말과 같이 일반 예방이 바로 법적 형벌의 '주된 목적'이고 '참으로 정당화해 주는 것'이다. 이에 대해 응보론자인 매보트 (Mabbott)는 타인을 억제하는 것은 형벌 자체가 아니라 형벌이 갖는 위하라고 한다. 즉 일반 예방이라는 것을 들먹이면서 형벌의 부과를 정당화한다는 것은 잘못된 일이라는 것이다. 그러나 이것은 정확하지 못한 것 같다. 왜냐하면 형벌이 가해지면서 위하력을 발휘하는 것이야말로 형벌이 강제력을 갖게 되는 핵심이기 때문이다. 둘째 반론은 역시 응보론자인 칸트에 의해서 제기되었다. 일반 예방은 범죄자들을 도구로 사용한다는 내용을 담고 있다. 그러나 누구도―그것이 사회의 선을 위한 것이라 하더라도―단순한 수단으로 사용되어서는 안 된다. 따라서 우리는 이렇게 물을 수 있다. 어떤 권리로 우리가 타인을 이런 식으로 사용할 수 있는가라고. 이에 대하여 억제론자는 우리가 형벌을 가해야 한다는 것 자체가 불행한 일이지만 어쨌든 우리가 보다 큰 선을 증진시키기 위해서 어떤 사람을 수단으로 사용하는 것은 정당하다고 한다. 그러나 우리가 뒤에서 고찰해 보겠지만 응보론자들의 반론은 이 정도로 끝나지는 않는다.

그러나 일반적 억제(일반예방)라는 것이 과연 가능한가? 수감되거나 처형된 범죄자가 범죄를 범하지 못하게 된다는 것은 인정할 수 있다 하더라도 이것이 타인도 억제시키는가? 예컨대 사형에 관한 연구들을 보면 적어도 사형이 살인자에게 갖는 억제력의 효율성에 대해서는 의문을 갖게 된다. 마찬가지로 누범과 범죄율의 증가를 보면 범죄 문제를 형벌로 대처하는 데에 문제가 있다는 생각이 들게 된다. 차라리 범죄의 원인을 다루는 것이 나을는지도 모른다.

억제설의 경험적 기반에 대한 이러한 공격은 이미 부분적으로는 대답이 주어졌다. 일반적 억제에 반대되는 증거들은 결정적인 것은 아니다. 더구나 우리는 범죄의 원인에 대하여 자세히는 별로 알지 못하며(물론 어떤 범죄와 경제적 계급 사이에는 높은 상관관계가 있는 것이 사실이지만), 또 그것을 제거하는 방법은 더 더욱 알지 못한다. 어쨌든 문제는 실로 커다란 것이며 천년왕국이 도래할 때까지는 사회가 어떤 형태로든 형벌을 포기할 수 있을 것 같지는 않다.4) 아무튼 이와 같은 반대의 증거들이 억제설에 타격을 주는 것은 아니다. 왜냐하면 억제설의 입장은 다음과 같이 해석될 수 있기 때문이다. 즉 우리가 형벌을 가해야 하는가 아닌가에 관하여 억제라는 것이 윤리적으로 **중요하며**, 나아가 이것이야말로 윤리적으로 중요한 **유일한** 고찰 방법이라는 것이다. 이것을 이해하기 위해서는 고전적인 형태의 억제설이 가지고 이는 철학적 지주를 보다 깊게 고찰해 보는 것이 필요하다.

▌ 공리주의 이론 ▌

억제설을 가장 열렬히 지지해 온 사람들은 쾌락주의적 공리주의자들이었다. **쾌락주의적 공리주의**란 쾌락(만)이 본래적으로 선한 것이며, 고통(만)이 본래적으로 악하다는 주장을 하는 윤리이론이다. 특정한 행위 또는 — 어떤 설에서는 — 어떤 유형의 행

---

4) 이와 같은 점에 관하여는 Morris R. Cohen의 유용한 논문 "Moral Aspects of the Criminal Law," in *Reason and Law*(New York: Collier Books, 1961), pp.25-72 참조.

위가 옳은가 그른가 하는 것은 이 행위가 그 사회 내에서 고통을 지지하고 쾌를 유지하게 하거나 증대시키는가의 여부에 달려 있다는 것이다. 고통을 가하는 정당하고 유일한 이유는 그렇게 하지 않는다면 더욱 고통이 커지고 쾌가 감소될 것이기 때문이라는 것이다. 형벌이란, 그것이 불쾌이고 따라서 본래 악한 것이지만 그것이 유해한(고통을 낳는) 행동을 하지 못하게 함으로써 고통에 대하여 쾌를 유지하게 하거나 증대시키는 경우에는 정당화될 수 있다는 것이다. 이것이 고전적인 **공리주의 억제설**이다. 한 마디로 말하자면 개인은 사회의 선(보편적인 행복)을 위해서 처벌된다는 것이다.5)

이 이론에 대한 반론은 명백하다. 첫째로 형벌을 가하는 이유가 그리고 유일한 이유가 사회의 선에 있다면 — 칸트가 말하는 바와 같이 우리가 이 목적을 위해서 어떤 사람을 수단으로 사용하는 것이 정당하다면 — 왜 형벌을 범죄자에게만 제한하는가? 왜 무고한 자를 처벌하지 않는가? 이렇게 보면 타인으로 하여금 범죄를 범하지 못하도록 억제하는 데 있어 중요한 것은 형벌을 받는 자가 범죄를 **범했다는** 사실이 아니라 오히려 그가 그랬으리라는 일반 대중의 **믿음**이다. 공리주의 억제론은 무고한 사람을 억제라는 이름으로 '죄를 뒤집어씌우는 것'을 인정하는 것

---

5) 우리가 이미 본 바와 같이 형벌은 권리, 자유 및 재산의 상실을 내포할 수 있다. 위에서 언급한 견해에 따르면 이것들 역시 고통으로 느껴진다. 그러나 '고통'이라는 것을 문자 그대로 이해한다면 반드시 그런가에 대해서는 의문이 있다. 둘째로는 형벌을 받는 가운데 쾌를 느끼는 사람도 있다는 것이다. 쾌락주의적 공리주의자(예컨대 벤담)들은 이런 종류의 쾌는 전체적인 행복을 위한 것이라고 할 수는 없다고 한다. 생각건대 이 주장은 이 점에 있어서 논리가 일관한 것 같지 않다. 그러나 이 이론에 관한 일반적인 논의는 여기서는 하지 않겠다.

으로 생각된다. 더욱이 형법이란 것이 원래 잠재적 범죄인을 형벌로 위하함으로써 범죄를 범하지 못하도록 억제하기 위하여 고안되었다는 것을 인정한다면, 우리가 중요시하는 것이 오로지 억제라면 왜 실제의 범죄자에게만 형벌이 부과되어야 하는가? 만약 부모들의 범죄에 대한 위하가 부모들 자신이 아니라 그 자식들에게 부과될 것이라는 사실을 부모들이 안다고 하는 경우에, 그들은 범죄를 행하는 데에 있어서 억제될 것이다. 공리주의 억제론의 견해에 의하면 사악한 아버지의 죄를 무고한 그 아들에게 갚게 한다는 것은 전혀 잘못된 일이 아니라는 것이다.

둘째 반론은 어느 정도의 형을 가해야 하는가의 문제에 관한 것이다. 공리주의 억제설은 부당한 형벌 — 예컨대 경한 범죄에 대한 중벌을 허용하는 것으로 생각된다. 주차위반을 억제하기 위하여 팔을 자른다든가 장기구금 판결을 하는 것이 가능할 것이다. 그러나 이것은 **범죄자에게 부당한** 것으로 될 것이다. 형벌은 범죄에 '상응'해야 하며, 범죄자의 비난의 도에 적합해야 한다(이들이 똑같은 것인가는 명확하지 않다). 18세기의 공리주의자인 윌리암 페일리(William Paley)가 말한 바와 같이 형벌의 참된 목적이 '범죄의 예방'이라면 형벌이 '범죄자의 죄책에 비례하는가'의 여부는 아무런 문제가 되지 않는다는 결론에 도달하게 된다.[6] 그러나 이 결론은 정의 감정과는 맞지 않는다.

이 반론은 고전적 공리주의 억제설의 핵심을 공격하고 있다. 제도로서의 형벌, 또 그것의 개별적인 적용의 도덕적 기초가

---

6) Edmund L. Pincoffs, *The Rationale of Legal Punishment*(New York: Humanities Press, 1966), p.18에 수록되어 있는 Paley의 Principle of Moral and Political Philosophy에서 인용.

위태롭게 된다. 만약 그것이 불의를 '정당화'한다면 어떠한 정당화도 도덕적으로 받아들일 수 있는 것이 되지 못하는데, 이 이론은 바로 이런 것을 하고 있는 셈이다. 이 이론은 무고한 자에 대한 처벌을 인정하고, 그 범행의 도에 맞지 않는 형벌을 가하는 것을 허용하고 있는 것으로 생각된다. 이런 난점이 나오게 되는 근거는 명백하다. 그것은 이 이론이 형사적 정의라는 개념의 구성요소인 죄책, 도덕적 비난 가능성, 책임, 비난의 도 등 응보론적 개념들을 본질적으로 고려하지 않기 때문이다. 더구나 이러한 고려는 불가능하기도 하다. 왜냐하면 응보론은 쾌락주의적 공리주의와는 양립할 수 없는 비목적론적인, 비미래지향적인 윤리적 고려를 도입하고 있기 때문이다.

‖ 지나친 형벌 ‖

여기서 우리는 반론에 대한 '수정주의' 공리주의자들의 대답을 간단히 검토해 보기로 하자. 먼저 두 번째 반론에 대한 제레미 벤담(Bentham)의 답변을 고찰해 보는 것이 좋을 것이다. 쾌락주의적 공리주의자인 벤담은 형법에 관해 대단히 깊고 통달한 사상가 가운데의 한 사람이었다. 범죄와 형벌이 적합하다는 생각의 뜻은 대체 무엇인가? 벤담은 이것을 자세히 다룬다. 그의 기본 사상은, 해악의 예방은 쾌락주의적 공리주의의 고려에 입각해서 볼 때 그것이 할 만한 가치가 있을 때에만 추구되어야 한다는 것이다. 정의나 자연권에 대한 호소가 아니라 바로 이것이 법과 법에 의한 형벌의 한계를 설정해 준다는 것이다.[7]

벤담은 형벌이 가치 없는 것이 되는 여러 종류의 사례를

든다. 우리의 목적에 비추어 볼 때 가장 중요한 것은 형벌이 '아무런 이득도 가져오지 못하는 경우'이다. 즉 형벌이 야기하는 해악의 총계가 형벌이 막으려고 하는 해악의 총계보다 큰 경우이다. 이러한 가격 - 이득 분석은, 어떤 행위를 범죄로 규정하고 이들에 대해서 어떤 형벌이 가해져야 하는가를 결정하기 위해서 필요하다. 이 모든 것이 명백히 전제하고 있는 것은 어떤 일정한 범죄와 일정한 형벌에 있어서 고통의 양(과 고통이나 쾌의 기회의 상실로 계산할 수 있는 그 밖의 손실)을 계산하고 비교할 수 있는 몇 가지 방법이 있다는 점이다. 벤담이 그 이전의 공리주의자들보다 한 걸음 더 나아간 것은 이와 같은 목적을 위한 '계산'에 대해서 노력을 기울였다는 사실이다. 또 그는 범죄의 여러 가지 유형을 자세하게 분석하였다.

어떤 해악(예컨대 방화, 강간, 강도, 무단주차행위 등)을 막아야 하는가를 결정할 때 입법자는 이것에 연결되어야 할 형벌 위하의 '양'도 결정하여야 한다. 벤담은 이 양을 결정하기 위한 많은 규칙을 제시한다. 가장 중요한 두 가지 규칙은 그 양이 (1) 당해 범죄를 범할 유혹에 반대 균형을 잡을 수 있기에 충분해야 하고, (2) 충분한 것 이상이어서는 안 된다는 것이다. 쉽게 말해서 무단노상주차의 벌금이 1만원이고 주차장에 주차시키는 데 2만원이 든다면 형벌은 범죄를 범할 유혹에 반대 균형을 잡을 수 없게 된다. 반면 10만원의 벌금은 필요한 것 이상이 될 것이다. 벤담은 입법자가 이와 같은 공리의 계산을 할 수 있을 뿐 아니라 보통 시민들도 이것을 할 수 있다고 생각했다. "모든 사람이

---

7) Jeremy Bentham, *An Introduction to the Principles of Morals and Legislation* 초판 1789(New York: Hafner Publishing Company, 1961), 13-15장.

계산한다." 억제설이 전제하고 있는 이 합리적 계산가, 합리적 행위자라는 이와 같은 인간상은 근년에 와서 특히 심층심리학의 발흥 이후에는 의문시되고 있다.

벤담류의 원칙에 입각해서 보면 우리는 범죄를 예방하는 데 필요한 이상의 또는 이하의 형벌을 가해서는 안 된다(문제의 범죄가 예방될 수 있다는 것을 전제할 때). 형벌이 범죄나 죄책의 도에 도덕적으로 합치해야 한다는 응보론자의 주장과는 달리 바로 이것이 범죄와 형벌 간의 비례문제에 대한 벤담의 해결방안이다. 필요한 이상의 형벌을 가하는 것은 범죄자에게 잔인한 것이며, 필요한 이하의 형벌을 가한다는 것은 보호받지 못하게 되는 공중에 대한 잔인함이 되며, 또 부과된 고통의 낭비가 된다는 것이 벤담은 가능한 한 '가장 값싸게' 해악을 예방한다는 미래지향적 목표를 확고하게 견지한다.8)

형법을 제정하고 강제하는 데 있어서 사회비용(범죄자에게 가해지는 비용을 포함해서)을 고려해야 하는 것이 가장 중요한 것이라고 하더라도 벤담의 입장은 여러 난점들에 직면하게 된다. 우리가 필요한 계산을 할 수 있다손 치더라도 그의 방법은 기능하지 않을 수도 있다. 문자 그대로 보자면 해악의 **예방**은 우리가 가혹하고 부당한 형벌을 가할 태세가 되어 있지 않는 한 달성가능한 목표가 될 수 없다. 범죄를 예방하기 위한 — 더도 아니고 덜도 아닌 — 필요한 만큼의 형벌이란 매우 가혹한 것이 될 것이 뻔하고, 그러한 경우에도 범죄가 완전히 예방되지도 않을 것이다. 우리가 합리적으로 희망할 수 있는 것은 범죄의 발생을

---

8) 벤담의 규칙은 현재의 몇몇 형사실무와는 반대되는 결론에 도달한다. 예컨대 교도소 내에서의 선행에 대한 특사 같은 것을 들 수 있겠다.

줄이는 것이다. 사실상 우리는 범죄의 발생을 예상하고 있으며 잠재적 범죄자를 위하함으로써 범죄를 어떤 한계 내에 두기를 바라고 있는 것이다. 이것이 아무리 마땅치 않더라도 말이다. 어떤 해악을 일정한 수준으로 감소시키는 것이 가치 있는 것인가의 여부를 결정함에 있어서 우리가 고려해야 할 것은 필요한 양의 형벌이다. 그러나 이것을 교량하는 데 있어서 왜 범죄자에게 가해져야 할 고통과 범죄가 일어날 경우 잠재적인 희생자가 겪게 될 고통에 똑같은 고려가 주어져야 하는가의 이유를 알 수 없다.

　　범죄자보다는 무고한 공중이 더 잔인함으로부터 보호되어야 한다는 것은 도덕적으로 보다 설득력 있는 것으로 생각된다. 이것은 응보론자들이 주장하는 바와 같이 범죄자가 마땅히 처벌되어야 한다는 뜻이 아니라, 무고한 잠재적 희생자가 보호받을 권리가 있다는 것이다. 이것은 적어도 **형벌을 가할 권리가 있다는** 이유가 된다. 제기되어야 할 해악 전체보다 더 많은 해악을 형벌을 통해 부과한다는 대가를 치르고서라도 말이다. 만약 사회가 두 사람의 살인범을 처형함으로써(사형의 인도성 문제는 차치하고) 제3의 살인을 예방할 수 있다면, 이것이 한 사람을 살리기 위하여 두 사람을 죽인다는 것을 의미하기는 하지만, 이렇게 하는 것은 정당화되는 것으로 생각된다(그렇지 않다면 이렇게 결론을 내려야 할까? 즉 살인자 두 사람을 처형하게 되면 피해자까지 쳐서 네 사람이 죽는 셈이 되기 때문에 살인자들이 석방되어야 한다. 왜냐하면 그렇게 되면 결국 무고한 희생자 세 명만 죽게 되기 때문이다). 물론 이렇게 해봐도 경한 죄에 대해서 지나친 형벌을 허용할 가능성은 없다.

　　벤담의 방법의 가장 기본적인 난점은 그것이 불가능한 계산 내지 계획을 요구하고 있다는 점이다. 더욱이 꼭 필요한 비교를 할 수 있는 능력이 우리에게 있을 것 같지 않다. 즉 B의 쾌와 불쾌에 대한 A의 쾌와 불쾌 사이의 양의 비교, 나아가 A의 쾌와 A의 불쾌 사이의 양적 비교도 어려운 것이다. 벤담은 이러한 '계산'을 해냈다고 믿는다. 근자의 많은 논자들은 형벌을 정하면서 이(利)와 불리(不利)를 똑같게 한다고 말하고 있지만 그러나 그들은 어떻게 이것이 (직관이나 추측을 제외하고) 결정이 되는가는 말해 주지 않는다.

　　대부분의 현대 공리주의자들은 벤담의 계산적 쾌락주의를 받아들이지 않지만 그러나 여전히 그들은 공리주의 억제론의 입장을 옹호한다. 이러한 현대적 맥락 속에 있는 벤(S. I. Benn) 교수는 경한 범죄에 대한 지나친 형벌을 정당화하지 않는 방향에서 공리주의가 공식화될 수 있다고 주장한다. 그는 "경한 범죄는 중한 벌을 받지 않는다"는 명제는 동어반복이라고 주장한다. 왜냐하면 범죄의 '경', '중'은 그것을 억제하기 위하여 우리가 부과하고자 하는 고통에 관련하여 정의되는 것이기 때문이라는 것이다. 어떤 유형의 범죄에 대한 형벌을 선택함에 있어서 우리는 어떤 상태에 대한 어떤 상태의 (정량비교와 같은 것은 아니다) **선호**를 나타낸다. 즉 범죄자에게 가해지는 해악의 한계증분이 그렇지 않은 경우에 공동체가 겪어야 할 해악보다 선호된다는 것이다. 주차 위반은 어느 정도는 그렇게 중요한 것이 아니다. 그러나 살인은 중요한 것이며 우리는 전자보다는 후자의 경우에 더 중하게 처벌한다는 것이다.9)

---

9) S. I. Benn, "An Approach to the Problems of Punishment," *Philosophy*, 33(1958), pp.325-341.

벤의 입장이 벤담의 입장보다 한 걸음 발전한 것이기는 하지만 이러한 해결안이 적절한 것으로 보이지는 않는다. 우리가 비교적 중한 형벌을 가할 태세가 되어 있는 범죄가 중한 범죄라는 것은 어떤 의미에서는 확실히 옳다. 이런 의미에서 영국에서는 한때 양의 절도가 살인과 같이 중한 범죄였다. 왜냐하면 양자가 다 교수형에 처해졌기 때문이다. 그러나 맥클로스키(H. J. McCloskey)의 지적대로 이것은 교수형에 처해지는 모든 범죄가 도덕적인 의미에서 중죄인 것을 의미하는 것은 아니다.[10] 살인이 무단주차보다 도덕상으로 중죄가 되는 것은 우리가 살인을 보다 중하게 벌할 용의가 있기 때문은 아니다. 오히려 반대로 우리가 살인을 도덕적으로 중죄라고 생각하기 때문에, 살인을 더 중하게 처벌할 용의를 갖게 되는 것이다. 우리가 어떤 일정한 한도 내에서 처벌할 용의가 있다고 하는 것은 형벌에 의해서 보호되거나 긍정되는 이익이나 가치(예컨대 생명, 사회적 편의)의 상대적 중요성에 의해서 조건지워지기도 하는 것이다. 따라서 형벌의 양이 정확히 억제를 위하여 필요한 양인가에 상관없이 사회적으로 매우 중한 범죄에 가장 중한 벌을 가한다는 매보트(Mabbott)의 견해에는 근거가 있다.[11] 이 말이 맞다면 '경한 죄에 중한 형벌을 가하지 않는다'는 명제는 동어반복이 아니다.

다시 말하자면 설령 형벌의 **목적**(특히 이러한 제도를 가지고 있는 목적)이 있다는 억제설의 견해를 받아들인다 하더라도 형벌의 **양**과 범죄 사이의 '도덕적 적합성'이 있어야 한다는 생각을

---

10) "A Non-Utilitarian Approach to Punishment," *Inquiry*, 8(1965), pp.249-263.
11) J. D. Mabbott, "Punishment," *Mind*, 49(1939), pp.152-167.

완전히 버려서는 안 된다. 벤이 사실상 이 생각을 버렸다고는 생각되지 않는다. 왜냐하면 그도 우리가 보다 중한 형벌을 가함으로써 '정당하다'고 느끼는 범죄가 있다고 말하고 있으며, 이것은 단순히 형벌의 억제 효과를 고려함으로써나 단순한 공리적 사고로써는 결정되지 않는다고 말하고 있기 때문이다. 벤은 자신의 입장이 소수의 범죄자에게 중벌이 가해져야 하느냐, 많은 범죄자에게 경한 벌이 가해져야 하는가 하는 문제에 대해서는 답변을 주지 않는다는 것을 인정한다. 만약 이것이 선호의 문제라면 이 문제는 어느 정도는 관련 이익의 상대적 중요성과 범죄의 상대적 도덕적 중요성에 달려 있는 것이다. 이러한 중요성들에 관하여 사람들의 견해가 일치하지 않는다 하더라도 이 견해가 반박되는 것은 아니며, 마찬가지로 선호가 일치하지 않는다는 것이 벤식의 공리주의에 대한 반론이 되지는 않는다(방금 한 분석에서 벤이 벤담의 계산적 쾌락주의에서 이탈한 이상 벤의 공리주의가 얼마나 철저한가는 명확하지 않다).

▌ 무고한 자의 처벌 ▌

이렇게 하여 우리는 공리주의 억제설이 경범죄에 대하여 중벌을 인정한다는 반론을 어떻게 다루어 왔는가를 고찰해 보았다. 아마도 더욱 심각한 것이라고 생각되는 두 번째의 반론은 이 이론이 무고한 자에 대한 형벌도 정당화해 준다는 것이다. 벤담은 이 반론에 관해서 명백한 답을 주지 않고 있다. 물론 그가 오직 현실적 범죄자에 대한 형벌만을 생각했다는 것은 명백하지만 말이다. 근자에 이 이론을 설명하는 사람은 이 문제를 정면으로 제기한다.

무고한 자의 처벌은 사실상 때로는 정당화된다고 주장되고 있다 — 예컨대 무고한 사람에게 죄를 뒤집어씌움으로써 재난을 피할 수 있다고 생각하는 경우가 그렇다. 추상적으로 말해서는 이것을 받아들일 수 있겠지만 여기에는 위험이 따른다. 드레퓌스 사건에서 보면 피고인은 반유태주의자들이 꾸며낸 허구의 희생자였으며 많은 사람들이 열렬히 그를 옹호했다. 어떤 사람들은 드레퓌스 대위에 대한 부당함을 인정하였으나 그럼에도 불구하고 프랑스 총사령부의 명예 그리고 궁극적으로는 국가의 안보가 위태롭다고 주장했던 것이다. 이러한 주장이 어떻게 하여 엄청난 불의를 감수하게 하는 지름길이 될 수 있었는가는 쉽게 알 수 있다. 무고한 자의 처벌을 인정하기 위하여는 그 '해악'이라는 것이 얼마나 중대한 것이어야 하겠는가? 어쨌든 이 주장은 중요한 정의의 원리를 희생시킨다는 내용을 담고 있다. 설령 어느 때 무고한 자의 처벌이 정당화된다 하더라도 우리는 그렇게 함으로써 공리주의 억제 이론과는 상관없이 가치를 가지고 있는 일반적 원칙을 그 대가로 희생시키게 되는 것이다.

이 반론에 대한 답변이 몇몇 차이점이 있기는 하지만, 퀸튼(Quinton), 플류(Flew), 벤(Benn)으로부터 제시되었다.[12] 하트(Hart)는 이 답변을 '정의의 정지'라고 불렀다.[13] 그 대답은 다음과 같다. 유죄인 자만이 처벌되어야 한다고 주장하는 한에서 응보설은 옳다. 즉 죄가 있다는 것은 형벌의 필요조건이다. 그러나

---

12) A. M. Quinton, "On Punishment," *Analysis*, 14(1954), pp.133-142; A. Flew, "The Justification of Punishment," *Philosophy*, 29(1954), pp.291-307; Benn, "An Approach to the Problems of Punishment," pp.325-341.

13) Hart, "Prolegomenon to the Principles of Punishment," *Punishment and Responsibility*, p.6.

이것은 다만 '형벌'이라는 말의 의미를 '논리적'인 관점에서 본 것이다. 억제설은 주로 공리적인 근거에서 규칙을 어기는 사람들에게 불쾌를 가하는 행위규칙을 정당화하는 데 관심을 기울인다. 어떤 사람의 행위가 이 규칙을 위반하지 않는 이상 그가 죄가 있다고 말할 수는 없으며 규칙을 위반한 데 대한 결과로 불쾌가 주어지는 것이 아닌 때에는 그는 형벌을 받았다고 말할 수 없는 것이다. 억제설은 형벌을 정당화하는 이론이지, 어떤 불쾌 또는 모든 불쾌의 부과를 정당화시키는 이론이 아니다. 무고한 자에게 형벌을 가한다는 것은 논리적으로 불가능하고 따라서 억제설은 이것을 결코 정당화할 수 없다는 것이다.

이 대답은 만족스럽지 못하다. 만약 형벌로 위하하는 규칙을 갖는다는 것(그리고 그것을 적용한다는 것)을 정당화해 주는 이유가 범죄의 **일반** 예방이라면 이것이 죄를 뒤집어씌우는 일, 즉 무고한 사람에게 불쾌를 가하는 일을 정당화해 주는 것은 아닌가 하는 물음은 여전히 남는다(그리고 이것은 더욱 '값싸게' 일반 예방의 목적을 달성할 수 있는 것일지도 모른다). 우리는 원한다면 이것을 '형벌'이라고 부르지 않을 수도 있다. 대신 우리는 이것을 혼더리치(Honderich)가 제안하듯이,[14] '희생'이라고 부르기로 하자. 이렇게 되면 공리주의 억제설은 대중이 유죄라고 믿는 무고한 사람을 '희생'시키는 것을 허용하는 것으로 생각된다. 그런데 극단적인 경우 이것이 정당화된다 하더라도 희생되는 사람에게는 이것은 **부당**한 것이 될 것이다.

두 번째 난점은 죄가 있다는 개념과 형벌이라는 개념이

---

14) Ted Honderich, *Punishment: The Supposed Justifications*(Harmondsworth, England: Penguin Books Ltd., 1971), p.64.

퀸튼이나 플류, 벤이 생각하는 것 같이 그렇게 제한되어 있지는 않았었다는 것이다. 죄책이라는 것은 그가 어떤 집단에 소속되어 있다는 것만으로 그에게 귀속(impute)된 적이 있었다(집단책임). 그리고 그들에게 부과되는 것은 확실히 형벌로 간주되었었다. 그러나 많은 응보론자들이 반대하는 것이 바로 이 점이다. 이들은 개인적 죄책만이 형벌의 부과를 정당화하는 조건이라고 주장한다. 만약 죄책이라는 개념이 집단책임을 허용할 정도로 넓은 개념이라면 형벌은 개인적 죄책을 필요로 한다는 주장은 단순히 형벌이라는 말의 의미를 논리적으로만 파악한 것은 아닌 것이다 [여기서 언급해야 할 것은 법은 사실상 '대벌'(代罰)을 가하고 있다는 것이다 — 예컨대 술집의 피고용자가 그 술집 주인이 알지 못하는 사이에 미성년자에게 술을 판 경우 그 술집 주인이 처벌받는다는 경우)].

따라서 '정의의 정지'(무고한 자의 처벌은 사실상 형벌이 아니라는 주장)는 우리의 반론에 대한 대답이 되지 못한다. 하트 교수가 지적한 대로 고통을 오로지 현실적인 범죄자에게만 가하는 사회 통제체제와 죄책이라는 개념이 없는 현대의 형벌 비판론자들이 지지하는 '사회위생'(social hygiene) 체제 사이에 어느 편이 나은가 하는 양자택일의 도덕적 의미라는 문제를 이것은 모호하게 만들고 있는 것이다.

우리가 검토해 볼 마지막 대답은 존 롤즈(John Rawls)가 자세히 전개하였으며 퀸튼, 플류, 벤 등도 제안하는 것이다. 우리의 반론은 — 돌이켜 보건대 — 공리주의 억제설은, 그렇게 하는 것이 가치가 있는 것이라면 무고한 사람에 대한 처벌을 정당화해 준다는 것이었다. 그렇다면 이것은 무슨 뜻이며, 사회적 선의 극대화라는 공리주의의 기준은 어떻게 이것을 결정하는 데 적용될

것인가? 롤즈는 반론이 제기되지 않게끔 공리주의는 공식화될 수 있다고 주장한다.15)

그의 주장의 기본이 되는 것은 사회제도(예컨대 형벌제도)를 정당화하는 것과 그에 속하는 개별적 행동(예컨대 누가 처벌되어야 한다고 선언하는 법관의 판결)을 정당화하는 것과를 구별하는 것이다. 롤즈는 말하기를 만약 공리주의의 기준이 법관에게 특정한 행위를 할 권한을 주는 형벌제도를 정당화하는 데에만 적용된다면, 공리주의의 기준은 무고한 자의 처벌을 정당화하는 것으로는 되지 않을 것으로 생각된다는 것이다. 공리주의자가 정당화하고자 하는 제도란 무엇인가? 어떤 사람이 법을 위반했을 때 그의 권리를 박탈하도록 권한을 부여하는 것은 일단의 규칙이며, 그의 위반행위는 적법절차를 따르는 재판에 의해 판결되며 의율된 법은 엄격히 해석되어야 하며 범행 이전에 법전에 명기되어 있어야 하며 … 등등이다. 이러한 면모들이 함께 형벌제도를 특징지워준다. 그런데 이와 같은 제도는 롤즈가 '목적벌'(telishment)이라고 부르는 다른 또 하나의 제도와 비교해 볼 수 있다. 이 제도는, 사회의 이익이 되는 경우에는 무고한 사람에게 형벌을 부과할 수 있도록 공무원들에게 허용하는 제도이다. 확실히 목적벌(目的罰) 제도는 남용되기 쉽고 대중의 불안을 야기하는 요인이 될 수도 있을 것이다. 왜냐하면 누가 다음 번에 당할 사람인가가 전혀 알려져 있지 않기 때문이다. 롤즈는 말하기를 이 목적벌제도가 공리주의적인 근거에서 정당화될 수 있다는 데에는 의문이 있으며, 따라서 무고한 사람에 대한 형벌의

---

15) John Rawls, "Two Concepts of Rules," *Philosophical Review*, 64(1955), pp.3-32.

부과가 공리주의적 억제설에 의해서 시인된다는 말은 현실적으로 생각할 수 없는 일이라고 한다.

롤즈의 공식은 반론에 대답하기 위하여 크게 우회하고 있지만, 그러나 그 공식이 완전한 대답을 주었다고 말하기는 어렵다. 롤즈는 목적벌 제도(이 제도는 형벌의 사용을 배제하지 않는다) 아래에서 느끼는 불안정의 도를 지나치게 과장한 것인지도 모른다. 특히 이 체제가 범죄의 감소에 성공한 경우를 생각해 보면 그렇다. 어쨌든, 응보론자들은 여전히 이 설에 대해 할 말이 있는 것 같다. 무고한 사람에게 죄를 뒤집어씌우는 것을 허용할 가능성이란 공리주의 억제설의 결함 가운데 하나에 지나지 않는다. 공무원에게 자유재량을 허용하지 않으면서도 결과적으로 무고하다고 생각되는 사람을 처벌하는 제도를 가질 수도 있다. 만약 형법이, 어떤 일정한 범죄에 있어서는 범죄자의 나이어린 자식에게 형벌이 부과되며, 그 위반은 적법절차에 의한 재판에 의해 판결되며 … 등으로 규정하는 경우에 그렇다. 이 같은 형벌(그리고 형벌의 위하)은 억제적 요소로서는 매우 효과적일 수 있다. 이 제도는 목적벌 제도와는 전혀 다르며, 이것이 공리적인 근거에서 정당화된다고 하는 데는 별 의문이 없다. 롤즈는 이러한 제도 하에서 시행되는 것을 '형벌'이라고 부르기를 거부할 수도 있겠지만, 그러나 그렇다고 해서 사실상 차이는 없다. 결국 공리주의 억제설은 '지나치게 많이' 정당화해 주며, 그에 대한 반론은 여전히 효력이 있는 것으로 생각된다.

생각건대 우리가 살펴본 식의 공리주의 억제설의 접근방법은 형벌을 도덕적으로 받아들일 수 있을 만큼 정당화해 주지 못한다고 결론지을 수밖에 없다. 그러나 이 결론은 우리를 매우 당황하게 만든다. 왜냐하면 이 문제에 관해서 억제의 중요성을 거부한다는 것은 매우 불합리한 것으로 생각되기 때문이다. 그러나 우리가 본 장 처음에서 언급했던 하트의 주장, 즉 형벌의 문제는 하나만이 있는 것이 아니라, 여러 개의 측면이 있다는 주장에 따른다면 난점을 벗어나는 길이 있음직도 하다. 따라서 공리주의 억제설은 형벌의 일반적 목적의 문제, 즉 왜 형법을 가지고 있느냐 하는 문제에 대한 대답을 해주는 것이라고 말할 수 있겠다. 적어도, 장래를 향한 전망적 공리주의적 억제라는 것은 어떤 행위를 처벌 가능한 범죄로 선언하는 좋은 이유가 된다. '누구를', '얼마나?'라고 하는 문제에 관해서 공리주의적 억제는 응보론자들이 소중히 여기는 정의의 원리로 보충되고 제한될 필요가 있다. 난점에 대한 이러한 해결책은 커다란 호소력을 가지며 현재 널리 받아들여지고 있다 —그러나 이것이 철저한 공리주의자에게 받아들여질 수 있는가에는 의문의 여지가 있다.16)

　　한편 응보는 왜 법에 의해서 가벌적인 범죄가 창설되는 가라는 문제에 관해서는 답하지 못한다고 생각된다. 어떤 것이 범죄로 되는 것은, 우리가 그것을 처벌하고 싶어서가 아니라 사람들이 그것을 범하지 못하도록 억제하고자 하기 때문이다. 여기에서 응보론자들은, 도덕적으로 나쁜 행위에 대해서는 이 말은 전적으로 옳은 것은 아니라고 주장할는지도 모른다. 그러나

---

16) 여기서 우리가 살펴보지 못한 공리주의의 한 입장 중에 소위 관념적 공리주의라는 것이 있는바, 이것은 일반적 행복이라는 것이 많은 선 중의 하나에 불과하다고 주장한다. 이 입장을 다루지 않은 이유는, 이것이 형벌에 있어 응보설과 유사하기 때문이다.

여기서 더 자세히 들어갈 필요는 없다. 응보론자들은 형벌 부과의 정당화 가능성에 근본적으로 관심을 기울이고 있다는 것을 언급하는 정도로 족하다. 자 이제 응보론을 본격적으로 검토해보자.

5

형 벌: 응보론

‖ 응보론 ‖

응보론은 대체로 나쁜 인상을 풍기고 있다. 응보라는 말 자체가 보복 내지는 복수라는 뜻을 지니고 있기 때문이다. 응보론에 반대하는 사람들은 이것을 '보복이론', 즉 '고통을 위한 고통'을 가하는 이론이라고 부르기까지 한다. 응보론을 주장하는 문헌에 자주 나타나는 명제가 두 가지 있는데 범죄자는 사회에 '갚아야 할 부채'가 있으며 사회는 범죄자에게 그가 행한 범죄의 대가를 '돌려준다'는 것인 바, 이런 식으로 서로 주고 받는다는 것이다. 공리주의자들은 자신들의 견해가 미래지향적이며 형벌을 목적을 위한 수단이라고 보는 데 반해 응보론은 쉽게 복수라는 비열한 감정을 위한 구실로 타락한다고 주장한다. 즉 타인에게 폭행을 당했을 때 피해자는 가해자에게 폭행을 가하고 싶어한다. 또 상해를 당했을 때 반대로 상해를 가하고 싶어한다. 그러나 이것은 어떤 목적에서인가? 응보형은 범죄자의 요구와 사회의 요구 양자를 모두 간과하는 경향이 있다. 현대의 형벌 반대론자들은 응보론자들이 이미 과거지사가 된 범행에 대한 책임과 비난가능성을 강조하는 것은 낡은 수법이며 낡은 심리학을 근거로 하고 있다고 주장한다. 범죄는 질병처럼 다루어져야 하며, 형벌로 보복되어서는 안 된다고 그들은 주장한다.

결국 이렇게 보면 응보론에 유리한 것이 무엇이 남아있는지 의심이 갈 정도이다. 우리는 이미 응보론의 주된 내용을 잘 알고 있다. 즉 설령 사회적으로 유용하다 하더라도 무고한 자를 처벌한다는 것은 악이며 부당하다는 것이다. 이 말은 형벌과 책임 사이에 밀접한 연관성이 있다는 의미를 내포하고 있는데, 이것은 또 범죄와 형량 사이에는 도덕적 적합성이 있어야 한다는 견해로도 나타난다. 물론 이러한 내용은 우리의 일상적이며 따라서 무비판적인 도덕의식에 깊이 뿌리박힌 것이라고 생각되지만, 역사적으로 볼 때 응보론자들이 형벌과 책임 사이의 연관성에 관하여 기본적인 몇 가지 점에서 견해 차이가 있었던 것은 사실이다.

칸트로 대표되는 고전적인 형태의 응보론은 적극적 입장을 견지한다. 이 설은 유죄인 자만이 처벌되어야 한다고 주장할 뿐만 아니라 유죄이며 유책한 자를 처벌할 의무가 있다는 것도 주장한다. 즉 행위자가 범법을 하여, 그것이 비난가능한 위법행위나 부작위로 성격규정되는 경우 ─ 즉 행위의 위법성이 조각(정당화)되지도 않고, 행위자가 책임조각(면책)되지도 않는 경우 이 행위자는 마땅히 형벌을 받아야 하며, 또한 그를 처벌할 의무도 존재한다는 것이다. 한 사람의 범죄자도 형벌이 면제되어서는 안 된다. 그러므로 적극론자들은 형벌을 가함으로써 범죄가 감소되는가의 여부에는 상관없이 ─ 심지어는 그렇게 해서 범죄가 증가하게 된다 하더라도! ─ 범죄자는 처벌되어야 한다고 주장한다.

　반면에 현대의 대부분의 응보론자들은 **소극적** 입장을 취한다. 이 견해는 다만 범죄를 저지르지 않았거나 책임이 없으면 아무도 처벌되어서는 안 된다고 주장한다. 유책하다는 것은 형벌을 가하기 위한 도덕적인 필요조건이다. 즉 처벌을 받아야 할 사람만 처벌된다는 것이다. 그러나 어느 누가 마땅히 처벌을 받아야 한다고 해서 그가 반드시 처벌을 받아야 한다는 것을 의미하지는 않는다. 소극론자는 어떤 특별한 조건 하에서는, 즉 그 처벌이 — 특정인 혹은 일반인의 — 사회복귀 혹은 범죄억제라는 목적에 도움이 되지 못할 때는 법관은 범죄자에게 형벌을 — 부분적으로 또는 전적으로 — 가하지 않을 수 있다고 주장한다. 소극적 응보론은 보통 목적론적인 사고와 결합하여 형벌의 부과에 대한 '다원론'의 근거가 된다.[1]

　따라서 형벌제도가 응보론적 입장에 따라 구성된 경우에 양 응보론의 입장은 모두 무고한 자의 처벌을 허용하지 않을 것이지만 그 결과는 그 중 어떠한 응보론이 채택되었느냐에 따라 달라지게 된다. 양자에 공통적으로 문제가 되는 것은 (a) 아직은 범죄를 범하지 않았지만 '위험한 자'(예컨대 파괴 본능을 가진 편집광)와 (b) 범죄를 범했지만 책임 무능력자(또는 비난 가능성이 없는 자)를 어떻게 사회가 다루어야 할 것인가 하는 점이다. 이러한 자들에게는 제한조치(결국은 구금)를 가할 필요가 있을 수 있겠지

---

[1] '다원론'은 무고한 자에 대한 형벌을 부정하는 공리주의적 일반예방 이론과 혼동되어서는 안 된다. 공리주의적 일반예방 이론이 이를 부정하는 것은 독자적인 도덕적 지위를 갖는 정의의 원리를 고수한다는 뜻에서가 아니라 공리주의의 효율성이나 공리주의의 정의의 문제인 것이다.

만 과연 응보론은 이를 인정할 것인가?

응보론자들 사이에 의견이 상충하는 또 하나의 근본적인 문제는 — 형벌제도상의 판결정책과도 관계되는 것이지만 — 형벌의 양에 관한 것이다. 응보론자들은 범죄행위나 해악을 그의 도덕적 중요도에 따라서 등급을 매길 수 있으며, 또한 형벌도 그의 경중에 따라서 등급을 매길 수 있다고 가정한다. 그러나 그들이 범죄와 형벌 간의 도덕적 적합성이라는 관념을 받아들이고는 있지만 이러한 적합성이 어떻게 측정되는가에 대해서는 각기 다른 견해를 갖는다. 이에 관한 견해는 크게 두 개의 유형으로 나뉜다.

1. 형벌의 경중은 발생한 범죄나 해악의 중요도와 동등해야 한다. 예컨대 범죄자에게 부과된 손실은 피해자가 받은 손실과 동등해야 한다. 그러나 이것은 반드시 범죄자가 완전히 동일한 해악을 감수해야 한다는 것을 의미하는 것은 아니다.

2. 형벌의 경중은 발생한 범죄나 해악의 비교적인 중요도에 비례해서 정해져야 한다. 그러나 반드시 그 양에 있어서 일치해야 하는 것은 아니다. 이것은 중요도가 같은 범죄들은 그 경중에 있어서 서로 같은 양의 형벌이 가해져야 하며, 중요도가 다른 범죄는 다른 양의 형벌이 가해져야 하는 것을 의미한다.

이 입장들에 대해서도 형벌의 목적에서 볼 때 행위나 해악의 도덕적 중요성도 역시 행위자의 죄책의 정도와 함수관계에 있는가의 여부와 관련하여 두 가지 견해가 있다. 일반적으로는 그러한 관계가 있다고 생각되고 있다. 여기서 언급해 두어야 할 것은 소극적 응보론자들에게 있어서는 위에서 언급한 표준은 다만 범죄자에게 가할 형벌의 상한선을 설정하는 데에만 사용될 수 있다는 것이다. 모든 응보론자들은 적어도 말로는, 아무도 받아야 할 것보다 더 중하게 처벌되어서는 안 된다고 하고 있다.

'상대적'인 소극적 응보론자들에게는 가장 적절한 예가 되겠지만, 법은 어느 정도는 범죄에 부과되어야 할 형벌의 정도에 관한 응보론적 입장을 반영하고 있다고 말할 수 있다. 예컨대 살인미수는 보통의 경우 살인기수보다는 경하게 처벌되며, 과실치사는 고의의 살인보다는 경하게 처벌된다(만일 억제 —일반예방 — 또는 범죄자의 의도의 사악성만을 생각한다면 미수를 기수보다 경하게 처벌할 이유가 없을 것이다). 현대의 법전들은 범죄의 등급을 매기고 그에 따라서 형벌의 상한을 정한다. (일반적으로 죄책의 등급은 범죄를 정의하는 데 중요한 요소이며 그에 따라 형벌의 등급이 매겨진다.) 위에서 설명한 입장들이 가진 몇 가지 난점을 간단히 고찰해 보자. 그들 양자에게 공통되는 문제 가운데 하나는 소위 상습범을 사회가 어떻게 다루어야 할 것인가 하는 문제이다. 상습범에게는 그가 상습범이 아닐 경우 내려질 것보다 더 장기의 구금이 필요할지 모른다(예방적 구금). 그러나 응보론은 이것을 받아들일 것인가?

응보론자들간에 이러한 견해 차이가 있다면 그 이론의 바탕이 되고 있는 기초를 고찰해 보는 것이 더욱 중요한 것이 된다. 우리가 먼저 알아두어야 할 것은 응보론자들에 있어서 형벌이란 단순히 범죄자에게 대하여 고통이나 손실을 부과하기만 하는 것도 아니고 또 형벌이 어떤 '기능'을 가지고 있기 때문에 채택된 것도 아니라는 것이다. 오히려 형벌을 가한다는 것은 어떤 도덕적 태도의 표현이다. 허버트 모리스(Herbert Morris)가 말하는 바와 같이, 이러한 생각은 확실히 자기 자신의 잘못에 대한 스스로의 반응에서 기원한다.[2] 이러한 상황에서 사람들은 죄책감과 수치심을 느끼며, 이 감정은 고통스럽고 불쾌한 것으로 체험된다. 후회를 느끼며 용서를 구하고 속죄와 '보상'(報償)을 하기를 원한다. 이러한 행동들은 범행 전에 존재하던 관계나 상황을 회복하게 만들어 준다. 범죄자는 간단히 과거를 지나가 버린 것으로 내버려 둘 수 없다. 물론 죄책감이나 수치심이 병리현상의 표현이 될 수도 있기는 하지만 이러한 감정을 갖는 능력은 도덕적으로 건강한 인격의 한 구성요소인 것이다. 범죄를 행하고도 그 결과로 자기 혐오 및 그에 부수하는 감정을 느끼지 못하는 사람은 도덕적인 결함이 있거나 아니면 타락한 사람이라고까지 생각될 것이다. 그런데 이러한 내적 반응은 형벌 속에도 들어 있다. 형벌이란 사회가 범죄에 대하여 보이는 비난의 반응이다. 나아가 데닝(Denning) 경이 말한 바와 같이 이것은 범죄에 대한 강력한 탄핵인 것이다.

그러나 응보론에 반대하는 사람들의 주의를 끄는 점이 바로 여기에 있다. 왜냐하면 자기 자신의 비행에 대한 스스로의 반응의 도덕적 성격을 인식하는 것과, 이것을 어느 한 개인의 행위에 대한 타인의 — 나아가 사회의 반응으로 전환하는 것은 전혀 다른 문제이기 때문이다. 이와 같은 전환을 하는 데 내재하는 위험은, 피해자가 가해자에게 폭행을 한 경우에 명백히 드러난다. 물론 피해자는 방금 언급한 식으로 — 결국 가해자는 그것을 자초한 것이다 — 자신의 행동을 합리화하고 도덕적인 것으

---

2) "Guilt and Suffering," *Philosophy East and West*, 21(1971), pp.419-434.

로 만든다. 그러나 가해자에게 돌아간 폭행은 근본적으로는 피해자가 가해자에게 고통을 가하고 만족을 얻으려는 욕망의 표현이라는 것은 명백하다. 이것은 바로 복수이며 — "고통에는 고통으로" — 스스로를 기만하지 않고서는 이것을 복수가 아닌 다른 것으로 볼 수 없을 것이다. 법에 의한 형벌의 부과라는 사회적인 차원에서 보더라도 이것은 마찬가지로 보인다. 만약 형벌의 부과가 교정이나 억제라는 목적을 가지고 있지 않다면, 형벌의 부과는 사회의 적인 범죄자에 대한 적대행위라는 의미를 띠게 되는 것이다. 응보론적 견해를 갖고 있다고 할 수 있는 스티븐 (Stephen) 판사는 이것을 인정한다. 스티븐에 의하면 "'형법'은 규제하고, 제재를 가하며, 복수심에 대한 정당한 만족을 제공해 준다. 복수심에 대한 형벌의 관계는 성욕에 대한 결혼의 관계와 매우 비슷하다."3) 복수욕이라는 것은 인간의 자연스런 욕망이다. — 흔히 말하듯이 복수는 평정을 회복하는 가장 좋은 방법이다. 그러나 복수가 '사형'을 정당화하지 못하는 것과 같이 복수는 법에 의한 형벌도 도덕적으로 정당화하지는 못한다.

　　이러한 논의를 더욱 흥미 있게 전개시킨 사람은 혼더리치 (Honderich)이다. 그는 주장하기를 "한 사람의 유책한 행위가 어떠한 해악을 야기했다는 사실은 이 **사실만으로는**, 아무런 도덕상의 의미를 갖지 않는다"4)고 한다. 이 말의 뜻은 그러한 사실은

---

3) James Fitzjames Stephen, *A General View of the Criminal Law of England*, 2판(London: Macmillan, 1890), p.99. 이 견해는 형벌을 복수의 제도화된 대체물이라고 보기 때문에, 어떤 학자들은 스티븐의 입장을 최소한 공리주의적 또는 목적론적인 것으로 분류한다. 어쨌든 스티븐은 범죄자를 '증오'하는 것은 도덕적으로 옳다고 하는 응보주의적 색채가 있는 관념을 받아들인다.

어떠한 도덕적 태도와도 연결될 수 없으며 따라서 선한 것이든 악한 것이든 간에 어떠한 행위를 취할 도덕적인 이유를 제공해 주지는 않는다는 것이다. 왜 그럴까? 고의에 의한 피해를 입었을 때 사람들은 불만을 가지게 되고 그 가해자가 형벌을 받을 때 사람들은 어떤 만족을 느끼게 된다. 이러한 만족은 '보복적인' 또는 '복수적인' 것이라고 불리어지며 이와 유사한 만족이 가해자가 처벌될 때 타인들에게도 느껴진다. 그러나 이런 식의 보복적인 반응은 "도덕상의 논의를 야기하는 것으로 생각될 수는 없다"[5]는 것이다.

응보론자들은 형벌의 개념을 복수의 의미로 축소시키려는 이러한 시도에 반발하는데 그것은 옳다고 생각된다. 왜냐하면 그 두 개념 사이에는 중대한 차이가 있기 때문이다. 첫째로 복수라는 것은 격분한 감정이 만족될 때까지 행해진다. 그에 반해서 응보적 형벌은 미리 측정해 볼 수 있는 객관적인 상한선을 갖는다. 둘째로 피해자의 비난이 정당화될 수 있는 것이라고 해서 피해자의 반응이 반드시 보복적인 것일 필요는 없다. 그리하여 셋째로 이와 같은 상황에 대한 제3자의 반응은 전혀 보복적인 것이 아닐 수도 있다(사실 그들의 반응을 보복적이라고 표현하는 것은 어의적으로는 적절하지 못한 것일지도 모른다). 여기에 대응하는 사회적인 불의에 관한 예를 하나 살펴보자. 압박을 받고 있는 자들이 가지고 있는 불만해소 욕구 속에는 압박자에 대한 시

---

4) Ted Honderich, *Punishment: The Supposed Justifications* (Harmondsworth England: Penguin Books Ltd., 1971), p.44; (강조 원서).
5) *Ibid.*, p.83. 응보형을 만족이라는 것으로 환원하려고 하는 혼더리치의 시도는 미수나 예비·음모(피해자가 없는 경우), 살인(피해자가 징벌에서 만족감을 느낄 수 없는 경우)에는 적용되지 않는다고 생각된다.

기가 들어 있을 수도 있는데, 상황이 바로잡아지면 이들은 압박자에 대하여 어떤 만족감을 가질 수 있게 된다. 이때 만족감이란 보복에서 오는 것과 유사한 만족감이다(그렇지 않다면 그것이 무엇이란 말인가). 그러나 피압박자도 공정하게 대우받아야 한다는 제3자의 요구는 사심이 없는 — 즉 이기적인 감정이 아닌 — **도덕적 의분**의 표현인 것이다(그러나 이 도덕적인 의분은 위험하게도 독선적인 감정과 결합되는 때가 많다). 물론 이것은 그 부당함이 바로잡히는 것을 보면서 제3자가 아무런 만족감도 느끼지 못한다는 뜻은 아니다.

복수와 형벌, 이 둘은 모두 범죄자에 대한 적대감을 내포하고 있다. 그러나 복수가 개인적인 만족을 **목표**로 하는 데 반해 형벌은 적어도 부분적으로는 그리고 아마 전체적으로 보아서 도덕적 의분의 표현인 것이다. 물론 이 양자는 모두 잘못 방향지워질 수도 있다. 그러나 여기서 응보론자들은 주장하기를 부당하게 형벌을 가하지 않기 위해서는 형벌은 유책한 범죄행위에 대해서만 부과되어야 한다고 말한다. 물론 범죄를 처리하는 데에는 신중할 필요가 있다는 것은 확실하지만,6) 그것을 비난하는 반응을 보인다는 것은 명확한 도덕적 태도와 연결될 수 있다는 것이다.

---

6) "형벌이 누구로부터 유래되든 간에 어떠한 형벌도 증오심에서 부과될 수는 없다. 따라서 인간은 화해의 정신을 계발할 의무가 있다. 그러나 이것은 피해를 감수하는 것, 즉 타인에 의한 침해의 재발을 막는 강력한 수단을 포기하는 것과 혼동되어서는 안 된다. 왜냐하면 이러한 경우 사람은 자신의 권리를 내동댕이치고, 남이 그것을 짓밟게 하는 결과가 되기 때문이다…." Immanuel Kant, *The Doctrine of Virtue: Part II of the Metaphysic of Morals*, M. T. Gregor 역(New York: Harper Torchbooks, 1964), p.130.

그러나 이러한 비난이 고통이나 손실의 부과라는 형태를 취할 필요가 있을까? 이것이 조엘 파인버그(Joel Feinberg)가 제기하는 문제이다. 그의 주장에 의하면 형벌은 실상 두 개의 면을 가지고 있다. '가혹하게 대우하는 측면'과 '상징적 비난의 측면'이 그것이다. 그런데 형벌이 우리로 하여금 범죄를 거부할 수 있게 하고 범죄유발 가능성이 있는 자로 하여금 범죄를 범하지 못하게 하는 것은 바로 이 후자인 상징적 비난의 측면 때문이라는 것이다. 현대에는 '가혹한 대우'라는 것이 비난(reprobation)을 나타내는 **전통적인** 방법이지만, 파인버그는 이러한 식의 비난이 극적인 공적 의식에 의한 것인만큼 효과가 있겠는가라고 묻는다. ― 즉 범죄가 흉악하면 할수록 그 의식은 더욱더 극적이고 수치를 주는 것이어야 한다는 말이다. 왜냐하면 (가혹한 대우가 아니라) 비난의 측면이 범죄와 합치되어야 한다고 정의가 요구하고 있기 때문이다.7)

이러한 교묘한 논의를 평가하기는 어렵다. 왜냐하면 형벌의 두 가지 측면이 파인버그가 생각하는 것처럼 그렇게 구분될 수 있는 것인가 하는 점이 명확하지 않기 때문이다. 형벌이란 책임이 있기 때문에 부과된다고 하는 응보론적 형벌개념이 항상 어느 정도의 비난을 담고 있는 것은 사실이다. 그러나 우리는 '형벌'이라고 부를 수 있는 어떤 것을 행하지 않고도 충분히 비난을 가할 수 있다. 다음으로 파인버그의 주장처럼 '벌'로서 가해지는 것이 모두 다 형벌인 것은 아니지만, 형벌을 가한다는 말 속에는 벌을 준다는 뜻이 들어 있다고 생각된다. 또 "형벌이

---

7) Joel Feinberg, *Doing and Deserving*(Princeton University Press, 1970), 5장 ("The Expressive Function of Punishment").

라는 것은 고통이나 손실(물론 의식에 부수해서 발생하는 것은 제외하고)이라는 요소가 전혀 없이도 존속할 수 있다"는 그의 주장이 성립될 수 있는가를 결정하는 것 역시 어려운 일이다. 사실 유죄판결이라는 불명예가 때로는 범죄자에 대한 충분한 형벌로 간주되고, 그리하여 이 때문에 법관이 형량을 감경하기도 한다. 중대한 사건에서는 — 물론 마춰 하에서이겠지만 — 그는 이 불명예의 표시(낙인)를 일생 동안 달고 다니게 될 수도 있다. 이러한 것 또는 그 밖의 극적인 의식의 결과가 범죄자에게 있어 전통적인 구금이라는 처벌보다 가벼울 것인가 하는 것은 결코 명확한 것이 아니다. 극적인 의식의 형태를 취하는 비난은 범죄자에 대해 더욱 가혹한 처리를 요구하는 쪽으로 나아갈 수도 있을 것이다.

그렇기는 하지만 파인버그는 비난이나 복수의 관념을 배제하고 형벌의 궁극적인 정당한 목적을 범죄자에게 그의 범죄와 동등한 양의 고통을 겪게 하는 것이라고 보는 식의 응보론을 문제시한다. 이 '평형'이론에는 여러 가지 문제가 있는 것은 사실이지만, 그러나 응보론자가 비난이라는 관념을 전적으로 배제할 수 있는가는 의문이다. 응보적인 형벌을 궁극적으로 정당화해 주는 것이 무엇이건간에 응보적 형벌이라고 하는 것은 범죄에 대한 비난의 태도를 표현하는 것이라 하겠다.

‖ 칸트의 적극적 응보론 ‖

이러한 것을 염두에 두고 우리는 고전적 응보론의 전형인 임마누엘 칸트(Immanuel Kant)의 학설을 적극적으로 검토하고 평가해 보도록 하자. 사실 많은 논자들은 응보론을 칸트의 견해와 동일시한다. 칸트는 '유책한 범죄자에게 형벌을 가할 의무가 있다'는 적극적인 입장과 '형벌의 양은 마땅히 범죄의 정도와 같아야 한다'는 두 가지 입장을 취한다. 아래의 인용은 그의 이론의 풍미를 보여준다.

> 살인자는 죽어야 한다. … 한 시민 사회가 그 구성원들의 동의에 의해서 스스로 해체된다 하더라도 (예컨대 어떤 섬에 거주하는 주민들이 분산하기로 결정하여 전세계로 퍼지게 될 때) 각자가 자신들의 행동에 의미를 부여하고, 형벌을 집행하지 않음으로 인해 그 살인죄가 그 주민들에게도 전가되지 않도록 하기 위해서는 형무소에 남아 있는 최후의 한 사람의 살인자까지도 우선 사형이 집행되어야 한다. 왜냐하면 형벌을 집행하지 못한다면 그들은 공공의 법적 정의를 침해하는 공범자로 간주될 것이기 때문이다.[8]

이에 따르면 범법자에게 형벌이 부과되어야 할 것인가의 여부, 또 그 정도는 얼마나 되어야 하는가를 결정하는 데 있어 억제나 개선과 같은 미래지향적 사고는 거의 중요성이 없다는 것이 된다.

그러나 그렇다면 왜 범죄자는 처벌되어야 하는가? 칸트의 적극주의를 이해하기 위해서는 법과 법적 정의에 관한 그의 견해를 일별해 볼 필요가 있다. 칸트 사상의 핵심은 자유라는 개념이며, 그의 주된 관심사는 자유의 한계와 강제가 정당화되는 조건을 결정하는 것이다. 사실 형벌은 자유를 가진 존재로서의 인

---

8) Immanuel Kant, *The Metaphysical Elements of Justice*, John Ladd 역 (Indianapolis: Bobbs-Merrill, 1965), p.102.

간의 명예감과 존엄성이 손상되는 '강제의 일방적 행사'라는 특징을 갖고 있기 때문이다.

칸트에 의하면 법·정의·권리의 개념은 그것을 분석해 보면 강제의 행사에 대한 수권을 내포하고 있다. 자유를 가진 존재로서의 인간은 그의 자유를 행동으로 실현시킬 권리가 있다. 그 반면에 이는 각자에게 행동을 함에 있어 타인의 권리를 존중할 것을 요구한다. 왜냐하면 만일 타인의 권리를 인정하지 않는다면 아무도 공정하게 자신의 자유로운 선택에 따른 행동의 권리를 주장할 수 없을 것이기 때문이다. 권리란 것은 인간이 가진 정당한 자유이다. 만약에 인간의 행동이 타인의 자유를 방해하지 않는다면 우리에게는 아무 문제도 없을 것이다. 그러나 이것은 사실이 아니다. 그러므로 공정의 원리와 일치하면서 한 인간의 정당한 자유가 타인의 자유와 '공존'할 수 있게 하는 일반적인 법이 필요하게 된다. 칸트에 의하면 "법이란 한 사람의 의지가 보편법칙에 맞게 타인의 의지와 양립할 수 있는 조건의 총체이다."9) 법률이란 성질상 자유의 강제적 제한인 것이다.

칸트에 의하면 만약에 — 행위 뒤에 감추어진 동기에는 상관없이 — 행위가 이러한 법에 합치된다면 엄밀한 의미에서 이 행위는 '정당'(=합법)하며, 법에 합치되지 않을 때는 '부당'(=불법)하다는 것이다. 부당한 행위란 타인의 권리를 침해하는 것이며 따라서 그것은 도덕적으로 옳지 않다고 말할 수 있을 것이다. 반면에 법이라는 조건 아래에서 권리침해를 막기 위한 강제는 도덕적으로 옳은 것이다. 이러한 강제는 정당한 자유에 대한 '방

---

9) *Ibid.*, p.34.

해의 방해'이며 따라서 정당화될 수 있는 것이다. 자유는 자유 자체를 위해서만 제한된다. 칸트의 학설은 확실히 비공리주의적이기는 하지만 완전히 비목적인 것은 아니다. 나아가 칸트는 "법의 위반을 막기 위해서 사용되는 강제는 위하력을 갖기 때문에 법은 억제의 목적을 위해서도 작용한다"고 명백히 말한다. 이러한 것은 소위 '긴급권'을 논의하는 데서도 나타난다. 만약에 생명을 구하기 위하여 무고한 사람을 살해한 경우(예컨대 익사하지 않기 위해서 구명보트로부터 타인을 밀어낸 경우) 명백히 도덕적으로 악하고 부당한 행동을 행한 셈이 된다. 그럼에도 불구하고 칸트는 이때에는 법의 위하가 심리적으로 작용하지 못했을 것이기 때문에 책임이 조각된다고 한다.

따라서 칸트의 이론에 입각하면 각 인간은 법에의 복종이 강제될 수 있다. 그러나 각 인간은 법에 복종할 의무 또한 가지고 있다. 이것을 칸트는 다른 사람에게 **지고 있는 부채**라고 생각했다. 법은 권리를 보장한다. 나의 자유는 너의 자유를 위해서 제한되며, 또 너의 자유는 나의 자유를 위해서 제한된다. 그러므로 그 의무나 부채는 상호적인 것이다. 우리는 서로에게 권리를 가지고 있으며, 우리가 법에 복종하는 것도 서로의 덕택인 것이다. 그러므로 상호 강제의 가능성이 있게 된다. 왜냐하면 법·정의·권리란 강제행사의 수권과 같은 의미를 갖기 때문이다. 그러나 이것은 그의 권리가 침해되었을 때 강제를 행사하는 것이 개인에게 반드시 수권되었다는 것을 의미하지는 않는다. 법의 배분적 정의의 상황, 즉 법 아래서의 권리는 시민사회에서만 획득될 수 있다. 그렇지 않은 경우에는 각자가 그 자신의 재판관이 되기 때문이다. 법의 지배의 원리에 따라서 작용하는 합법적으로 구성된 권력만이 현실적으로 이러한 강제를 행할 수 있다. 칸트는 우리가 정의를 수호하고 행동의 권리를 존중할 의무를 가지기 때문에 시민사회로 들어가야 할 도덕적 의무가 있다고 주장한다.

형벌에 관한 칸트의 이러한 생각을 논리적으로 전개해 나간다면 아마 형벌의 억제적 정당성을 지지하는 것으로 생각될지도 모른다. 왜냐하면 그는 명백히 법이란 정당한 행동의 기본법칙만을 정하는 기능뿐 아니라 예방기능도 가진다고 주장하기 때문이다. 실상 칸트도 실용적이고 공리주의적인 형벌이 있으며 경험적으로 볼 때 범죄를 막는 가장 효율적인 수단으로 여겨지는 형벌도 있다고 인정한다.[10] 그러나 칸트는 이러한 견해를 취하려 하지 않는다. 첫째로 그러한 형벌은 형벌의 **정의**와는 아무런 관계도 없고 또 도덕적으로 정당한 것도 전혀 아니라는 것이다(후자는 필자의 견해와 매우 가깝다). 정당한 형벌은 응보적인 것이며 그것은 유책한 범죄자이기 때문에 그에게 부과된다는 것이다. 둘째로 억제이론적 정당화는 모든 타락한 정의의 이론적 근거가 될 수 있다. 그것은 무고한 자에 대한 형벌도 인정하며 유죄인 자에게도 형벌을 면제해 준다. 우리는 페스트를 피하는 것처럼 공리주의라는 '우회로'를 피하여야 한다.

칸트에 의하면 인간을 정당하게 처벌하기 위해서는 법원은 우선 그의 범죄와 유책성을 찾아내야 한다. 이것은 법을 침해했다는 것뿐만 아니라, 그가 그 범죄행위에 대해서 책임이 있

---

10) *Ibid.*, p.132, n.3. 칸트는 전비판기의 저서 *Lectures on Ethics*, L. Infield 역 (New York: Harper Torchbooks, 1963: p.55)에서 "주권자나 정부에 의해서 부과된 모든 형벌은 실용적이다"라고 말하고 있다.

다는 것을 의미한다. 즉 형벌이 그 자신의 것으로서 부과되는 것이다. 더욱이 이것은 인간이 알면서도 법을 어겼다는 것 — 그의 행위가 위법이라는 사실을 인식했다는 것을 의미한다(이것은 유책성의 표준을 매우 높게 —대부분의 법제도보다 더 높게— 규정하는 것이다). 이렇게 범죄를 행한 자는 **도덕적 비난**을 받게 되는데 이것의 법적 효과가 바로 형벌인 것이다. 그러나 여러 등급의 유책성이 존재하는데 그것은 행위의 귀책가능성의 정도에 의존한다. 예컨대 감정적 억압 상태에서 범죄를 행한 사람은 유책성이 적고 말짱한 정신에서 범죄를 행한 자보다도 적게 비난을 받는다. 이것은 판결을 하는 데 중요한 고려사항이 된다.

우리는 이제 칸트가 왜 무고한 자를 처벌하는 것은 부당하고 범죄자를 처벌하는 것은 정당하다고 주장했는가를 알 수 있다. 이것은 도덕제도라는 단순한 문제가 아니라, 권리·정의·법의 이론의 결론인 것이다. 형법이란 강제의 일방적 행사이며, 적어도 몇몇 권리의 박탈을 의미한다. 우리는 타인이 있기 때문에 행위하는 데 있어 타인의 권리를 존중하며, 타인도 우리 때문에 행위함에 있어 우리의 권리를 존중하는 것이다. 그러나 무고한 자 — 즉 정당한 자유의 영역 내에 있는 자 — 를 처벌한다는 것은 명백히 이 상호간의 부채를 침해하는 것이다. 이것은 정의의 침해이며, 그에게 공정하지 못한 것이다. 인간 사이에 도덕적으로 중요한 차이가 없다면 인간이 각자의 권리에 대하여 대등하게 대우받기를 정의는 요구하기 때문이다.

반면에 범죄란 범죄자에게 부여된 정당한 자유를 초과하여 존중해야 할 의무를 지고 있는 타인의 권리를 침해하는 것이다. 고의적인 범법의 경우, 범죄자는 결국 자기 자신은 예컨대 절도의

인가를 받았다고 주장하는 셈이며, 또한 재산권을 존중하려는 사람들에게 손해를 보게 하는 셈이 된다. 범죄자는 정의의 구조를 약화시킨다. 범죄자는 정의와 권리를 옹호하기 위해서는 필연적으로 처벌되어야 한다. 범죄자에게는 그가 행한 범죄로부터의 이익이 허용되어서는 안 된다(비난 그 자체만으로는 충분하지 않다). 처벌하지 않는다는 것은 부당한 행위를 용서하는 것일 뿐 아니라 — 결국 그 허용가능성의 선언 — 행동함에 있어 타인의 권리를 존중하고 자제하는 사람들에게 불공정하기도 한 것이다. 범죄자가 사회에 치러야만 하는 부채라는 말은 이러한 관념에 입각하고 있다. 어떤 의미에서는 법에는 하나의 '가격기구'가 있다. 즉 범죄를 범하고 싶으면 그에 대한 어떤 가격을 치러야 한다는 것이다. 그러나 이것은 기꺼이 대가를 치르기만 하면 범죄를 범하는 것이 허용된다는 말은 아니다. 범죄는 도덕적인 악이며 범죄에는 마땅히 형벌이 가해져야 한다. 몇몇 반대 견해를 가진 사람들이 주장하듯이 "응보적 형벌은 고통을 위한 고통이다"라고 하는 것은 옳지 않다. 형벌은 정의를 위하여 부과되는 것이다.11)

　　위의 설명이 칸트의 적극주의의 배후에 있는 이론의 주된 골자이다. 이 견해의 핵심은 범죄를 권리의 침해라고 보는 관점이다. 그런데 칸트는 이러한 개념에는 잘 맞지 않는 강간 그 밖의 음란행위를 포함하는 어떤 '변태적인 범죄'도 역시 생각하고 있었다. 그는 어느 정도는 이러한 '변태적인 범죄'에 더욱더 형벌이 가해져야 한다고 생각하는 것처럼 보인다. 왜냐하면 그는 이러한 범죄를 인격에 대한 범죄로, 인간의 본성을 타락시키는

---

11) C. W. K. Mundle, "Punishment and Desert," *Philosophical Quarterly*, 4(1954), pp.216-228 참조.

것으로 보기 때문이다. 예컨대 수간(獸姦)을 범한 자는 (아마도 이러한 범죄에 대한 대중들의 판단에 준거가 되는) 인간 사회에 더 이상 남아 있을 가치가 없다는 것을 보여 주어야 하며, 따라서 영원히 인간사회에서 추방되어야 한다. 그렇지만 우리가 칸트의 이론의 주된 노선을 따른다면 아무튼 응보론에 관한 몇 가지의 전형적인 반론에 대답할 수는 있을 것이다.

‖ 응보론에 대한 반론 ‖

응보론은 형벌을 가한 결과 범죄자나 그 밖의 사람에게 돌아올 어떠한 미래의 이익에는 관계 없이, 범죄자를 처벌하는 것이 옳다는 입장이다. 이 입장은 결국 유책한 범죄자에게 고통이 가해져야 한다는 사실 그 자체가 정당하다는 도덕적 직관 속에서만 그 근거를 가질 수 있다. 그러나 직관에 호소한다는 것은 주지하다시피 만족스러운 것이 못 된다. 더구나 처벌이 그 자체 정당하다고 말한다고 해서 아직 그 이유를 제시한 것은 못 된다. 왜냐하면 사실상 이유의 필요성을 부인하는 사람이 있기 때문이다.

이러한 반론은 칸트에 관한 한은 옳지 않다. 칸트가 유책한 범죄자의 처벌이 그 자체 정당하다고 하는 것은 사실이다. 그러나 이것은 우리가 본 바와 같이 단순한 도덕적 직관에 근거하고 있는 것이 아니라, 법·권리·정의의 분석에 근거하고 있는 것이다. 칸트는 형벌이 본질적으로 정당한 이유를 제시하며, 그의 관점에서 볼 때 이러한 사고과정에 잘못된 것은 없다. 그러나 반대론자의 견해는 참된 '이유'는 미래지향적이어야만 한다고 가정하는 것같이 보이며 응보론자에 대한 반론의 경우에 이러한 가정을 사실로 생각하고 논의하고 있는 것이다. 여기에서 문제가 되는 것은 도덕성과 도덕적 추론에 대한 반대되는 여러 견해들이다.

또 다른 반론은 다음과 같다. 즉 응보론은 법의 침해는 도덕적 악이기도 한 것이고 우리에게는 도덕적 죄를 처벌할 의무가 있기 때문에 유책한 범죄자가 처벌되어야 한다고 주장하는데 이것은 옳지 못하다는 것이다. 신을 제외하고는 아무도 도덕적 죄 자체를 처벌할 의무가 있기는커녕 권리도 가지고 있지 않다. 도덕적 형법은 존재하지 않는다. 만약 내가 어떤 사람과 다음 주 목요일 점심시간에 만나자고 '거짓 약속'을 한 경우, 나는 도덕적 악을 행한 것이 된다. 그를 제외한 어느 누구도 약속을 믿었기 때문에 받은 폐에 대해서 용서해 줄 위치에 있지 않다. 그렇다고 그 자신이 나의 도덕적 비행 때문에 나를 처벌할 위치에 있는 것도 아니다. 아무도 도덕적 악행에 대한 처벌의 권한을 부여받지 않았기 때문이다(도덕적 비행자에 대하여 응징을 가한다는 것은 반드시 합당한 것은 아니다).

이러한 반론에 대한 대답도 칸트의 이론 안에서 찾을 수 있다. 문제가 된 도덕적 악행은 권리의 침해이며, 권리는 강제를 행사할 권한을 부여한다. 우리는 권리를 지키기 위해서 처벌하며 처벌권은 — 우리가 그 일원이 될 도덕적 의무가 있는 — 시민사회의 사법기관이 가지는 것이다.

흥미로운 것은 위의 반론은 응보론의 반대자들에 의해서만 제기되는 것이 아니라, 매보트와 같은 응보론자 자신에 의해서도 제기된다는 것이다. 한 중요한 논문에서 매보트는 **법률 중심적 응보론**을 제안한다.[12] (사람이 입은 피해는 용서할 수 있지만)

도덕적인 악은 용서할 수 없는 것과 마찬가지로, 도덕적인 악은 처벌할 수도 없다. 그렇지만 우리는 법의 침해는 처벌할 수 있다는 것이다. 몇몇 수정주의적 공리주의자들과 같이 매보트는 법을 가질 것인가 말 것인가 그리고 어떤 법을 가질 것인가는 공리주의적으로 결정된다고 주장한다. 그러나 법체계를 승인한다는 것은 개별 사건에 법을 적용하는 경우 공리주의적 사고를 포기한다는 것을 의미한다. 형벌의 부과는 범죄자가 법을 어겼다는 과거의 사실에 의해서 결정되어야 한다. 법을 어김으로써 범죄자는 형벌을 자기 자신에게 부과하는 것이라고 매보트는 말한다. 칸트는 이 마지막 명제에 전적으로 동의하지만 매보트가 형벌을 도덕으로부터 분리시키는 데는 반대한다. 만약 범죄자의 행위가 도덕적으로도 나쁜 것이 아니라면, 어떻게 범법자가 ― 법률적으로만이 아니라 ―도덕적으로 벌을 받아야 한다고 할 수 있겠는가? 결국 응보론은 형벌이 정당하다는 것을 도덕적으로 정당화하는 이론이라고 생각해야 할 것이다.

또 칸트가 어느 정도로 자신의 적극적인 학설이 실제 법제도에 적용된다고 생각했는가 하는 문제를 제기하는 것도 의미가 있을 것이다. 칸트는 어떠한 실정법도 고의적으로 위반하기만 하면 처벌을 받아야 한다고 생각하는가? (이 문제는 부과된 특정한 형벌의 정당성의 문제와 혼동되어서는 안 된다.) 이것을 좀더 명백히 하기 위해서 문제된 법 자체가 부당할 경우 즉 법규정이 공정성의 원칙에 위배되는 경우를 생각해 보자. 이러한 경우에도 형벌이 보장되는가? 내가 칸트를 이해한 것이 옳다면, 그는 놀랍게도

---

12) J. D. Mabbott, "Punishment," *Mind*, 49(1939), pp.152-167.

그렇다고 대답한다. 왜냐하면 그는 명백히 법이 부당하고 악한 것이어서 우리가 그것을 폐기하려고 노력하는 경우라 할지라도 우리는 그것에 복종할 의무가 있다고 생각하고 있기 때문이다. 이 문제에 대한 더 이상의 논의는 칸트의 정치철학에 관한 것이 될 것이기 때문에 이 정도로 그치기로 한다.

적극적 응보론에 대한 우리의 마지막 반론을 고찰해 보자. 생각건대 이 두 가지 반론 중 첫번째 문제는 매우 중요하며, 또 칸트가 답을 제시하지 않은 것이기도 하다. 즉 유책한 범죄자를 처벌하는 경우에 그 밖의 개인 — 무고한 개인 — 도 고통을 겪게 될 것 같다는 점이다. 응보적 형벌의 이러한 '반사적 효과'(응보론자들이 늘 그렇게 부르듯이)에 의하면 범죄자만 처벌을 받는 것이 아니라, 그의 가족들과 피부양자들도 처벌하는 것이 되고 그들에게 필요한 생계를 박탈하는 것이 될 수도 있다. 그러나 무고한 자에게 고의적으로 고통을 가하는 것은 일견 악이다. 이 고통은 이러한 사람들에게 부여된 권리의 박탈이 되는 것이다. 그런데 공리주의적 억제론자들은 어떠한 행위를 범죄로 규정할 것이며, 언제, 어떻게 처벌할 것인가를 결정할 때 이러한 고통을 고려한다. 마찬가지로 공리주의자는 형사제도를 작동시키기 위한 사회적, 재정적 대가도 세세하게 계산에 넣을 수 있다. 근본적으로 공리주의적 억제론자는 우리가 형벌을 가해야 한다는 사실 자체를 불행한 일로 보고 있다. 우리는 사회에 존재하는 총체적 해악의 양을 감소시키기 위해서 형벌을 가하며 이것을 위해서는 어떠한 대가를 지불해야 한다. 그러나 대가가 너무 클 경우에는 형벌이 가해져서는 안 된다는 것이다.

이러한 반박에 대해서 적극론자들이 무엇이라고 대답하는

지는 알기 어렵다. 정의는 모종의 행위(권리의 침해)가 범죄로 취급되어야 하며, 형벌이 가해져야 한다고 요구한다. 유책한 범죄자를 처벌하지 않는 사회는 정의의 의무를 침해하고 있는 것이다. 그리고 칸트가 바로 이 점에 관해서 말하고 있는 것처럼, '만약 법적 정의가 사멸한다면, 인간이 지구상에 존재하는 것은 더 이상 아무런 가치가 없다'.13) 따라서 범법자는 처벌되어야 한다. 그러나 범법자에게 가하여진 '해악'이 완전히 정당화된다 하더라도 무고한 자에게 체험되는 고통과 자유의 박탈을 정당화할 수는 없는 것이다(공리주의적 근거에서가 아니라면). 적극론에서 찾아낼 수 있는 이러한 난점의 유일한 해결책은 범죄자를 처벌함으로써 불합리하게 영향을 받는 타인들에게는 아무런 고통도 주지 않도록 형사적 정의의 제도가 고안되어야 한다는 것인데, 이것은 전혀 비현실적인 것으로 보인다. 무고한 자가 겪는 고통은 의도적인 것은 아니므로 도덕적으로는 승인될 수 있는 것이라고 적극론자는 주장할는지 모른다. 그러나 이것은 논점 회피에 지나지 않는다. 형벌에 있어서 분배되는 정의라는 것이 '개략적 정의'일 것이라는 것은 분명하다. (왜냐하면 법제도가 어느 정도는 비효율적으로 자의적으로 작용하는 것이 사실이기 때문이다.) 이러한 경우에 유책한 범죄자가 처벌을 받아야 한다는 생각을 여전히 유지할 수 있다고 해서, 형벌의 부과가 적극론자의 견해에 따라서만 시행되어야 할 이유는 없다. 이러한 반대는 최소한 절충적 입장, 즉 "형벌을 받을 자에 해당하지 않는다면 형벌을 받아서는 안 된다"는 입장으로 옮겨가게 만든다.

---

13) The Metaphysical, Elements of Justice, p.100.

결국 적극주의를 채택한다고 해서 '사회의 요구'나 '범죄자의 요구'를 모두 충족시킬 수 있는 것은 아니라고 할 수 있다. 범죄는 다차원적인 사회문제이며 응보적 방법이 반드시 가장 적당한 것은 아니다. 범죄자에 관해서는 종종, 나아가 아마도 항상 소년범에게 현재 일반적으로 행해지고 있는 '비응보적 방향'을 취하는 것이 더욱 현명할 것이다. 그리고 이 두 가지 반론 중 첫째는 여기서 논의하기에는 너무 복잡한 문제를 야기한다. 저자는 응보가 형벌에 있어서 한 요소가 아니라고 생각하지는 않지만, 그럼에도 불구하고 형벌을 가할 의무가 있다는 적극주의는 그 밖의 다른 고려 사항도 고려하여 균형을 맞추어야 할 필요가 있다고 생각한다. 형사적 정의는 칸트식의 좁은 의미에 있어서는 많은 가치 중의 하나에 불과하며, 기타의 사회적 이익도 형벌의 윤리에 중요한 것이다. 반론의 둘째 측면은 현대의 형벌 거부론을 논의할 때 잠시 논의하기로 하자.

▌어느 정도의 형벌인가 ▌

이제 범죄에 부과되어야 하는 형벌의 양에 관한 문제를 생각해 보기로 하자. 칸트적 고전적 응보론에 의하면 이 문제는 억제의 효율성의 문제가 아니라, 전적으로 정의의 문제이다. 형벌의 적당한 양은 범죄의 성질에 따라 마땅히 부과되어야 할 양이며 칸트에 의하면 적당한 형벌의 척도는 '**형평**'이다. 형벌의 양은 범죄의 도덕적 중요성과 일치해야 한다(이것은 확실히 위법행위 및 범죄자의 유책성 정도의 함수이다). 이것은 **탈리오 법칙**(눈에는 눈)의 '정신'이다. 형벌의 정당성 문제와 형벌의 정당한 양의 문제가 명확히 구분된다 하더라도, 많은 논자가 그것을 구분해서 다루지 않는다는 사실을 지적하는 것이 중요하다. 칸트도 이러한 사람 중의 하나인 것으로 생각된다. 아마도 모든 범죄자를 범죄와 동일한 양으로 처벌할 의무가 있다면 결국 모든 범죄자를 처벌할 의무가 있다는 말이 될 것이기 때문이다.

　　이 형평적 견해의 전형적인 주장은 오래된 보편적 정의 관념과 세계의 도덕적 지배라는 관념에 근거한다. 덕과 행복이 결합되어 있는 세계는 악과 행복이 결합되어 있는 세계보다 더 가치가 있다는 것이다. 정의롭고 완벽한 세계에 있어서는 행복은 인간의 도덕적 가치와 정확하게 비례하여 분배될 것이다.14) 한 사람이 악을 행하고 도덕적 벌을 받을 때 그 대차대조표상의 차변과 대변이 일치할 수 있다. 말하자면 그가 끼친 해악과 동일한 양의 고통을 겪는다는 것이다. 그의 형벌은 공훈이 있는 행위를 할 때 부여받게 되는 상으로서의 보수와 대응되는 '부의 보수'와 유사하다. 사실 범죄자에 의해서 체험되는 고통과 자유의 박탈은 그 자체로 선한 것이다. 왜냐하면 '사악성의 천시와 진압'이 '사악성의 성공과 승리'보다 더 선한 것이기 때문이다.15) 범죄자가 그의 행위의 크기와 같은 양의 고통을 겪게 될 때, 그 형벌은 그 자신에 대한 관계에서 정당할 뿐 아니라, 그의 범죄 이전에 존재하던 도덕의 균형을 회복하게 된다는 것이다.

　　이상의 논의와 같은 생각이 칸트의 마음의 배후에 있으리

---

14) Immanuel Kant, *Critique of Practical Reason*, L. W. Beck 역(Chicago: University of Chicago Press, 1950), p.215.

15) Hastings Rashdall, *The Theory of Good and Evil*, 1907 초판(Oxford: Oxford University Press, 1948), I, p.294에서 인용.

라는 것에는 의문이 없다. 그러나 흥미롭게도 그는 그의 **도덕형이상학원론**에서의 법적 형벌논의에서 이에 대한 명시적인 지적을 하지 않는다. 그곳에서 형평이라는 표준을 주장하는 그의 논리는 그것이 우리가 사용할 수 있는 유일한 객관적이고 비자의적인 척도라는 것이다. 그것은 범죄자들 사이에 일관되고 공정한 처분을 하게 해 준다. 왜냐하면 일정한 범죄를 행한 자는 동일하지는 않다고 해도, 평등한 처분을 받을 수 있기 때문이다. 기타의 모든 방법은 유동적이거나 자의적인 경향이 있다. 형평의 표준이 갖는 객관적 공정성은 직접적으로 인식할 수 있다. 어떤 사람이 이 표준에 맞는 정도의 처벌을 받았을 때 그는 그 처벌의 정도가 범죄의 정도를 초과했을 때 갖게 되는 불만을 가질 아무런 이유가 없다. 마찬가지로 범죄의 정도보다 처벌이 더 가벼울 때 사회에서 타인들이 갖게 되는 불만의 여지도 없는 것이다. 따라서 범죄와 형벌이 대등할 때 정의는 수호된다.

이러한 논의의 설득력을 검토해 보는 일은 불필요하다. 왜냐하면 형평이라는 방법은 법적 형벌의 맥락에서는 작동할 수 없기 때문이다. 가해자가 같은 양의 손해를 치러야 한다 ― 탈리오 법칙이 이미 고대에 이런 식으로 해석되었다 ― 고 하는 것과, 형벌의 도가 범죄의 도와 대등해야 한다고 하는 것과는 전혀 다른 것이다.

위법행위의 악성을 어떤 '단위'로 측정하여야 할 것인가? 어떤 단위로 범죄자의 유책성을 측정하여야 할까? 이 단위들이 같은 종류의 사태를 측정하는 것인가? 필요하다고 생각되는 경우에 양자가 어떻게 연결되어야 할 것인가? 어떤 단위로 형벌의 도를 측정할 것이며 이것이 범죄의 도를 측정하는 단위와 같은 것일 수 있을까? 이러한 문제에 대한 답은 나오지 않는다. 한 인간의 도덕적 가치와 행복 사이에 비례를 맞춘다는 점에서 볼 때 이것은 인간으로서는 불가능한 계산을 하게 만든다. 왜냐하면 데이비드 로스 경이 지적한 바와 같이, 이것은 전체로서의 한 인간의 삶을 고려하여야 하기 때문이다. 우리가 형벌을 가하고자 하는 사람이 벌써, 아주 공정한 분배가 이루어졌을 때에 느끼는 불행보다 더 큰 불행을 느꼈을지도 모르는 일이다.16)

따라서 우리는 형평적 표준은 기능할 수가 없다고 결론지을 수밖에 없다. 그러나 칸트와 그의 동조자들에게 공정하려면 그들의 '양의 평등'이라는 말을 문자 그대로 어떻게 이해해야 할 것인지가 전적으로 확실하지는 않다는 사실을 언급해야 할 것이다. 칸트에 있어서 중요한 것은 정당한 형벌의 척도로서 탈리오 법칙의 '정신'을 유지한다는 것이다. 살인의 경우에 그는 사형에 대치될 만한 형을 알지 못했다. 그러나 다른 범죄에 있어서 문자 그대로의 평등의 문제는 덜 명백하다. 칸트는 예컨대 강간은 거세로 처벌해야 한다고 한다. 이것이 어느 의미에서는 적당한 형벌같이 생각될 수도 있지만 이 형벌이 강간과 양적으로 평등하다고 하는 주장은 전혀 근거가 없는 것이다. 이렇게 보면 보다 더 잘 기능하는 정당한 형벌의 표준을 제공하는 것은 상대적인 입장이 아닌가 생각하게 된다. 내 생각으로는 이 견해가 형벌과 범죄 사이의 '도덕적 적합성'이라는 응보론의 관념을 어느 정도 유지하게 하는 데는 도움이 된다. 그러나 이 관념은 상당한 수정이 필요하다. 범죄자는 그가 받아야 할 이상의 형벌을

---

16) W. D. Ross, The Right and the Good(Oxford: Clarendon Press, 1930), pp.56-65.

받아서는 안 된다는 원리를 유지하려 한다면 우리는 이 관념을 완전히 버릴 수는 없기 때문이다.

상대적인 입장에 의하면 범죄자는 범죄의 도덕적 중요도에 비례해서 처벌되어야 한다. 즉 대등한 중요도를 갖는 범죄들이 대등한 정도의 형에 의해서 처벌되어야 하는 것에 비해서, 더 중한 범죄는 더 중하게 처벌되어야 한다는 것이다. 이러한 표준은 중요도의 '단위'의 사용을 의미하지 않지만, 그러나 더 크다든가 같다든가 더 적다든가 하는 비교의 가능성을 전제한다. 이렇게 되면 아마도 하나의 범죄가 다른 범죄와 그 중요도에 있어서 같다는 생각은 버려야 할 것으로 여겨진다. 그러나 우리는 어떤 일련의 개략적인 척도로 범죄의 등급을 매기는 것이 가능하고 또 그렇게 하고 있다고 생각한다. 물론 견해차이는 있지만 우리는 모두 어떠한 해악이나 어떠한 권리의 침해가 기타의 것보다 더 심하다는 감각을 가지고 있다. 그리고 우리는 범죄자가 위법행위에 어떻게 연루되어 들어가는가를 고려하여 고의인가, 과실인가, 도발에 의한 것인가 등등의 유책성을 구별한다. 그 개략적 척도란 확실히 모든 시간이나 상황에 고정될 수는 없는 것이지만 일정한 때에 가능한 한의 근거가 있어야 한다.

우리는 형벌을 그 강도에 따라 등급을 매기는 척도를 만들 수도 있다. 이것도 개략적인 것이며, 이종(異種)의 형벌(예컨대 신체형, 자유형, 벌금형)이 있을 때는 더욱 그렇다. 명목상 같은 형벌이라도(예컨대 1,000만원의 벌금, 10년 징역) 사람들에게 다르게 작용한다는 사실을 알아야 한다. 따라서 어떤 일정한 형벌의 척도가 어떤 일정한 범죄의 척도와 결합되는 경우에는 이 형벌의 최대치라고 생각하고 특정 범죄자에게 적용할 때는 이 한계 내에서 어느 정도 탄력성을 인정해야 할 것이다.

형벌의 척도와 범죄의 척도가 있다면 이제는 더 중한 형벌은 더 중한 범죄에만 부과되어야 하며 더 경한 형벌은 더 경한 범죄에만 부과되어야 한다고 말할 수 있게 된다. 그러나 이것은 더 수정할 필요가 있다. 왜냐하면 이대로 한다면 부당하게될 수도 있기 때문이다. 형벌의 척도가 사실상 대단히 가혹한형으로 이루어져 그 최소가 10년의 징역인 경우를 가정해 보라.또 '직무태만의 죄'가 이 범죄 척도의 최하위로 되어 있는 경우를 생각해 보라. '직무태만'에 10년의 선고가 내려질 때 우리는정의가 행해지고 있다는 느낌을 거의 가질 수 없을 것이다. 이러한 형은 직무태만과 관련하여 보면 너무 지나치다(억제로서 필요한 것이 아님에도 불구하고). 받아야 할 양보다 더 많은 것이다.그러므로 우리는 형벌의 척도를 범죄의 척도에 맞추어서 수정해야 할 것이며, 점차적으로 범죄와 대체로 맞는 형벌을 얻기 위하여 노력해야 할 것이다. 그러나 처음부터 여러 개의 척도로부터 출발할 필요는 없다.

이러한 복잡한 문제가 해결될 수 있다고 가정하면 이 '상대적 입장'이야말로 범죄에 맞는 형벌의 양에 대한 '개략적 정의'(rough justice)의 표준, 개략적인 '도덕적 적합성'을 제시해 준다고생각된다. 많은 범죄에 대한 형벌 가운데는 특히 우리가 가진척도의 중심부에 가까이 있는 범죄에 대한 형벌에는 많은 중첩이 있을 것이다. 그러나 이것은 불가피한 것이다. 개략적으로 범죄에 맞는 형벌이 반드시 억제가 요구하는 양과 일치하지는 않을 것이다. 더 중할 수도 있고, 더 경할 수도 있다. 또 이것이 엄격한 정의나 도덕적인 비난 가능성에 대한 정확한 비례의 요구

(이것을 우리는 신에게나 맡겨야 하겠지만)와 반드시 일치할 필요는 없을 것이다. 역시 더 중할 수도 있고, 더 경할 수도 있다. 우리는 범죄자가 도덕적으로 받아야 할 것에 정확히 맞게 형벌이 가해져야 한다는 입장에는 결코 서지 않는다. 그러나 개략적인 정의의 표준이라도 있는 것이 아무 표준도 없는 것보다 낫다고 말할 수 있을 것이다. 왜냐하면 적어도 그것은 형벌의 양의 최대한을 설정해 주기 때문이다. 불행하게도 종종 죄책을 초과하는 형벌을 가하는 경우가 있지만, 누구도 그렇게 처벌되어서는 안된다고 믿고 있는 한 이 점은 중요한 것이다.

만약 상대적인 입장이 채택된다면 형벌에서 이루어지는 정의가 개략적 정의일 것은 명백하다. 이것은 적극주의 논의의 결론이기도 하였다. 따라서 이 응보론의 두 지주가 다같이 형벌의 부과나 형벌제도 자체에 대한 도덕적으로 승인할 수 있는 근거를 제공하는가 하는 문제가 제기된다. 정의 — 실제로는 개략적 정의 — 가 '하늘이 무너져도' 행해져야 할 것인가? 개략적인 정의를 행하려는 노력을 포기해서는 안 된다 — 즉, 어떤 종류의 행위에 대해서 형벌을 가하고 가능한 한 많은 수의 유책한 범죄자에게 부과, 상대적으로 결정된 양의 범위 내에서 형을 부과하는 법제도를 갖는다 — 고 주장할 수 있겠다. 이 모든 것이 권리를 수호하고, 범죄를 거부하고, 악행을 비난하기 위하여 필요하다. 그렇지 않다면 형법은 그 자신이 가진 어떠한 도덕적인 힘도 잃게 된다.

생각건대 이러한 주장에는 일말의 진리가 있는 것 같다. 그러나 문제되고 있는 것이 개략적 정의라면 왜 응보론적 '형사적 정의' 체제에 입각한 제도와 그의 실행이 공리주의적·억제론적 고려에 의해서 수정되지 말아야 하는가를 알 수 없다. 이러한 공리주의적 · 억제론적 생각이 형벌로 위하하는 법을 갖는다는 사실(즉 대체 왜 처벌하는가?)을 정당화하는 데 중요하다는 것은 부인할 수 없으며, 또 무고한 자에 대하여 사회적 자원이나 비용을 지불하는 제도를 실제적으로 작동시키는 데에도 역시 중요한 것이다. 공리적 억제론에 근거하고 있는 형벌이 응보적 정의의 보장을 목적으로 하지는 않지만, 그것이 권리를 보호하고, 사회의 다수인의 합법적인 이익을 보호하는 효과를 갖는 한, 그것도 역시 어떤 종류의 정의를 제공하는 것이다. 그러나 전술한 응보론에 반대하는 견해들이 나름의 타당성을 가지고 있다 하더라도 우리는 철저한 공리적 억제 이론을 위해서 응보론을 전적으로 버릴 수 있다고는 생각지 않는다. 그런데 또 하나의 대안 — 즉 범죄 대책의 수단으로서의 형벌은 포기되어야 한다는 견해 — 이 있다. 이 이론은 뒤에 가서 간단히 살펴보기로 하겠다.

▌소극적 응보론 ▌

응보론 논의의 마지막으로 **소극적 응보론**을 살펴보자. 이 이론은 누구도 유책한 범죄자가 아닌 때에는 처벌받아서는 안 된다고 주장한다. 이미 언급한 바와 같이, 이 원리는 모든 응보론자들에 의해서 지지되고 있다. 칸트는 말한다.

인간은 타인의 목적에 대한 단순한 하나의 수단으로서 다루어질 수 없다. … 그의 내적 인격(즉 인간으로서의 권리)은 그가 사실상 시민권을 박탈당할 정도로 비난받을 수 있을 경우에도 그가 그렇게 취급되는 것을 막아준다. 범죄자 자신이나 그의 동료 시민들에게 가해지는 형벌의 효용에 관하여 사람들이 어떻게 생각하든 간에 그 먼저 마땅히 우선 형벌을 받아야 한다고 생각되어야 한다.17)

적극론자들은 계속하여, 모든 유책한 범죄자를 처벌해야 한다고 말한다. 이 점이 소극론자들이 반대하는 점이다. 그들은 기본적으로 무고한 자에 대한 처벌가능성의 배제에 관심을 기울이며, 이것을 수정주의적 공리주의자들이 제시하는 근거에 의해서가 아니라, 정의의 근거에서 반대하는 것이다. 한 사람을 택하여 죄도 없는데 고통을 가하고 시민의 일상적 권리를 박탈한다는 것은 불공정한 일이라는 것이다.

공리주의적 억제이론이 '지나치게 많이'(무고한 자에 대한 처벌의 허용 가능성) 정당화하는 것처럼 보인다면 소극론자들은 '너무 적게' 정당화한다고 말할 수 있다. 즉 그만한 이유가 없을 때는 어느 누구에게서도 권리나 특히 자유의 박탈을 인정하지 않는다. 응보론자에게 어려운 문제는 범죄를 범하지는 않았지만 자기 자신이나 타인에게 위험한 존재여서 어떠한 기관에 감금되어야 할 사람이 있는 경우에 제기된다.

이러한 일은 사실 **보안처분**의 사법실무에 있어서는 매일 여러 건씩 발생한다. 정신질환이 있다고 생각되거나, 자신이나 타인에게 위험하다고 생각되는 사람은 원하지 않는데도 정신병원에 감금될 수 있다. 편집광이 난폭해져서 사람을 살해할 때까

---

17) Kant, *The Metaphysical Elements of Justice*, p.100.

지 왜 기다리는가? 이러한 조치가 그 개인에게는 부당하다 하더라도, 그 행위 전에 자유를 박탈하는 것은 정당화될 수 있다고 생각된다. 이것은 천연두 환자가 사회에 위험을 끼치기 때문에 격리하는 것과 아무 다른 점이 없는 것 같다. 그렇다면 왜 우리가 위험한 인물을 '잡아넣지' 않고, 그가 법을 범할 때까지 기다려야 하는가?

소극론적 원리의 지지자는 이 문제를 다툼에 있어 직접 보안처분 실무를 논박할 수 있다.[18] 천연두 환자는 이미 확정적으로 공중에 위험을 준다. 그러나 앞에서 말한 정신질환자는 악행을 할 수도 있고 하지 않을 수도 있다. 모든 사람은 천연두로부터 보호되기를 원하고 따라서 감염되면 타인에게 그렇게 하는 것처럼 자신도 기꺼이 격리 조치에 복종하여야 한다. 그렇지만 우리는 모두 악의 경향을 가지고 있으며 누구나 어떤 악을 행할 수 있다. 그러나 아무도 이러한 이유로 사전 제한조치에 기꺼이 복종하려 하지 않을 것이다. 그렇지 않으면 루이스 캐롤(Lewis Carroll)의 『거울 속의 세상』[*Through the Looking-Glass*(제5장)]에서 왕의 사자가 당했던 것처럼 될 수밖에 없을 것이다. 즉 그 사자는 재판을 받기는커녕 범죄를 행하기도 전에 벌써 구금되었던 것이다("그가 죄를 범하지 않으리라고 생각하십니까?"라고 앨리스가 말했다. "아마 이 방법이 훨씬 더 나을 겁니다, 그렇지 않나요?" 여왕이 대답했다). 토마스 쟈쉬(Thomas Szasz)의 말처럼 보안처분은 너무나

---

18) 아마도 그는 '정의의 정지' 비슷한 것으로 대답하려고 할지 모른다. 즉 보안처분은 형벌이 아니며, 우리는 다만 형벌을 받게 될 사람에만 관심을 갖는다는 것이다. 그러나 생각건대 이것은 잘못된 답인 것 같다. 왜냐하면 응보론자에게는 형벌이라는 도덕적 문제는 고통을 부과하거나 일상의 권리를 상실케 하는 정의의 문제이기 때문이다.

남용된다.19) 많은 개인들이 타인의 이기적인 동기 때문에 정신질환이라는 객관성이 없는 모호한 기준과 위험하다는 근거 없는 예언에 입각하여 보안처분을 받는다. 부당하게 될 잠재적 위험이 대단히 크기 때문에 자유의 박탈은 유책한 범법자에게만 허용되어야 한다는 것이다.

　　이러한 반응은 적절한가? 대체로는 그렇지만 전적으로 그런 것은 아니라고 생각된다. 물론 악행을 행할지도 모르는 자에 대하여 제한조치가 허용되는 제도는 참을 수 없을 만큼 부당하게 될 수도 있다[사실상 많은 재판의 경우에 단지 의사의 감정(鑑定)에 의하여 타의에 의하여 감호처분을 받을 수도 있다]. 보안처분은 엄청나게 남용되기 쉽다. 그러나 이것은 심하게 혼란되어 있는 사람과 악을 행할 가능성이 있는 사람만을 처분할 절차적 안전장치가 필요하다는 것을 말해 줄 뿐이다. 이와 유사한 문제가 몇몇 사법실무에서 실시되는 '예방적 구금'에서도 제기된다. 예상되는 위험이 있는 경우에는 피고인에게 보석이 거부될 수도 있다. 치료보다 구금! 그러나 이것은 명백히 남용되기 쉽고, 불의의 원천이 되기 쉽다. 따라서 지나침을 방지하기 위한 더욱 엄격한 안전장치가 필요하다. 그러나 남용을 막는 적절한 안전장치가 존재한다고 해서 보안처분이나 예방적 구금이 완전히 사라지리라고는 생각되지 않는다. 정말로 위험한 인물의 잠재적 희생자는 역시 보호받을 권리가 있기 때문이다.

　　소극론이 그 자체로는 형벌이론으로서 충분하지 못하다는 것은 분명하다. 이 이론은 고작, 범죄는 단순히 억제나 사회복귀

---

19) *Law, Liberty and Psychiatry*(New York: The Macmillan Company, 1963).

를 위하여 처벌되어서는 안 되며, 또 그가 마땅히 받아야 할 형벌을 가함으로써 정의를 수호한다는 명목으로도 처벌되어서는 안 된다고 할 뿐이며 다만 응보는 항상 정당한 형벌의 요소가 된다고 말할 뿐이다(그러나 일정한 경우에 왜 사람이 처벌되는가를 대답하기는 거의 불가능하다). 확실히 소극론은 누가 처벌받을 것인가, 누가 형벌을 면제 받을 것인가를 결정하기 위해서 다른 원리에 의해서 보충될 필요가 있다. 여기서 중요한 문제는 형벌의 공정하고 공평한 시행을 보장한다는 것이다.

그러나 이제까지 고찰한 이론들 — 공리적 억제이론, 적극적 응보론 — 이 독자적으로 존립할 수는 없다고 생각된다. 따라서 어떤 '다원적 형벌 이론'이 요구된다. 그러나 이것은 예컨대 단순히 (a) 공리적 억제이론은 "대체 왜 처벌하는가?"라는 문제에 해답을 주며, (b) 어떤 종류의 응보론은 "누구를 처벌할 것인가?"에, (c) 또 어떤 종류의 응보론(또는 공리적 억제 이론)은 "어느 정도로 처벌할 것인가?"에 해답을 준다고 주장하는 것을 의미하지는 않는다. 우리는 좀더 복합적인 다원론을 필요로 한다. 왜냐하면 응보론과 억제론적 사고방식 양자가 모두 이러한 문제에 중요한 의미가 있다고 생각되기 때문이다. 아무튼 이러한 다원론을 위한 노력은 벤담(Bentham)이 고전적 억제이론을 수립할 때 생각했던 것 이외에는 아무도 기울이지 않았다. 윤리적인 면에서 일관성이 있는 다원론이 가능한가는 아직까지는 명확하지 않다.

‖ 형벌은 폐지되어야 할 것인가 ‖

본장 서두에서 저자는 형벌에 관한 현대의 회의주의를 언

급한 바 있다. 이제 형벌을 폐지하여야 한다는 견해를 잠시 살펴
보기로 하자. 이 이론은 범법자가 형벌에서 면제되어야 한다고
주장하는 것이 아니라, 비형벌적 방법으로 처리되어야 한다고
주장한다. 이 이론의 지지자들은 형벌의 억제력에 대해 대단한
의문을 갖고 있다. 이들은 대체로 엄청난 누범률에 충격을 받아
형벌 자체가 잘못된 것이라고 결론을 내린다. 범죄에 대한 적절
한 대책은 — 가능하다면 — '처우(treatment)'라고 이들은 주장한다.
이 입장은 종래 형벌의 '개별화' 경향 즉, 형벌은 그의 죄에 맞
출 것이 아니라 범죄자의 사회복귀의 '필요'에 적합해야 한다는
사상의 연장인 것이다. 형벌폐지론자들은 형벌이라는 것을 일종
의 보복적 응보라고 생각하기 때문에 범죄자를 다룸에 있어 그
처우방법이 사회복귀적 내지 치료적인 것이 되면 될수록 형벌적
성격은 적어진다고 생각한다.

　　형벌론의 지도자이자 매우 세심한 옹호자는 사회학자이자
사회사업가인 바바라 우튼(Barbara Wooton) 여사이다. 그의 논의
는 대부분 '책임'이라는 복잡한 문제를 둘러싸고 전개되었다. 이
문제를 우리가 다루어 본 바는 없지만 그의 주된 논의를 소개할
수는 있을 것이다. 현대의 법제도는 유책한 범죄자와 책임이 없
는 범죄자를 구별하며, 여러 가지 책임조각사유(예컨대 심신장애)
가 있으면 형벌을 가하지 않는다는 대단히 발전된 이론을 가지
고 있다는 사실에서부터 그의 논의는 시작된다. 정신질환자인
범죄자에게 형벌이 가해져서는 안 되며, 설사 무엇인가 가해진
다 하더라도 병원으로 보내져야 한다는 사실은 당연한 것으로
여겨지고 있다는 것이다.[20]

　　자세한 분석을 근거로 하여 우튼은 정신질환자인 범죄자

와 정신적으로 건강한 범죄자 사이에 절대적 구별이란 없으며 책임이라는 기준은 '소멸'되어야 한다고 주장한다. 재판은 단지 피고인이 사실상 죄를 범했는가의 여부를 확정하는 데만 제한되어야 한다. 그가 죄를 범한 것이 사실이라면 그에게 필요한 종류의 처우를 결정하기 위하여 그는 전문가들로 구성된 위원회에 회부되어야 한다. 어떤 경우에는 즉시 석방될 수 있다고 결정될 수도 있을 것이며, 어떤 경우에는 치료가 불가능하니 종신 감호처분을 받을 수도 있다. 아무튼 '확정판결'과 같은 것은 존재하지 않는다. 왜냐하면 우튼은 이것을 형벌은 범죄에 적합하여야 한다는 낡은 응보론적 관념의 유물이라고 생각하기 때문이다. 오히려 범죄자는 사회에 복귀하는 것이 안전할 때까지 — 즉 그의 처우가 완료될 때까지 유치되어야 한다(많은 경우에 처우는 최소한의 감호라는 조건하에서 이루어질 수 있을 것이다). 우튼의 제안 속에는, 형사소송이나 처벌의 절차에도 중요한 변화가 들어 있다. 즉 검사, 판사, 간수 등은 정신과 의사나 사회사업가로 광범위하게 대치될 것이며, 감옥과 정신병원의 구분은 실질적으로 사라지게 될 것이다. 이 모든 것은 이러한 처우를 통해 범죄의 재발을 방지한다는 미래지향적 목적을 그 핵심으로 하는 범죄대책으로 주장되는 것이다.[21]

---

20) 형벌의 폐지를 주장하는 가장 극단적이며 영향력이 큰 사람은 정신과 의사인 칼 멘닝거이다. *The Crime of Punishment*(New York: Viking Compass Book, 1972)에서 멘닝거는 범죄란 일종의 '질병'이라고 주장한다. 저자는 이에 대한 어떠한 증거자료도 보지 못하였고 또 나아가서는 이 말이 무엇을 의미하는지도 명확하지 않다. 상세히는 *Punishment: For and Against*(New York: Hart Publishing Company, 1971), pp.208-220에 기고한 Edmund Pincoffs의 논문 참조.

21) Barbara Wooton, *Social Science and Social Pathology*(London: George Allen

이 제안의 여러 면에 대하여 논의할 필요가 있다. 가장 중요한 것의 하나는 '처우'가 무엇을 의미하는가 하는 점이다. 정신분석·두뇌해부·거세·전기충격·약물요법·행동수정·행동조절·혐오요법(종래의 고문과 구별하기 어려운), 직업훈련 등등 많은 것들이 이 이름 밑에 포섭된다. 그러나 우튼은 마음 속에 품고 있는 생각을 명확하게 밝히지 않는다. 의사, 심리학자 또는 사회사업가가 하는 일은 무엇이나 정의상 처우라고 말할 수 있을까? 재범을 예방하는 효과가 있기만 하면, 어떤 종류의 처우도 도덕적으로 승인될 수 있다고 말할 수 있을까? 사실 치료법에 관하여는 많은 학파가 있다. 그러나 우튼은 범죄자가 어떤 처우를 받아야 하는가를 결정할 전문위원회의 위원들을 선택하는 기준을 제시하지 않는다. 여사는 처우가 범죄자의 '필요'에 적합해야 한다고 한다. 그러나 이것은 학파에 따라 다르게 보일 수가 있다. 더구나 범죄자의 '필요'라는 것은 사회의 '필요'와 큰 차이가 있을 수 있다. 범죄자에게 좋은 것이 반드시 사회에도 좋은 것인가 또는 그 역도 성립하는가? 허버트 패커(Herbert Packer)의 말처럼 우리는 형벌을 가해야 한다는 주장과 마찬가지로 치료를 해야 한다는 주장도 의문시해야 하는 것이다.

그러나 이러저러한 문제를 비켜 놓고, 문제의 핵심을 다루어 보자. 의학적인 느낌을 주는 '치료'라는 말이 모두 실제로 형벌의 배제를 의미하는가? 아니면 근본적으로 잘못된 것이 아닌가? 이 문제는 우튼 여사 자신의 말로 표현할 수 있다. "선고가 자동적으로 형벌과 동일시되지 않는 제도를 생각할 수 있을

& Unwin, 1959). 비판적 논의는 H. L. A. Hart의 *Punishment and Responsibility*에 수록된 여러 논문 참조.

까?"22) 저자는 없다고 생각한다.

중요한 문제는 일군의 형법을 갖는다는 것이 사회에 어떤 의미를 갖는가 하는 것이다(우튼 여사는 많은 논자와는 반대로 자신의 체계 속에 형법을 존속시키고 있다). 형법은 전형적으로 어떤 행위의 수행을 금지(또는 요구)하며, 그 위반의 경우에는 달갑지 않은 결과가 발생하리라는 위하를 규정하고 있다. 억제론자들이 강조했던 바와 같이, 이러한 법과 위하가 존재하는 주요한 목적은 사람들을 억제하며 바람직하지 않은 행위를 하지 못하게 하는 것이다. 형법이 존재하는 주요한 목적이 범죄자를 사회에 복귀시키는 데 있다는 말을 인정하기는 매우 어렵다. 지금 우리가 법전에 규정되어 있는 형벌을 여러 가지 처우로 대체한다 하더라도, 대부분의 사람들은 여전히 이러한 결과를 초래할 가능성이 법을 준수하게 하는 훌륭한 이유라고 생각할 것이다. 거의 모든 사람들에게 있어 이러한 결과가 나타날 가능성은 여전히 형벌의 위하로서 기능할 것이며, 그 위하가 부과될 때 사람들은 전과 다름없이 그것을 형벌이라고 부를 것이다.

둘째로 대부분의 범죄자는 그 자신이 형법적으로 악한 행위를 했기 때문에 스스로 그 처우를 초래했다는 사실을 확실히 인식하게 될 것이다. 그들의 관점에서 보면, 비난·응보의 요소가 제거되지 않는다. 형무소가 아니라 '병원'에 범죄자가 보내지는 제도가 더 낫다고 생각할 수도 있다. 그러나 범죄자가 성인이고 생각이 깊은 한, 이것이 완전히 타당한 것은 아니라는 사실을 알게 될 것이다(몇몇 나라에서 정치적으로 견해를 달리하는 사

---

22) Barbara Wooton, *Crime and the Criminal Law*(London: Stevens and Sons, 1963).

람들이 '정신병원'에 수용되는 상황과 비교해 보라). 범죄자 스스로가 처우를 초래했다는 말 — 의학적 느낌을 주는 처우라는 말 — 은 실상 오류인 것이다. 소위 처우라는 것은, 얼마나 자비로운 것이건 간에 — 범죄자에게 **부과**된다. 즉 칸트의 말대로 강제가 일방적으로 행사되는 것이다. 이것은 자의로 의료의 도움을 찾는 환자의 경우와는 다르다. 우리가 범죄자에게 어떤 다른 조치를 가하더라도, 그를 처벌하고 있다고 생각하는 것이 인도적 감정에는 더 부합한다. 행형의 개선이 요구된다는 것은 인정할 수 있지만, 형벌이 배제될 수 있다고 우리 자신을 기만해서는 안 된다.[23)]

우리는 우튼 여사의 책임에 대한 흥미 있는 논의를 더 이상 자세하게 살펴볼 수는 없지만 한 가지 일반적인 말은 할 수 있겠다. 책임과 그의 조각의 기준이 무엇인가 확정하는 데 난점이 많이 있다는 사실을 인정한다 하더라도 책임의 관념을 제거한다는 것은 사회적으로 위험한 것으로 생각된다. 성인 구성원 대부분이 건전하지 않고 지성을 갖추고 있지 않으며 스스로를 조정하지 못한다고 생각하는 사회는 결국 그 구성원들을 2류 시민으로 전락시킨다. 이러한 사회는 도덕적 행위자 — 악행을 행

---

23) 루이스 C. S. Lewis의 소설 「그 무시무시한 힘」(*That hideous Strength*) (New York: Collier Books, 1962), p.43에서 악명 높은 국립통합연구소의 일원이 다음과 같이 말하는 대목이 나온다. "사물에 관하여 어떻게 말하는가에 따라 달라진다. 예를 들면 국립통합연구소가 범죄자들에게 대하여 실험을 할 수 있는 권한을 갖기를 바라고 있다는 사실이 귓속말로 전해지기만 해도 여러분들 가운데 말하기 좋아하는 사람들은 팔을 걷어 부치고 인도주의에 관해서 떠들어 댈 것이다. 그러나 이것을 부적응자의 재교육이라고 부른다면 여러분들은 모두들 응보형의 야만적인 시대가 드디어 종말을 고했다는 기쁨에 도취되게 될 것이다."

하였다고 진정으로 말할 수 있는 인격 주체 — 로서의 자신의 자
존심을 박탈하게 되고 도덕적 주체자로서의 그들에 대한 우리들
의 존경심을 제거하게 된다. 책임을 전제하는 형벌은 비록 현재
에는 결함이 있지만 적어도 이 점만은 이론상 유지하고 있는 것
이다.

6

분쟁해결과 정의

아이스퀼로스(Aeschylus)의 3부작 오레스테이아에는 분쟁해결을 위한 피의 복수가 사회제도로 대치되는 것이 문명이 가져온 위대한 업적으로 묘사되고 있다. 더 작게 보면 어떤 사회에 개인들간의 분쟁해결을 위한 기관이 존재한다는 것은 사회에 법제도가 존재한다는 주장을 뒷받침해 주는 것이라고 말할 수 있겠다(제1장 참조). 사실 분쟁해결이라는 문제는 법과 힘, 그리고 정의의 관계에 관한 어려운 법철학의 여러 문제를 검토해 볼 소지를 제공해 준다. 법은 힘을 전제하고 있다고 주장되기도 하며 또 동시에 법은 힘의 행사의 배제를 목표로 한다고 주장되기도 한다. 한편에서는 정의란 법을 평가하는 절대적인 기준이라고 주장하고, 다른 한편에서는 실정법과 정의는 동일한 것이라고 주장하기도 한다. 아래의 논의는 이 문제를 분쟁해결이라는 각도에서 보면 어떻게 될 것인가를 해명하는 데 그 목적이 있다. 그러나 여러 이론들을 분석하고 비판하는 것보다는 저자 나름대로 검토해 보고자 한다.

첫 번째 과제는 분쟁해결 활동을 검토해 보는 일이다. 말하자면 우리는 법현실주의자 칼 N. 르웰린(Karl N. Llewellyn)이 제기한 일련의 문제에 답을 제시해 보고자 하는 것이다. "법원이란 무엇인가? 법원은 왜 존재하는가? 소위 '법원'이라는 것은 얼마만큼이나 우연적으로 형성되고 역사적 조건과 관련되어 있는가 — 분쟁해결을 위해서는 그 수효가 얼마나 되어야 하는가?"[1] 하고 그는 묻는다. 그렇지만 우리가 형식적으로 법원이라고 알고 있는 제도만이 분쟁해결을 수행하는 유일한 기관은 아니다. 오히려 공적·사적, 공식적·비공식적 여러 당사자간에 다양한 분쟁해결 절차가 이용되고 있다. 중요한 점에서 서로 유사한 이 절차들을 법유사(法類似)의 분쟁해결(jural-like dispute settlement)방식이라고 부를 수 있겠다. 필자는 여기서 세 가지의 주된 법유사의 분쟁해결 형태를 설명하고 이들을 모두 '법'적 형식이라고 보아야 할 것인가를 고찰해 보고자 한다. 이 문제는 원시사회에서의 법의 존재에 관한 문제, 그리고 법과 힘의 관계에 관한 문제와 밀접하게 관계된다.

둘째 문제는 법유사의 분쟁해결에 있어서 정의(正義)의 역할에 관한 것이다. 우리는 여기서 실질적 정의가 아니라 **절차적** 정의에 관심을 두게 된다. "정의는 이루어져야 하는 것일 뿐만 아니라 이루어지는 것처럼 보이기도 해야 한다"는 말이 있다. 이것은 분쟁해결을 수행하는 과정, 즉 분쟁을 청문하고 해결하는 과정에서의 **공정성**을 의미한다. 이 과정이 공정히 수행되는 경우에도 부당한 결과에 귀착되는 것이 가능하다 — 예컨대 부당한

---

1) *Jurisprudence*(Chicago: University of Chicago Press, 1962), p.374. 우리의 연구는 개인들간의 분쟁해결을 위한 기구로서의 법원에 국한된다. 이 과정에서의 배심원의 역할 및 형사재판에 관하여는 고찰하지 않았다.

법에 따라 판사가 판결을 하는 경우가 그렇다. 그러나 절차에 있어서 공정성이 중요하다는 것은 단순히 정의의 외관을 나타내는 것 이상의 큰 의미가 있다.

절차상의 정의에 관하여는 두 가지를 해명하고자 한다. 첫째는 공정성이라는 기준을 충족시킴으로써 단순히 분쟁을 종식시키는 것이 아니라 분쟁을 '해결'한다는 점이다. 둘째는 절차상 공정성의 기준은 어느 정도는 **사건의 상황에 달려 있다**는 것, 즉 발생한 분쟁의 성질에 달려 있다는 것이다. 이 둘째 문제는 결코 놀라운 것이 아니다. 왜냐하면 각 법유사의 분쟁해결방식의 성격은 바로 그것이 목표로 하는 해결방식에서 나오는 것이기 때문이다. 분쟁해결에 있어서 절차상의 정의가 갖는 역할의 문제는 법이 되기 위해서 어떤 도덕적 요구를 만족해야만 하는가의 문제, 즉 법실증주의자들과 자연법론자 간의 쟁점과 유사하다. 따라서 둘째 문제는, 공정성의 기준에 일치해야 한다는 요구가 법유사의 분쟁해결활동 자체의 성격에서 나온다고 할 수 있는가 하는 문제와 관련된다.

나중에 전개할 논의를 암시하기 위해서는 여기서 다음과 같은 사실을 언급하는 것이 유익할 것이다. 즉 최근의 많은 논자들은 법을 집행하는 데 있어서의 정의는 다만 법을 '정확히' 적용하는 데 있다 ― 즉, 법 그 자체 내에 규정되어 있는 바에 따르는 데 있다고 주장한다. 이렇게 되면 법의 공정한 집행이라고 말하는 것은 중복이 될 것이다. 그러나 이 견해는 분쟁해결에 있어서는 중요한 제한을 받는다. 첫째로 분쟁은 실체법의 적용 없이도 해결될 수 있다. 분쟁은 법에 반하지도 않고 법에 일치하지도 않는 방법으로 해결될 수 있다. 그렇지만 절차상의 정의는 이러한 경우에도 여전히 역할을 수행한다. 둘째로 법규정과 관련 없이도 분쟁해결이 이루어질 수 있는 것과 마찬가지로, 절차상의 공정성의 기준은 명시적 규정으로 환원될 수만은 없고, 적어도 '중립적인', '공평한', '편견이 없는', '공정한 주의' 등의 정의의 문구를 사용한 규정만 있으면 족한 것으로 보인다.

‖ 법유사의 분쟁해결 ‖

이제 법유사의 분쟁해결의 일반적 성격을 살펴보자. 이것은 사실 몇 가지 중요한 점에서 서로 유사한 여러 분쟁해결 형태들로부터 간단한 일반적 개념을 '구성'한 것이다. 아마도 법유사의 분쟁해결이 어떤 것이 아닌가에서부터 시작하는 것이 유용할 것이다. 법유사의 분쟁해결이 분쟁을 예방하거나 분쟁을 처리하는 기능을 수행하고 있는 것은 사실이지만, 그것이 그러한 기능을 수행하는 것은 사회계획에 따라서 일반적 행위규칙을 제정하고 분쟁처리 규칙을 제정하는 입법을 통해서 그렇게 하는 것은 아니다. 제2차 세계대전 중, 거의 모든 나라가 잠수함 승무원들 사이의 분쟁을 조정할 방법을 우연히 알게 되었다 — 그것은 먹을 것을 무제한하게 주는 것이었다. 그러나 이것은 필자가 생각하고 있는 분쟁해결 방식은 아닌 것이다.

법유사의 분쟁해결은 (1) **분쟁해결자**, 즉 양 당사자의 '중간에 서 있는' 한 사람 또는 그 이상일 수도 있는 특정 **제3자**, (2) **특정 분쟁당사자** 그리고 (3) **특정한 분쟁**으로 구성된다. 또 (4) 분쟁에 대한 모종의 **청문**, 즉 각 분쟁 당사자의 제3자에 대한 분쟁의 발언도 있어야 한다. 그리고 (5) 이렇게 하여 받아들여진

자료는 제3자가 분쟁을 해결하는 데 **사용**되어야 한다. 콩 소작의 소유권에 관한 두 농부 사이에 야기된 분쟁에 관한 슬픈 이야기가 있다. 이들은 추장 앞에 나왔는데 추장은 두 농부의 목을 자르라고 명령하고, 그들의 땅을 차지해 버렸다. 추장이 사건을 종결시킨 것은 사실이지만 그 두 농부의 분쟁을 **해결**한 것은 아니다. 심지어 그는 사건을 청문하지도 않았다. 법유사의 분쟁해결 방식은 일단의 이른바 '설득적 대결'(persuasive conflict)을 요구하고 있으며 제3자가 그 자료들을 사용할 것을 요구한다.2) 르웰린 식으로 생각하자면 그 추장은 '재판' 활동을 한 것이 아니다.

여기에서 우리는 항상 제3자를 내포하는 법유사의 분쟁해결이 양 당사자의 교섭이나 협상을 통한 분쟁해결과는 구별되어야 한다는 것을 알게 된다. 물론 당사자들이 동전을 던져서 분쟁을 해결하는 데 합의한다면 이것을 법유사의 분쟁해결과 유사하다고 생각할 것이다. 그러나 그것은 단순히 유사함에 불과하다. 왜냐하면 제3자와 비슷한 것이 있기는 하지만 여기에는 설득적 대결의 요소는 없을 것이기 때문이다.

우리는 법유사의 분쟁해결이 '주선'과도 구별되어야 한다는 것을 알 수 있다. 주선에 있어서는, 적대하고 있는 국가로 하여금 직접 교섭하게 하거나 분쟁의 평화적 해결방법에 동의하게 하는데 제3국의 외교가 사용된다. 주선은 양 당사자의 항쟁을 말(verbal)로 해결할 수 있도록 고안된 것이다. 이렇게 하여 적대적 대결은 설득적 대결로 전환된다. 설득적 대결의 기미가 보이

---

2) Thomas Nixon Carver, *Essays on Social Justice*(Cambridge: Harvard Univ. Press, 1915), p.85. Carver는 대결의 다섯 가지 주요 형태를 구분한다. 즉 적대적 · 도박적 · 설득적 · 경제적 · 오락적 대결이 그것이다.

고 제3자가 출현할 가능성이 있을 때는 법유사의 분쟁해결과 유사하게 된다. 그럼에도 불구하고 주선은 완전히 생각대로 되는 것은 아니다. 왜냐하면 제3자가 엄격하게는 분쟁해결자가 아니기 때문이다. 그는 교섭의 분위기를 조성해 주고 양 당사자 간에 의사를 전달해 주고 해석해 준다. 그러나 그는 분쟁을 해결하기 위하여 분쟁해결자같이 설득적 대결의 자료들을 사용하지는 않는다. 분쟁당사자 중의 하나가 제3자를 중개의 역할 이상의 것을 한다고 생각할 때 이 주선은 쉽게 깨져 버린다. 왜냐하면 주선에서 기대하는 **중립성**을 침해하는 것으로 여겨질 수 있기 때문이다. 물론 중립성은 분쟁해결자에게서도 역시 기대되는 것이다. 이것은 공정성의 주 요소 가운데 하나이기 때문이다. 그러나 이것은 분쟁해결 제도를 설계하는 데 매우 어려운 문제를 제기한다. 즉, 중립성이 어떻게 분쟁해결의 기초가 되는 자료들을 사용하고 확보해야 할 필요성과 조화할 수 있겠는가 하는 문제가 그것이다. 이 문제는 뒤에 다시 살펴보기로 한다.

주선의 예가 있다고 해서 적대적 대결이 항상 설득적 대결에 선행한다는 암시를 받아서는 안 된다. 물론 분쟁해결자의 면전에서 벌어지는 설득적 대결, 즉 양 분쟁당사자의 진술은 이의 전제가 되는 분쟁에서 나온 것이다. 그러나 이 전제되어 있는 분쟁은 요구, 이익, 청구, 권리에 관한 분쟁일 수도 있고, 또 단순히 "마음에 안 든다"는 식의 분쟁일 수도 있다. 사실문제에 관한 견해 차이 때문에 규범적 차원의 분쟁이 발생하는 수도 있으며, 어떤 종류의 분쟁해결 방식에 있어서는 제3자가 사실문제를 결정하게 된다.

본안분쟁은 언어적 대결의 형태로 표현되기 전에 벌써 적대적 대결이 되어 버릴 수도 있다. 법유사의 분쟁해결 제도의 중요한 기능은 적대적 대결과 '자력구제'의 예방이다(따라서 분쟁 당사자 사이에 위치하는 제3자의 의미가 중요한 것이다). 보다 광범위한 정의를 위해서 봉사하는 법유사의 분쟁해결 방식을 설계하는 것은 가능하지만, 적대적 대결이 이러한 목적에 도움이 될 것인지는 의문이다.

그러나 설득적 대결과 그 자료의 사용 — 법유사의 분쟁해결의 본질적인 두 가지 요소 — 은 항상 동일한 것은 아니다. 분쟁해결은 제공된 자료의 사용방법에 따라서 달라진다. 그리고 이것은 제3자가 관여하고 있는 분쟁해결 방식의 성격에 달려 있다. 모든 분쟁해결 방식이 청문이나 자료의 사용에 있어서 유사한 것이 사실이지만, 이 공통적인 성격이 모든 형태에서 동일하게 표현되는 것은 아니다. 이 점을 간단히 살펴보기로 하자.

첫째로 분쟁의 **해결**에 관하여 몇 마디 하고 넘어가자. 19세기 영국의 판사였던 윌리엄 마크비(William Markby) 경의 말을 고찰해 봄으로써 이 문제에 접근할 수 있겠다. 마크비 경은 판사에 관하여 언급한 것이지만 그의 말은 법유사의 분쟁해결에 관한 일반이론을 표명한 것이며, 법원에 있어서 본질적인 점이 무엇인가 하는 르웰린의 문제에 대답하는 것으로 해석할 수 있겠다. 마크비는 다음과 같이 말하였다.

> 판사가 절대적으로 요구하는 것은 그에게 회부되는 모든 분쟁을 해결할 권위이다. 법이 없는 법정은 우리의 경험으로는 거의 없지만, 모순인 것은 아니다.[3]

---

3) *Elements of Law*, 6판(Oxford: Oxford Univ. Press, 1905), sec. 201.

분쟁이 당사자간의 문제를 규율하는 실체법이 없더라도 해결될 수 있다는 견해에 필자는 전적으로 동의한다. 제3자(마크비 경에 있어서는 판사)가 기존의 법을 이용할 수 있다는 것은 법유사의 분쟁해결 방식의 특정한 한 양상에 지나지 않는다. 마크비 경에 대한 필자의 반대는 인용문의 처음 부분과 관련된다.

마크비 경은, 제3자가 그에게 회부된 사건을 판결하는 데 있어서 **구속력 있는** 결정을 할 권위를 가지고 있어야 한다는 것은 법유사의 분쟁해결의 한 조건이며 또 유일한 조건이라고 분명히 주장한다(일단의 설득적 대결의 상황을 생각해 볼 수 있겠다). 그리고 그는 분쟁의 해결과 구속력 있는 결정을 동일시하는 것 같이 보인다. 그러나 단순한 명령으로 분쟁을 종결시키는 것은 설사 그것이 구속력이 있다고 하더라도 분쟁이 해결된 것은 아니다. 두 농부의 이야기에서 추장은 농부의 분쟁을 해결한 것이 아니다. 이런 식의 결정이 분쟁을 해결하는 것인가의 여부는 무엇보다도 분쟁의 원인이나 청구내용에 대하여 이 결정이 갖는 논리적 관련성에 달려 있다. 뒤에서 절차상 공정성의 표준에 부합하는 것이 얼마만큼 진정한 해결을 가져오는가를 밝혀 보이고자 한다.

둘째로 제3자의 면전에서 행해지는 설득적 대결은 본안분쟁의 파생물이라는 사실을 유념해야 한다. 구속력 있는 결정이 분쟁을 해결하는가 아닌가는 그것이 본래의 분쟁에 대하여 갖는 관계에도 달려 있다. 예컨대 본안분쟁이 당사자간의 대립적 태도— 경화된 감정 —를 포함하고 있는 경우에, 구속력 있는 결정이 그러한 감정을 해소할 수 있을는지는 결코 명확하지 않다. 오히려 더 악화시키게 될 수도 있다. 마찬가지로 구속력 있는 결정이 상충하는 이해관계를 본래의 적대상태에 그대로 남겨 두게 될 수도 있을 것이다. 그렇다면 언제 분쟁이 해결되었다고 생각할 수 있을까? 결정이 행해진 시기인가? 결정의 내용이 집행되지 않은 경우, 즉 결정이 실제로 강제되지 않은 경우에도 분쟁은 해결된 것일까? 이에 대한 답은 우리가 '분쟁을 해결한다'는 말을 무슨 뜻으로 사용했는가에 달려 있다. 마크비 경이 사용한 의미는 한 가지인 것이 아니다. 분쟁해결 절차는 여러 가지 **목표**를 가질 수 있으며 따라서 여러 가지 형태의 법유사의 분쟁해결도 가능하며, 분쟁해결자로서 제3자가 가진 능력에 따라서도 다양한 기능이 발휘될 수 있는 것이다.

이제 마크비 경이 '분쟁을 해결한다'고 말한 뜻은, 어느 편이 옳고 어느 편이 그른가, 즉 누구의 주장이 어느 의미에서 정당화되고 누구의 주장이 그렇지 못한가에 관한 유권적이고 구속력 있는 결정이라고 말할 수 있을 것이다. 나아가 이것은 '법적'인 것이라고 생각되어야 할 유일한 법유사의 분쟁해결이라고 할 수 있을 것이다. 이 문제는 몇 가지 분쟁해결의 형태를 고찰해 본 후에 다시 다루어 보도록 하겠다.

분쟁해결의 세 가지 주된 형식을 고찰해 보자. (1) **판정** (adjudication), (2) **조정**(conciliation), (3) **상담치료**(therapeutic integration)가 그것이다(이 용어는 문헌에서 여러 가지로 사용된다. 필자가 사용하는 의미는 이하의 논의에서 밝혀질 것이다). 이들은 모두 현대사회에서 이루어지고 있다. 민사소송, 상사중재, 그리고 노동쟁의조정은 (1)의 예이다. 기업분쟁의 중재는 (2)의 예이며, 몇 가지 가정상담은 (3)의 예가 된다. 저자는 이러한 용어들을, 실무에 보다 가까울지도 모르는 하위형태나 혼합형태를 검토하지 않고 '이념

형화'한 용어로 사용할 것이다.[4)]

‖ 판 정 ‖

이것은 세 가지 중 유일하게 제3자가 그에게 회부된 분쟁
을 '결정'하는 것이다. 즉, 누가 옳고 누가 그른가를 결정한다. 사
실에 관한 견해차이가 분쟁의 동기가 될 때는 이 결정 속에 사
실문제의 결정이 포함되며, 또 법률 기타의 규범적 문제의 결정
도 포함된다. 해결 자체는 승리하는 편에 유리한 것으로 판정되
는데, 이것은 분쟁의 **최종적인** 해결로 의도된 것이다. 이 판정은
구속력 있는 결정의 성격도 가진다. 말하자면 이것은 그 결정의
'내용'인 것이다. 이러한 판정을 내리는 재판관의 권한은 민사소
송에 있어서는 국가에서, 상사중재에 있어서는 일반적으로 당사
자간의 사적 합의로부터 나온다. 확실히 이러한 식의 분쟁해결
에 있어서는 — 구속력 있는 결정이 포함되어 있기 때문에 — 절
차의 공정성을 보장하기 위한 **절차상의 안전장치**가 특별히 필요
하다(물론 이러한 절차가 사적으로 집행되는 경우에는 당사자에게 소
송을 하느냐 않느냐 하는 자유가 보다 많이 주어지게 되는 것은 사실
이다).

---

4) Fleming James, *Civil Procedure*(Boston: Little, Brown and Company,
1965); R. W. Fleming, *The Labor Arbitration Process*(Urbana: University of
Illinois Press, 1965); Merton C. Bernstein, *Private Dispute Settlement*(New
York: Free Press, 1968); Bernard L. Green, ed., *The Psychotherapies of
Marital Disharmony*(New York: Free Press, 1965); Jay Haley and Lynn
Hoffman, *Techniques of Family Therapy*(New York: Basic Books, 1968) 참
조.

따라서 판정의 목적은 방금 설명한 것과 같은 판정을 내림으로써 분쟁을 최종적으로 해결하는 것인데 이것은 일정한 조건이 충족될 때에만 가능할 것으로 보인다. 우선 '분쟁문제'가 있어야 한다. 당사자간의 분쟁이 결정될 수 있게 되려면 우선 주장하고 반대하는 내용이 일치되어야 한다. 예컨대 갑이 나에게 자선기금으로 100만원을 달라고 했는데 내가 거부한 경우, 그와 나 사이에는 어떤 분쟁이 존재하기는 하나 우리는 아직까지 소송으로 나가기 위해 필요한 의미에서의 '합의가 된 문제'를 갖지는 않는 것이다. 그러나 갑이 나에게 100만원을 빌려주었는데 내가 그것을 부인하는 경우에는 우리는 합의된 문제를 갖게 된다. 따라서 우리는 각각 우리의 주장(소송의 근거가 되는 사실적·법률적·기타 규범적인)을 제3자에게 제기할 수 있으며, 그 제3자는 그 주장의 경중에 따라 누구의 입장이 정당한가를 결정할 수 있다. 설득적 대결의 자료들은 이러한 결론을 얻기 위한 전제조건으로 기능하며 이 결론은 판정의 근거가 되는 것이다.

　　판정에 의한 분쟁해결이 되기 위한 둘째 조건은 그 분쟁이 판정함으로써 해결될 수 있는 성질의 것이어야 한다는 것이다. 재판관의 판결행위가 (법적·도덕적 또는 그 밖의) 구속력을 가질 수 있다는 것이 무슨 뜻인가 하는 의미에 관한 문제는 논외로 하더라도, 예컨대 갑의 청구는 그 제3자의 판정권한 내에 있어야 한다. 청구의 인정을 의미하는 구속력 있는 판정은 **명령**이나 지시와 같은 것인데 모든 것이 다 명령될 수 있는 것은 아닌 것 같다. 갑에게 **이행**을 하라든가 **급부**를 하라고 할 수 있으나 그를 사랑하라고 명령할 수는 없는 것이다(그러나 그를 사랑하는 것처럼 행동하라든가 그를 사랑할 의향을 갖도록 노력해 보라는 명령을 받을 수는 있다). 판정은 오로지 실행가능한 결정으로 해결될 수 있는 분쟁에서만 가능하다.

끝으로 해결의 결말을 고찰해 보자. 전술한 바와 같이 제 3자의 앞에서 이루어지는 설득적 대결은 본안분쟁의 파생물이다. 그러나 분쟁에다 '종결'이라는 도장을 찍게 되는 구속력 있는 판정이 사실상 본래의 분쟁을 해결하리라는 보장은 없다. 예컨대 이익을 둘러싼 본안분쟁의 경우에는 구속력 있는 판정이 행하여진 후에도 부분적으로는 본래의 문제가 해결되지 않은 상태로 남아 있을 수 있다(가족 구성원 사이의 소송인 경우 실제로 본래의 분쟁은 더욱 악화되는 일이 종종 발생한다). 우리는 궁극적으로 설득적 대결의 테두리 내의 분쟁에 관해서만 최종적 결말을 보장 받는다. 판정에 의한 분쟁해결의 목적을 달성하기 위해서는 설득적 대결은 본안분쟁을 대체하는 것으로 생각되어야 한다. 물론 이 점은 다른 형태의 분쟁해결 방식에서는 그렇지 않다.

‖조 정‖

두 번째 법유사의 분쟁해결 방식인 조정의 목적은 당사자의 청구·요구·이익 사이의 **조정**과 **타협**을 통해서 분쟁을 해결하는 것이다. 제3자의 임무는 분쟁에 관하여 결정하고, 판정을 내리는 ─ 결국 해결책을 제공하는 ─ 것이 아니라, 오히려 그의 임무는 양 당사자가 ─ 마지 못해서일 수도 있지만 ─ 자의로 **받아들일** 해결책을 **제시하는** 데 있다.[5] 해결책들은 최종적 해결책

---

5) 중요한 논리는 Lon L. Fuller, "Mediation ─ Its Forms and Limits," *Southern California Law Review*, 44(1971), pp.305-339 참조.

으로 또는 임시적 중간단계의 해결책으로서 받아들여질 수 있다. 조정의 과제가 양 당사자간의 타협을 확보하는 것이라고 한다면 그것이 어떻게 이루어지는가는 중요하지 않고 (예컨대 당사자 일방의 불공정한 기망에 의한 경우) 따라서 분쟁 해결자가 중립을 유지할 필요가 없다고 생각될지도 모른다. 그러나 절차적 정의에 맞는 것이 진정한 해결을 가져오는 것이라는 생각은 차치하더라도, 경험을 통해서 보면 분쟁해결자가 편파적이 아닌가 하고 당사자 일방이 의심하게 되는 경우에는 조정절차는 중단되고 만다. 그리고 해결안의 수락이 보장되었다 하더라도 불만을 품은 쪽에서 약속을 어길 것은 당연한 일이다. 분쟁당사자들은 스스로의 교섭을 통해서는 분쟁해결이 불가능하기 때문에 사건을 제3자에게 회부하는 것이다. 따라서 제3자의 중립성에 대한 양 당사자의 신뢰는 일반적으로 분쟁해결이 성공할 전제조건이 된다. 이 점이 특히 조정에 타당한 것은 조정이 처음부터 자발적인 것이기 때문이다.

　　제3자에게 분쟁의 결정이 요구되는 것은 아니기 때문에 엄밀한 의미의 '문제의 합의'는 조정절차의 조건은 아니다. 물론 당사자간에 어떤 분쟁이 있어야 한다. 즉, 한쪽은 트럼펫 연습하기를 원하는데 다른 한쪽은 정밀한 실험을 하기를 원한다든가, 또는 노동자측에서는 시간당 1만원의 노임 인상을 요구하는 데 대해서, 경영자측은 5천원만을 제시하는 경우 등이 그 예이다. 이러한 입장은 어느 정도는 '양립할 수 없는' 것이다 — 그렇지 않다면 해결할 아무런 분쟁도 없을 것이다. 이 '양립불가능성'이라는 관념을 분석하는 것은 본 장의 범위를 벗어난다.

　　조정자는 분쟁을 결정하지 않는 것과 마찬가지로 양 당사자가 그들의 청구나 요구를 유지하기 위하여 제시하는 사실적·규범적 주장들을 결정하는 것도 아니다. 그러므로 조정자가 설득적 대결의 자료를 사용하는 것은 중요한 여러 점에서 판결자와는 다르다. 그는 우선 누가 옳으며 누구의 요구가 정당한가를 결정하기 위하여 그 주장을 평가하지 않는다. 오히려 그는 그 주장을 통해서 분쟁의 복잡한 성격을 이해하게 되고 또 당사자들이 각자의 청구에 부여하는 비중을 알게 되고 어떠한 이해관계가 문제되고 있으며, 당사자들이 여기에 어떠한 의미를 부여하고 있는가, 그리고 이것이 '타협'할 수 있는가의 여부에 관하여 알게 된다. 그는 어떤 공동의 이익이 해결의 기초가 될 것인가를 알게 되고 이렇게 하여 분쟁해결을 위한 제안을 만들고 제시할 수 있게 된다.

분쟁이 조정에 의하여 해결될 때 당사자는 자신이 법적으로 또는 도덕적으로 권리가 있다고 느끼는 사항에 관하여 타협을 해야 하는 경우가 많다. 당사자 일방이 '자신의 권리를 굳게 지키고', '원리원칙대로' 요구를 고집하는 한 해결은 불가능할 것이다. 조정자의 일은 분쟁을 '탈이데올로기화'하는 것이며, 당사자들로 하여금 문제가 되고 있는 보다 광범위한 이해에 초점을 맞추도록 노력하게 된다. 그가 맡은 기능 가운데 하나는 합리적인 고려사항들을 논의에 끌어들이는 것이며, 적대감 및 당사자 일방이 갖는 뿌리 깊은 우월감을 극복하기 위하여 조정자 자신의 설득력을 전략적으로 사용하여야 한다는 것이다. 확실히 조정은 '재판을 수행하는' 능력 이상의 특별한 기술을 요한다. 공정성 표준에 맞아야 한다는 기대를 가지고 있기는 하지만 조정 절차는 자연히 우리가 민사소송에 관해서 알고 있는 절차보다는 훨씬 탄력적이고 비형식적인 성격을 갖는다.

　　우리는 이제 분쟁해결의 철학에 내재하는 중요한 문제를 검토할 수 있겠다. 그것은 제도의 설계에 관한 것이다. 분쟁의 형식들과 법유사의 분쟁해결의 형식들 사이에 어떤 적합성이 있는가? 어떤 형식이 일정한 사회적 맥락에 적합한가? 조정은 당사자들이 오랜 관계를 유지하고 있어서 잃으면 모두 다 잃는 식의 판정으로는 그 관계가 손상될 수밖에 없는 상황에서 특별한 중요성을 갖는다고 생각된다. 조정은 소위 여러 원시사회에서 널리 통용되는 분쟁해결 형식이다. 순환론같이 보이지만 일반적으로 그 이유는 원시사회는 법적으로 미발달상태이며, 판정에 의한 분쟁해결 단계까지는 진화하지 못했기 때문이라고 설명된다. 그러나 판정의 우월성은 긴밀한 유대관계 아래 있는 집단에 있어서는 명백하지 않다. 흥미 있는 예는 아프리카의 바로체 족(Barotse)의 경우이다. 바로체 족의 쿠타(Kuta=법원)는 분쟁에 관하여 판결하는 권한을 갖고 있는데 당사자가 가까운 친척이라는 사실이 밝혀지면 흥미롭게도 사태는 바뀐다. 즉, 이때 쿠타는 조정이라는 보다 비형식적인 방법으로 전환한다. 법인류학자인 막스 글룩크만(Max Gluckman)은 다음과 같이 말한다. "쿠타가 영국의 법절차를 따라야 한다는 영국관리들의 주장이 관철된다면 쿠타는 그 주기능 하나를 수행하지 못하게 될 것이다. 즉, 부족생활에 있어서는 여전히 기본적인 것으로 남아 있는 여러 인척들간에 발생하는 분쟁의 해결이라는 기능을 발휘하지 못하게 될 것이다."[6]

---

6) *The Judical Process among the Barotse of Nothern Rhodesia*(Manchester: Manchester University Press, 1955), p.81.

‖ 상담치료 ‖

　우리는 판정과 조정을 피상적으로밖에는 고찰하지 못했다. 상담치료라는 것도 대단히 복잡하기 때문에 개략적으로 소묘할 수밖에 없을 것이다. 실무자들 사이에도 이론과 양상이 서로 다르기 때문에 설명은 더욱 '이념형화'할 수밖에 없을 것이다. 이 분쟁해결 방식은 특히 성격차이와 '심리적 갈등'에서 비롯되는 분쟁, 특히 그 관계가 밀접하고 감정으로 결합되어 있는 사람들에게 적합한 것으로 보인다. 가장 적절한 예로 집중적 가족요법(intensive family therapy)을 생각해 보는 것이 좋을 것이다. 아마 다음과 같은 게오르그 짐멜(Georg Simmel)의 말을 인정할 수 있을 것이다.

　　가족간의 갈등은 특유한 양식을 가진다. 그 원인, 그 예각화, 비참여자에로의 전파, 그 형식 및 그 화해는 독특하며 다른 분쟁과는 비교할 수 없다. 그 이유는 가족분쟁은 수많은 내적·외적 연관관계를 통해 자라나온 유기적 통일체를 기반으로 하여 전개되기 때문이다.[7]

　집중적 가족요법은 당사자들에게 그때그때 서로간의 '대면'을 가능하게 하도록 고안된 가족요법과는 구별되어야 한다. 후자는 조정과 더 가까우며 여러 가지 면에서 더 효과적일 수 있다. 집중적 가족요법은 깊은 **심리변화**를 가져오고자 노력한다.

---

7) *Conflict*, K. Wolff 역(Glencoe, Ill.: Free Press, 1955), p.68.

이것을 통해서 인격들이 통합되고 갈등의 내적 **원천**이 제거된다. 엄격한 분쟁의 합의 같은 것은 여기에서는 문제가 안 된다. 가설로서 당사자들이 분쟁상태에 있다고는 하지만 그들은 분쟁이 무엇이며 문제가 어디에 있는지를 말할 수 없다. 치료자는 그들이 가진 문제의 근저에 파고 들어가야 하며, 치료자는 이것을 자신의 면전에서 설득적 논의를 통하여 행한다. 이 자료들을 치료자는 배후에 있는 갈등의 '**징후**'로 해석한다. 조정에서와 마찬가지로 제3자는 당사자의 청구나 주장을 결정해야 하는 임무는 없다. 그러나 치료의 과정에서 제기되는 심각한 문제는 당사자들 측에서 치료자를 이기려 한다는 사실이다.

상담치료는 판정과는 정반대이다. 즉, 이것은 작위나 급부를 명령하는 식으로 표현될 수 없다(조정에서는 적어도 해결의 **결과**는 이렇게 표현될 수 있다). 변화를 위한 절차(예컨대 자기표현, 오해의 수정, 문제점 통찰력의 획득)가 당사자에게 개략적으로 제시되었다고 해서, 치료에 의한 변화가 반드시 나타나지는 않는다. 이것은 치료자의 기술, 즉 정신치료의 이론에 입각하여 실시하는 치료자의 기술 그리고 '건강이라든가 가정생활의 이상'이라는 실질적인 관념에 달려 있다.

판정과 대조되는 또 한 가지 점은 치료절차의 설득적 논의가 본안분쟁을 대체한다고 보는 것은 커다란 오해라는 것이다. 사실 이러한 대체는 거의 일어나지 않는다. 이 두 분쟁은 같은 분쟁의 불가분의 측면들인 것이다. 그렇지만 이들 사이에는 중대한 차이가 있다. 즉, 설득적 논의는 **제3자**, 즉 **중립적인 사람**의 **면전**에서 행해진다. 가족요법에 관한 문헌들이 치료자 '자신을 이용한다는 것', '감정이입의 중립성' 그리고 '편파성없고 편견이 없이 각 당사자를 대하는' 능력을 크게 강조하고 있는 것은 옳은 일이다. 중립성은 다른 법유사의 분쟁해결에서와 마찬가지로 여기에서도 기능상 매우 중요하다. 이 점에 관하여는 절차적 공성정을 논의하는 데서 보다 자세히 살펴보고자 한다.

법유사의 분쟁해결의 3가지 주요 형식을 검토한 결과는, '법원이란 무엇인가?'(법원을 분쟁해결자라는 능력의 면에서 볼 때)라는 르웰린(Llewellyn)의 물음에는 한마디로 간단히 대답할 수 없다는 것이다. 모든 형식에 제3자와 설득적 대결이 존재하고 있다. 그러나 목표로 하는 해결의 종류, 제3자의 역할과 설득적 대결의 기능의 면에서는 차이가 있다. 실제에 대한 경험적 연구를 해보면 우리가 아직까지 고찰하지 않은 많은 미묘한 문제들이 나타날 것이다. 흥미 있는 것은 예컨대 상사중재자는 당사자가 절충을 시작하게 되면 일반적으로 그 자격을 잃게 된다는 점이다. 왜냐하면 그 자신의 지위까지도 절충의 대상이 되기 때문이다. 이러한 과정을 법원의 판사는 대체로 받아들이지 않는다. 왜 이런 차이가 있을까? 이 문제는 독자들의 독자적인 연구에 맡긴다.

▌ 법적 분쟁해결 ▌

이제 우리는 전에 뒤로 미루었던 문제, 즉 이 세 가지 형식을 '법적' 분쟁해결로 보아야 할 것인가의 여부를 다룰 수 있게 되었다. 표준적인 견해에 의하면 마크비(Markby) 경이 생각했던 것과 유사한 판정만이 '법적' 형식으로 생각되어야 한다고 한다. 우리는 이 견해에 찬성해야 할까?

이 판정설은 결정적인 매력이 있다. 다른 특징에 추가하여 구속력 있는 결정이라는 특징을 추가시킴으로써 우리는 법을 위로부터 부과되는 것으로 또는 싫든 좋든 복종해야 할 의무를 부과하는 것으로 생각하는 사람들의 마음에 드는 말끔한 포장을 할 수 있는 것이다. 더구나 '법적'이라는 말은 관(官)의 의미를 내포하며, 우리는 쉽게 양 당사자를 구속하는 결정을 관의 **법활동**으로 볼 수 있다. 또 판정이 사회에서 행해지는 데 따라 우리는 분쟁을 해결하는 법기관이 사회 속에 존재한다고 말할 수 있다.

그러나 이 모든 것에도 불구하고 이 설에 찬성하는 데 주저하게 된다. 조정과 상담치료도 당연히 법제도의 보호 아래 있을 수 있다. 또 어떤 제도는 판정보다 조정이나 상담치료를 더 나은 것이라고 생각할 수도 있다. 중세 철학자이자 법률가인 마이모니데스(Maimonides)는 재판관을 의사에 비유했다. 전문의가 독한 약을 쓰기 전에 식이요법이나 순한 약을 써보는 것과 마찬가지로, 훌륭한 재판관(일종의 사회의사)은 분쟁에 대하여 판정을 내리는 것보다 먼저 당사자간의 화해를 구한다. 이것은 사실상 오늘날 많은 사법실무에 있어 방침이 되고 있다. 또 기업간의 분쟁을 조정하기 위한 정부기관도 존재한다. 이와 같은 경우에는 이것이 판정을 가리키는 경우에도 분쟁해결자는 재판관의 권한을 갖고 행동하는 것이 아니다. 그렇지만 이 분쟁해결자는 법 유사의 행동을 하는 셈이 될 것이다. 의도적으로 공적으로는 조정이나 상담치료만을 가지고 있는 사회가, 개인간의 분쟁해결을 위한 법기관을 갖고 있지 않다고 말할 수는 없다고 생각된다. '법적'이라는 말을 판정에만 사용하는 것에 동의할 수도 있겠지만 그것은 그 이외의 형식을 '비법적'인 범주로 몰아버리지 않는 한도 내에서이다(이 기타의 형식들이 사적으로 이루어지는 경우에도 말이다).

　　저자는 앞에서 한 사회가 판정을 위한 제도화된 기구를 가지고 있지 못한 경우에 그 사회는 법적으로 저개발상태라는 견해를 언급했었다. 이러한 입장의 근거는 그 밖의 수단(예컨대 양 당사자간 교섭·조정)이 실패할 때 어떻게 분쟁이 해결될 것인가가 확실하지 못하다는 것이다. 물론 이러한 사회가 법적으로 결함이 있으리라는 사실은 수긍할 수 있다. 그러나 현대 제도에 있어서 공공의 법원이 모든 종류의 분쟁에 판결을 내리지는 않는다는 사실을 고려해야 한다. 예컨대 어떤 법원도 영철 씨 부부 사이의 여름휴가를 어디에서 보낼 것인가 하는 논쟁을 판결하려고 하지는 않을 것이다. 노사간의 분쟁도 많은 예를 제공해준다. 새로운 근로계약이 교섭되고 있다고 가정해 보자. 노동조합은 3주일의 유급 휴가를 요구하는데 경영자측에서는 두 주일만을 제시하고 있다. 미국 내의 어떤 법원도 이 문제에 판결을 내리려고 하지는 않을 것이다. 이러한 분쟁은 판결할 대상이 못된다(nonjusticiable)고 말할 수 있다. 왜냐하면 판결할 때 적용해야 할 법이 없기 때문이다.[8] 그러므로 당사자들은 분쟁을 해결할 다른 방도를 강구해야 할 것이다.

　　분쟁해결을 위한 기관이 설치되어 있지 않은 사회에 관하여 우리는 방법론상 어느 정도의 탄력성을 인정하여야 할 것이다. 조정은 소위 원시사회 또는 법적 저개발사회에서 광범위하

---

8) 이 개념에 관한 논의는 G. Marshall, "Justiciability," in A. G. Guest, *Oxford Essays in Jurisprudence*(Oxford: Oxford Univ. Press 1961), pp.265-287 참조.

게 사용된다. 비교적 안정된 일단의 조정자에게 분쟁을 회부하는 일반적인 경향이 있을 때 분쟁해결을 위한 '법유사의 기관'이 존재한다고 말할 수 있다는 것은 수긍할 수 있을 것 같다. 이러한 상황은 법제도가 사회 내에 존재한다는 주장을 긍정하게 하는 요인으로 꼽을 수 있겠다. 법유사의 기관의 존재, 그리고 법제도의 존재는 정도의 문제인 것이다.

결론을 내리기 전에 법과 힘 사이의 관계에 관한 복잡한 문제에 대해 몇 마디 언급하여 보자. 앞의 논의에서 볼 때 우선 두 가지 법유사의 활동과 힘 사이의 직접적인 관련은 없다. 즉, '제재 없는 법'이 있을 수 있다는 것이다. 설사 분쟁을 조정이나 상담치료에 회부하라는 공적인 압력이 있다고 하더라도 그리고 이 절차의 결과 어떤 방식으로 당사자를 법적으로 구속하게 되더라도, 그 절차의 여러 단계에서 힘에 호소한다는 것은 명백히 잘못된 것일 수 있다. 사실 이 절차는 압력이 많이 개입하여 자발성이 감소하면 할수록 그 순수성을 상실하게 된다. 조정은 판정의 일종인 강제적 중재로 되고 말 것이다. 그리고 치료는 비법적 방법에 의한 성격의 조작이나 인격개조가 될 것이다. 상담치료의 방법을 적용할 수 있는 제한된 분쟁영역이 있다고 하더라도 그것을 확대하는 경우에는 '1984년'이나 '멋진 신세계'의 꼴이 될 수밖에 없을 것이다(상담치료의 법유사적 성격에 남는 문제가 있다면 — 저자 역시 그런 의문을 가지고 있지만 — 그것은 치료적 절차가 실제로 어떻게 이루어지는지를 모르기 때문이기도 하다). 물론 여기서 말한 것이 판정, 특히 법에 의한 판결을 배제하려하거나 배제가 가능하다는 뜻으로 이해되어서는 안 될 것이다.

‖ 절차적 정의 ‖

이 장에서 연구해 보아야 할 둘째 문제는 '**절차적 정의**'의 문제이다. 절차적 정의는 특히 분쟁의 청문, 그리고 해결에 도달하는 방법, 설득적 대결의 자료를 제3자가 받아들이고 그것을 사용하는 일 등을 지배한다. 판정에 있어서는 정의의 요구가 특히 엄격하지만, 우리는 조정이나 상담치료를 수행하는 데서도 공정성을 기대한다. 예컨대 공정성의 주된 측면인 제3자의 중립성은 모든 형식에 있어서 중요하다. 그러므로 분쟁해결 절차상의 정의의 기능과 작용들을 검토해 보면 판정만이 '법적' 형식이라고 생각하는 경우에도 중요한 대조 및 비교점이 나온다. 여기서 몇 가지만 검토해 보자.

절차에 있어서의 공정성의 요구는 법유사의 분쟁해결 활동의 본성에서 나오는 것인가? 이것이 우리의 주된 문제이다. 만약 그렇다면 개인간의 분쟁을 해결하는 기관이 있는 사회는 이러한 제도를 설계하는 데 있어서 반드시 절차적 정의를 수립해야 할 것이다.

법유사의 분쟁해결이 **특정 당사자**의 **특정한 분쟁**을 해결하려고 노력한다는 사실을 생각해 볼 때 이 견해는 우선 수긍할 수 있을 것 같다. 분쟁해결자가 항상 어느 일방으로 기울어지는 '법원'을 가지고 있는 제도(예컨대 분쟁당사자 중 어느 일방이 재판관이 되는 경우)는 사실상 정당한 절차는 고사하고 분쟁해결을 위한 법적 절차를 가지고 있다고 말하기조차도 주저된다. 만약 분쟁당사자가 그 절차의 공정성을 신뢰하지 않는다면 법유사의 분쟁해결은 존립하지 못할 것이 뻔하다. 왜냐하면 만약 분쟁당사자에게 선택할 여지가 있다면 중립성이 의심스러운 제3자에게 자신의 분쟁을 회부하지는 않을 것이기 때문이다. 그러나 우리가 고찰하고 있는 것은 — 물론 신뢰의 문제도 중요한 것이기는 하지만 신뢰의 문제 이상의 것이다. 생각해 보면 우리가 신뢰 제도나 방법을 요구한다는 것은 보다 근본적인 어떤 것 위에 입각하고 있는 것이다 — 법유사의 분쟁해결과 절차적 정의 사이의 특별한 관련성이 바로 그것이다.

불행하게도 이러한 연관성을 이름할 말이 존재하지 않는다. '분쟁해결'의 개념은 '공정한 분쟁해결'이라는 개념 위에 기생한다고 표현할 수도 있으리라. 이러한 식으로 연관성을 표현하는 데 이점이 있는 것은, 부당한 분쟁해결자나 불공정한 재판이라고 말하는 것이 자기모순이 되지 않는다는 점이다. 이 말은 공정한 재판이나 공정한 청문의 개념이 없이는 재판이나 청문이 무엇인가를 이해할 수 없다는 뜻이다. 고대인들은 병아리의 내장을 조사하여 유죄를 결정했다는 재미있는 이야기가 있다. 그러나 위의 말을 유추해 보면 이것은 단순히 주술적인 것이 아니라, 사법적 절차라고 생각할 수도 있다. 왜냐하면 고대인들은 중요한 문제가 이런 식으로 결정될 수 있으며 또 이런 문제를 결정한다는 것은 사법절차의 한 요소라고 믿었기 때문이다.

그럼에도 불구하고 양자의 관련성에 관한 이러한 말은 어딘가 모호하다. 차라리 앞의 논의에서 사용한 말이 더 나은 것으로 생각된다. 즉 공정성의 표준에 맞는 것이 분쟁해결을 가져온다는 것이다. 이에 관하여는 몇 가지 언급이 필요하다. 먼저 공정성의 표준에 맞는다고 해서 어떤 실체적인 표준에 비추어 볼 때 그 결과의 공정성이 보장되는 것은 아니라는 것이다. 심지어는 그 결과가 사실상 당사자간의 분쟁해결도 되지 못하는 경우가 있다. 반면에 공정성을 침해한다고 해서 진정한 해결 가능성이 배제되는 것도 아니다. 물론 이러한 일이 벌어질 수 있다는 것은 제도의 설계문제라기보다는 우연의 문제겠지만. 끝으로 공정성의 표준에 맞는다는 것은 그 결과가 진정한 해결일 가능성을 증대시켜 주며 이것은 우연히 그렇게 된다거나 공정성과 법유사의 분쟁해결 사이의 순전히 우연한 관계 때문에 그런 것이 아니라 그 활동의 본성에서 나오는 결과이다. 절차적 정의의 여러 표준들을 검토해 보면서 이 명제가 수긍할 만하다는 것을 살펴보자.

▌정의와 평등 ▌

먼저 절차적 공정성을 정의라는 포괄적인 관념의 맥락 속에서 생각해 보는 것이 유용할 것이다.[9] 하나의 덕목으로 정의를 다룬다거나 형벌의 실무상의 정의, 재화의 분배 측면에서의 정의(사회정의), 공권력 행사의 관점에서 정의를 다루고 있는 방대한 문헌을 검토하지는 않겠다. 여기서 우리의 관심은 몇 가지 주된 관념에 제한된다. 먼저 언급해야 할 것은 역사적으로 볼 때 최초의 정의에 대한 요구는 성서의 "뇌물을 받지 말라"(신명기 16:19), "재판에 외모를 보지 말고 귀천을 일반으로 듣고…"(신명기 1:17)라는 재판관에 대한 명령과 같이 절차적인 것이었다는

---

9) 이 시리즈의 *Ethics*, W. Frankena; *Social Philosophy*, Joel Feinberg (Englewood Cliffs, N.J.: Prentice-Hall, Inc., 1973) 3장, 7장 참조.

사실이다. 그러자 절차적 정의는 부차적인 정의인 것으로 생각된다. 왜냐하면 공정한 절차의 표준과 규칙을 따르는 것이 정당한 판결이나 결과에 이르지 않는다면 공정한 절차의 기준이나 규칙들을 만들어 낸다는 것은 아무 의미도 없는 것이기 때문이다. 만약 실체법이 부당하다면 절차법이 공정한가의 여부는 문제가 되지 않는다. 그러나 우리는 공정한 절차의 기준들과 이러한 기준들을 도출해 내는 정의의 **이념** 자체와는 구분해야 한다. 각 개인은 정당한 실체법의 지배를 받을 권리가 있는 것과 마찬가지로 분쟁청문의 경우에도 정의에 대한 권리가 있다고 할 수 있다. 그러므로 문제는 한 사람의 권리를 타인의 권리와 교량하는 제도를 설계한다는 어려운 문제인 것이다. 예를 들면 한 사람의 공정한 청문의 요구가 분쟁의 정당한 해결에 도달하고자 하는 요구에 의해서 어느 정도로 묵살되어야 할 것인가? 이 모든 권리들이 정당한 제몫을 갖게 될 기준을 설정할 수 있을까? 이러한 종류의 문제는 절차법의 구체화 과정에서 나타난다. 절차법에서는 제도의 효율성을 포함한 다양한 목적이 고려되어야 하기 때문이다. 설계의 문제가 이렇게 복잡하게 되는 이유는 공정성의 표준에 일치하는 것이 결국 분쟁을 **해결**하는 것이기 때문이다.

　　철학의 전통에 따르면 정의의 핵심적 의미는 **평등**의 관념에 연결된다. 이것은 아리스토텔레스에게서 비롯되는데 그는 정의란 "같은 것을 같게, 다른 것을 다르게" 취급하는 데 있다고 말한다. 평등은 정의의 **형식적**인 요소이며, 알프 로스(Alf Ross)에 의하면 이것은 단지 사회는 규칙이나 법을 가져야 하며 이를 준수해야 한다는 것을 의미할 뿐이라고 한다.[10] 그러나 헨리 시지위크

(Henry Sidgwick)가 "법 자체가 정의의 표준이다"라는 명제를 비판하면서 지적한 바와 같이 이것은 적절하지 못하다.11) 왜냐하면 우리는 정의를 근거로 하여 법이나 규칙을 비판하기 때문이다. 그렇더라도 그 형식적인 요소는 상당한 중요성을 갖는다. 그것은 법이 공평하게 시행되기를 요구하며 같은 사건은 같게 다루어지기를 요구한다. 그러나 이 이상으로 정의는 행동 특히 권력을 행사하는 공무원이나 그 밖의 사람들의 행동이 자의적이거나 조변석개하지 않고 원칙에 의거할 것을 요구한다. 자의성의 배제는 평등에 대해서보다는 정의의 개념에 더 근본적인 것으로 생각된다. 자의성의 배제는 합리성, 객관성, 일관성, 공평성, 평등성이라는 상호 연관된 관념들을 포함한다. 제3자의 분쟁해결에 있어서는 중립성의 관념도 포함되는데 이것은 특히 객관성, 공평성, 평등과 연관된다. 비자의성이란 청구가 발생한 근거, 가치, 목적과 관련해서만 그리고 사람과 사건이 분리됨으로써만 결정될 수 있는 것이다. 이것들이 정의의 **실질적** 요소를 제공해 준다. 아리스토텔레스는 정의는 평등과 불평등으로 이루어지지만 "이것이 어떤 평등, 어떤 불평등을 의미하는가는 정치 문제이다"(Politics, 1282b, 21)라고 말함으로써 이 실질적 요소가 없어서는 안 될 것임을 인식하였다. 정의의 이념은 형식적 및 실질적 요소들로 이루어져 있다. 이에 대한 더 깊은 고찰은 도덕철학에 맡긴다.

형식적 요소라는 것이 여러 관념들의 복합체이기는 하지만 구성요소들 사이의 상대적 중요성은 정의의 문제가 제기되는 맥락에 달려 있다고 생각된다. 따라서 분쟁해결 절차 가운데 청

---

10) *On Law and Justice*(London: Stevens & Sons, Ltd., 1958), 2장.
11) *Methods of Ethics*, 7판(London: Macmillan & Company, 1907), p.265.

문의 단계에서는 평등이 특히 중요하다. 아리스토텔레스는 — 그는 선과 명예의 분배는 각자의 몫에 따라야 한다고 주장하면서도 — 선인이 악인을 속이는 것과 악인이 선인을 속이는 것은 다를 것이 없기 때문에 법은 양 당사자를 평등하게 다루어야 한다고 주장함으로써, 이 점을 인식하고 있었다. 이것은 법규의 공평한 적용뿐만 아니라 그 사건을 청문하는 데도 똑같이 적용된다. 그러나 분쟁해결자가 단순히 양 당사자를 똑같은 식으로 다룬다는 것만으로는 충분하지 않다. 공정한 절차의 표준과 규칙들은 당사자간을 평등하게 만들면서 그 차이를 유지하도록 공식화되어야 한다. 이러한 요구의 의미는 한 남자와 한 여자 사이의 '재판'을 묘사하는 중세의 문헌에서 묘사되어 있듯이 결투에 의한 재판에서 잘 나타난다. "이와 같은 불평등한 분쟁당사자간의 문제는 다음과 같이하여 조정된다. 남자는 한 손을 등에 묶고 곤봉 하나만을 갖고서 3피트 넓이의 배까지 오는 구덩이에 들어가는 반면, 여자는 팔다리를 마음대로 쓰게 하고 1~5파운드 나가는 주먹 만한 돌을 들고 싸우게 함으로써 평등하게 한다."[12] 당사자를 평등하게 만든다는 것은 사실 중립을 지켜야 할 요구를 받고 있는 분쟁해결자에게 문제가 된다. 한쪽 당사자가 우수한 변호사를 선임하고, 다른 쪽은 그보다 못한 변호사를 선임한 경우의 소송에서 판사가 '한쪽의 변호사 역할을 하는' 것처럼 보이지 않는다면 당사자간의 평등은 달성하기가 어려울 것이다.

그러나 당사자들을 평등하게 만드는 것만으로는 충분하지 않다. 사람을 똑같이 나쁘게 대하는 것이 반드시 정의로운 것은

---

12) Henry C. Lea, *Superstition and Force*, 4판(Philadelphia: Lea and Bros., 1892), p.153.

아니다. 당사자는 진술할 평등한 기회를 가져야 할 뿐만 아니라 **공정**하고 **적절**한 기회를 가져야 하는 것이다. 이 때문에 그 상황에서의 실체적 정의에 관한 몇 가지 고찰을 하게 된다. 당사자들은 그 권리와 이익이 상충하기 때문에 이러한 기회를 부여 받을 권리가 있는 것이다. 이 요구는 합리성과 객관성의 관념과도 연관되어 있는 것으로 보인다. (실체적으로) 정당한 결정이나 결과에 도달하는 것은 특히 (물론 이것만은 아니지만) 사실문제가 분쟁의 대상인 경우에는 분쟁해결자가 관련문제에 대하여 진실되고 합리적인 평가를 하는가에 좌우된다. 정의는 진리와 합리성을 요구한다(정말로 합리적으로 죄를 지었다고 말할 수 없는 용의자가 있다면 그 용의자는 부당하게 기소된 것이다). 이러한 이유에서 당사자는 공정하고 적절하게 자신의 입장을 밝혀 문제된 사항을 명확하게 하여 분쟁해결자가 그의 결정이나 제안, 행동에 충분하고도 객관적인 근거를 가질 수 있게 하는 기회를 가져야 한다. 이것은 특히 판정에 있어서는 설득적 대결에서 제시된 소송자료의 합리적인 평가를 위한 증거법칙을 수립한다는 것을 의미한다. 라블레(Rabelais)의 소설 「가르강튀아와 판타그뤼엘」에서 브리들구스(Bridlegoose) 판사가 자신감을 갖고 있는 소송자료에 대한 현실적인 물리적 평가방법(주사위를 던지는 방법 등—역자주)은 당시의 부패한 판사들이 하는 것보다는 나았지만 이것이 만족스러운 것이 아님은 확실하다. 그러나 소송행위에 대한 적절하고도 합리적인 근거를 마련한다는 것은 제도의 설계문제를 야기한다. 고문이 받아들일 수 없는 도구라는 것은 명백하다. 그러나 제3자가 분쟁의 자세한 면을 알기 위해 독립된 조사를 수행하는 것이 어느 정도로 허용되어야 할 것인가? 이것은 우리로 하여금 영미의 당사자주의와 대륙의 소위 직권주의의 장단점에 관한 논의를 하게 만든다. 이 문제는 제기된 법유사의 분쟁해결 형식에 따라 다른 색채를 띠고 나타나며 또 공정한 절차의 기준도 맥락에 따라 다르다는 것을 보여 주는 것이다.

‖ 절차적 정의의 기준들 ‖

위의 논의를 염두에 두고 이제 절차적 정의의 표준의 문제를 살펴보자.13) 이하의 목록은 — 물론 완전한 것은 아니지만 — 우선 판정에 관해서 만든 것이다. 우리는 각 조목별로 자세하게 논의할 수도 없고, 또 이것들이 다른 형식의 분쟁해결을 위하여 필요한 자격이 있는가의 여부, 있으면 어느 정도인가의 문제도 다루지 못할 것이다. 편의상 이들을 3가지로 묶어 보도록 하자.

■ 중립성
1. "아무도 그 자신의 이유만으로 판단되어서는 안 된다."
2. 분쟁해결자는 결과에 대해서 아무런 사적 이해관계가 없어야 한다.
3. 분쟁해결자는 한 당사자에게 유리하게든 불리하게든 기울어져서는 안 된다.

---

13) Robert S. Summers, "Law, Adjucative Processes, and Civil Justice," in G. Hughes, ed., *Law, Reason, and Justice*(New York: New York Univ. Press, 1969), pp.169-185; C. K. Allen, *Aspects of Justice*(London: Stevens and Sons, Ltd., 1958); F. E. Dowrick, *Justice according to the English Common Lawyers*(London: Butterworths, 1961).

■ 설득적 대결

4. 각 당사자에게 절차에 대한 공정한 지식이 주어져야
   한다.

5. 분쟁해결자는 양 당사자에게서 주장과 증거를 청문하
   여야 한다.

6. 분쟁해결자는 타방 당사자의 면전에서만 일방 당사자
   의 진술을 청문해야 한다.

7. 각 당사자는 타방 당사자의 증거와 주장에 대하여 대
   처할 공정한 기회가 주어져야 한다.

■ 해 결

8. 해결의 내용은 이유에 의해서 지지될 수 있어야 한다.

9. 그 이유에서는 제출된 주장과 증거를 지적하여야 한다.

이 조항의 많은 부분 아니 거의 모든 부분이 영국 법률가
들이 부르는 **자연적 정의**에 속하는 것들이다. 이것들은 근본적인
것으로 받아들여져서 입법부우위의 원칙에도 불구하고, 영국의
법관들은 이에 반하는 의회입법은 그 자체 무효라고 말한다.

1, 5, 9항은 특별한 지위를 가진다. 왜냐하면 어떤 의미에
서 이것들은 법유사의 분쟁해결을 정의하고 있기 때문이다. 1항
은 그 사회가 정당한 사회라면 분쟁해결을 위한 기관이나 기구
가 마련되어 있어야 한다는 사회의 요구라고 해석되어 왔다(이
장의 첫 부분 참조). 그리고 명백히 이 제도는 각 당사자에게 공정
하게 대우받고 있다는 감정을 줄 수 있도록 공정하게 운용되어
야 한다. 그 하나의 이유는 공정성은 분쟁의 해결을 가져온다는

것 그리고 또 하나의 이유는 신뢰의 문제인데 그것이 없으면 제도가 존속하지 못하게 된다. 그러므로 분쟁해결자는 양 당사자의 중간에 있는 것처럼 중립적이어야 한다. 즉 그는 불편부당하고 편견이 없어야 한다. 2항은 중립성을 확보하고 신뢰를 극대화하는 데 도움을 준다.

설득적 대결을 지배하는 표준도 마찬가지이다. 이것은 어떤 의미에서는 중립성의 기능적 정의 — 실무상의 중립성을 의미한다. 편파적이라는 의혹 그리고 편파성 그 자체는 분쟁해결자가 양측을 모두 청문하고 그것을 양 당사자의 면전에서 행한다면 극복되거나 그 한계 내에서 막을 수 있을 것이다. 그러나 이 표준에 따른다는 것은 중립성을 확보하고 당사자를 평등하게 만드는 데 도움을 주는 것 이상의 작용을 한다. 그것은 절차 전체의 '소송적 성질'을 제고시켜 준다. 즉 분쟁문제는 공개되어야 하며 분쟁의 내용과 범위가 명료하게 되어야 한다는 것이다. 일방 당사자는 분쟁해결자가 자신도 듣고 반론을 제기할 기회를 가졌던 자료에 근거해서 움직이고 있다는 것에 안심하여 '기습'의 충격을 줄일 수 있기 때문에 공정하게 대우받고 있다는 감을 극대화시킬 수 있으며 소송행위를 위한 보다 적절하고 객관적인 근거가 마련되는 것이다. 이러한 기준을 실현하는 소송절차를 여기에서 논의할 수는 없다.

우리는 이 기준들이 정의라는 개념이 갖는 다양한 요소들을 어떻게 집약하였는가, 또 이들이 어떻게 제3자의 중립성과 연결되는가를 알 수 있게 되었다. 그러나 이것들은 여타의 분쟁해결 형식을 위하여는 어떤 수정이 필요하다. 판정의 과정에서 판사가 한 당사자를 초대하여 점심을 같이하면서 사적으로 분쟁을 그 쪽에 유리하게 말하게 하는 것은 대단히 부당한 일이지만 대부분의 '조정'에서는 그렇지 않을 것이다. 사실 그것은 노동중재에서는 드문 일이 아니다. 이것은 쉽게 설명할 수 있다. 판정에서 분쟁해결자는 분쟁을 **결정**하고 결국 해결책을 부과하는 것임에 비해서, 조정에서는 당사자는 해결에 **동의**한다. 만약 어떤 당사자가 분쟁해결자의 제안에 만족한다면 그는 점심식사를 같이하지 않았어도 그것을 수락할 것이다. 그리고 점심식사 때문에 문제가 있다면 그 제안을 거부해 버릴 수도 있다. 물론 양 당사자의 동의는 보호되어야 하며 따라서 객관성, 공평성 등의 요청도 보호되어야 한다. 여기서 중립성이란 첫째로 공개성과 당사자간의 대등함을 유지시켜주는 가운데에서의 수용성이며 둘째는 일방 당사자의 입장을 타방 당사자에게 설명하고 청구에 이유가 있는가 없는가를 보이고, 합의에 이르는 길을 제시하는 데 있어서의 객관성과 공정성이다. 유념해야 할 것은 양 당사자들이 쌍방 교섭에 의해서 문제를 해결할 수 없었기 때문에 조정자가 그 분쟁에 참여하게 되었다는 사실이다.

판정과 조정 사이의 이러한 차이를 좀더 설명하면 전자의 경우에만 엄밀한 의미의 '문제의 합의'가 존재하기 때문에 판정절차는 분쟁을 결정하는 데 **중요한** 것이 무엇인가 하는 비교적 좁은 관념에 의해서 지배된다는 것이다. 그러므로 각 당사자는 어떠한 자료가 판정자에게 제출되었는가 또 무엇이 그의 결정에 영향을 미칠 것인가에 관하여 대단한 관심을 기울이게 될 것이다. 끝으로 실체적 정의의 문제가 있는데 이에 대하여는 조정이 판정보다 더욱 복잡하고 문제가 있다. 절차적 정의는 실체적 정의를 위하여 봉사해야 하는데 여기에 존재하는 몇몇 난점은 이미 고찰한 바 있다. 그러나 조정에서 문제가 되는 것은 단순한 실체적 정의가 아니라, 각 당사자가 '공존'할 수 있고 또 각자가 권리를 가지고 있다고 느끼는 것에 타협을 볼 수 있게 하는 유용한 해결책인 것이다. 그러므로 조정은 더 큰 탄력성을 갖는다는 특징이 있으며 이것은 공정한 절차의 제 기준을 반영하는 것이다.

상담치료는 훨씬 복잡하고 따라서 우리는 그것이 공정성의 기준에 어떤 영향을 미치는가를 자세하게 다룰 수는 없다. 흥미롭게도 대부분의 가족요법가와 부부상담자들은 당사자들을 사적으로 아는 것에 대해 대단히 조심한다. 그들은 꼭 필요할 때에만 그렇게 하며 만약 그들의 대화가 공개되어야만 할 문제를 다루게 되면 그것은 비밀로 유지되지 못한다는 사실을 당사자에게 알려 준다. 분쟁해결자는 중립을 지켜야 하며 '어느 쪽 편'이라고 보여서는 안 된다(모든 형태의 법유사의 분쟁해결에 관한 문헌에서 이 점이 얼마나 강조되는가!). 상담치료에 있어서 공정성의 기준문제가 어렵고 모호한 이유 가운데 하나는 설득적 대결이 본래의 분쟁을 대체하지 않기 때문에 그 요법가가 가족분쟁의 일원이 된다는 사실이다. 그는 분쟁을 해결하거나 합의를 구하는 일원은 아니나 치료기술을 통해서 인간관계에 영향을 미치는 일원인 것이다. 그러나 그는 기묘한 일원, 즉 중립적 **일원**이다. 그는 양 당사자를 수용하여야 하며, 타방에게 대응할 기회를 각자에게 주어야 하고 객관적이어야 하며 적절한 정보를 받아들여야 한다.

설득적 대결이 끝나면 우리는 마지막 해결에 이르게 된다. 절차적 정의의 여덟 번째 표준은 해결의 내용(판정, 조정적 제의, 치료적 조치)은 '이유'에 근거해야 한다는 것이다. 왜냐하면 정의는 자의성을 배제하기 때문이다. 그리고 아홉 번째 표준에 의하면 이 이유들은 설득적 대결에서 밝혀진 자료들을 참조해야한다. 어떻게 설득적 대결의 자료를 참조해야 하는가 하는 문제는 신중한 판정이유 제시라는 문제와 정책의 문제를 야기한다. 법제도의 틀 안에서 이루어지는 판결에 있어서 분쟁해결사의 자료 사용은 관계법에 의해서 결정된다. 그리고 상담치료에 있어서는 심리요법 이론과 '건강'의 개념에 의해서 결정된다. 또 조정은 경제적 요인도 고려해야 할 것이다. 이 기준은 다른 기준과 마찬가지로 문맥에 의존하며 그 세세한 내용은 면밀하게 보충되어야 할 것이다.

　　마지막 표준들을 보면 절차상 공정성에 일치한다는 것이 단순히 분쟁을 종결시킨다는 것보다는 분쟁을 해결한다는 명제를 수긍할 수 있게 된다. 법유사의 분쟁해결은 특정 당사자의 특정 분쟁의 해결을 목적으로 한다. 8번, 9번의 표준은 말하자면 이전의 표준들과 조화롭게 작용한다. 신뢰라는 중요한 문제 — 신뢰를 받기 위한 문제가 얼마나 복잡한 것인가는 이미 보았다 — 는 제쳐놓고라도 전체적으로 보아 공정한 절차의 기준들을 준수한다는 것은 모두 당사자간의 분쟁해결의 내용에 초점을 맞추고 있다. 만약 분쟁해결 절차가 정의의 원인으로 작용한다면, 그 과정들은 틀림없이 분쟁 자체도 해결할 것이다. 당사자간의 분쟁을 해결한다는 것은 우리로 하여금 그 절차 가운데 청문의 단계에서의 중립성, 객관성, 평등성, 그리고 공평성을 다시 생각해 보게 한다. 그러나 이러한 모든 고려는, 절차상 공정성의 요구는 법유사의 분쟁해결의 본성에서 연유하는 것이라는 주장을 지지해 주는 것이다. 만약 이 명제가 옳다면 그것은 법유사의 분쟁해결에 있어서 자연법적 입장과 유사한 입장이 되는 것이다.

그러나 이러한 결론은 잠정적인 것이라고 생각되어야 할 것이다. 지금까지 우리들은 자세히 따져 보았다. 그러나 법유사의 분쟁해결의 철학은 아직 끝난 것이 아니다. 더 깊은 연구는 독자에게 맡겨야 할 것이다.

참고문헌

각주에서 언급한 저작 이외에도 독자는 아래에서 열거하는 저작들을 참고하는 것이 좋을 것이다. 그리고 자세한 설명이 붙어 있는 문헌목록으로는 R. W. M. Dias, *A Bibliography of Jurisprudence*, London: Butterworths, 1964가 있다.

◆ 각 논문선 및 법철학의 제 문제의 개관

Cohen, Morris, and Felix Cohen, eds., *Readings in Jurisprudence and Legal Philosophy,* New York: Prentice-Hall, 1951.

Ginsberg, Morris, *On Justice in Society,* Baltimore: Penguin Books, 1965.

Hall, Jerome, ed., *Readings in Jurisprudence,* New York: Bobbs-Merrill, 1938.

Hughes, Graham, ed., *Law, Reason, and Justice,* New York: New York University Press, 1969. 현대학자들의 논문.

Kent, Edward A., ed., *Law and Philosophy,* New York, Appleton-Century-Crofts, 1970. 문헌목록이 들어 있다.

Olafson, Frederick, A., ed., *Society, Law and Morality,* Englewood Cliffs, N. J.: Prentice-Hall, Inc., 1961.

Summers, Robert S., ed., *Essays in Legal Philosophy,* Oxford: Basil Blackwell, 1968. 현대학자들의 논문.

법학원론에 관한 많은 문헌들은 법적인 관심뿐만 아니라 철학적인 관심도 보여주고 있다. 예컨대 Dias, Fitzgerald, Friedmann, Jolowicz, Paton, Pattersson의 저작 그리고 Pound의 5권으로 된 논문 모음이 그러한 내용을 담고 있다.

◈ 법철학의 범위

Friedrich, Carl, *The Philosophy of Law in Historical Perspective*, 2nd ed., Chicago: University of Chicago Press, 1963.

Hart, H. L. A., *The Concept of Law*, Chap.1. Oxford: Clarendon Press, 1961.

─────────, "Philosophy of Law, Problems of," in P. Edwards, ed., *Encyclopedia of Philosophy, VI*, pp.264-276. New York: Free Press and Macmillan, 1957.

Pound, Roscoe, *Introduction to the Philosophy of Law*, New Haven, Yale University Press, 1922.

◈ 제1장 법의 본질에 관한 제 문제

Barkun, Michael, ed., *Law and the Social System,* New York: Lieber-Atherton, 1973.

Hall, Jerome, *Foundations of Jurisprudence*, Indiana-polis: Bobbs-Merrill, 1973.

Hart, H. L. A., "Definition and Theory in Juris-prudence," *Law Quarterly Rev.*, 70(1954). pp.37-60.

Kantorowicz, Hermann, *The Definition of Law,* Cambridge: Cambridge University Press, 1958.

Lloyd, Dennis, *The Idea of Law,* Baltimore: Penguin Books, 1964.

Raz, Joseph, *The Concept of a Legal System,* Oxford: Clarendon Press. 1970.

Ross, Alf, *Directives and Norms,* London: Routledge and Kegan Paul, 1968.

von Wright, Georg H., *Norm and Action,* New York: Humanities Press, 1968.

◆ 제2장 법의 본질에 관한 제 이론

Cairns, Huntington, *Legal Philosophy from Plato to Hegel,* Baltimore: Johns Hopkins Press, 1949.

Golding, M. P., ed., *The Nature of Law,* New York: Random House, 1966. 본장에서 논의된 학자들의 글에서 발췌한 것이 수록되어 있다.

Lyons, David, *In the Interest of the Governed,* Oxford: Clarendon Press, 1973. 벤담연구.

Morris, Clarence, ed., *The Great Legal Philosophers,*. Philadelphia, University of Pennsylvania Press, 1959.

O'Connor, D. J., *Aquinas and Natural Law,* New York: St. Martin's Press, 1968.

Summers, Robert S., ed., *More Essays in Legal Philosophy,*. Oxford: Basil Blackwell. 1971. 벤담, 파운드, 켈젠, 풀러, 하트에 관한 여러 학자의 논문

◆ 제3장 법의 한계

Clor, Harry M., *Obscenity and Public Morality*, Chicago: University of Chicago Press, 1969.

Leiser, Burton M., *Liberty, Justice, and Morals*, New York: The Macmillan Company, 1973.

Mitchell, Basil, *Law, Morality and Religion in a Secular Society*, London: Oxford University Press. 1967.

Pennock, J. Roland, and John W. Chapman, eds., *The Limits of Law*, New York: Lieber-Atherton, 1974, Volume XV in the Nomos Series of the American Society for Political and Legal Philosophy.

Radcliff, Peter, ed., *Limits of Liberty*, Belmont, Calif.: Wadsworth Publishing Co., 1966. 밀에 관한 논의.

Wasserstrom, Richard A., ed., Morality and the Law. Belmont, Calif.: Wadsworth Publishing Co., 1971.

◆ 제4장 및 제5장 형벌

Brandt, Richard B., *Ethical Theory*, Chap 19, Englewood Cliffs, N. J.: Prentice-Hall, 1959.

Ewing, A. C., *The Morality of Punishment,* London: Kegan Paul, 1929.

Ezorsky, Gertrude, ed., *Philosophical Perspectives on Punishment. Albany*, State University of New York Press, 1972. 문헌목록 수록.

Fitzgerald. P. J., Criminal Law and Punishment, Oxford: Clarendon Press. 1962.

Gerber, Rudolph J., and Patrick D. McAnany, eds., *Contemporary Punishment*, Notre Dame: University of Notre Dame Press, 1972.

Grupp, Stanley E., ed., *Theories of Punishment*, Bloomington: Indiana University Press, 1972.

Hart, H. L. A., *Punishment and Responsibility*, Oxford: Clarendon Press 1958. 중요한 논문 모음.

Jacobs, Francis G., *Criminal Responsibility*, London: Weidenfield and Nicolson, 1971.

Moberly, Walter, *The Ethics of Punishment*, London: Faber and Faber, 1968.

Morris, Herbert, ed., *Freedom and Responsibility*, Stanford: Stanford University Press, 1961. 문헌목록 수록.

Morris, Herbert, "Persons and Punishment," *The Monist*, 52(1968), 475-501.

◆ 제6장 분쟁해결과 정의

Aubert, Vilhelm, ed., *Sociology of Law*, Baltmore: Penguin Books, 1969, Part III(Law and Conflict Resolution).

Barkun, Michael, *Law without Sanctions*, New Haven: Yale University Press, 1968.

Bird, Otto A., *The Idea of Justice*, New York: Praeger, 1967.

Diesing, Paul, *Reason in Society*, Chap.4. Urbana: University of Illinois Press, 1962.

Lucas, J. R., "On Processes for Resolving Disputes," in R. S.

Summers, ed., *Essays in Legal Philosophy*, pp.167-82.(위에서 인용 됨)

Michael, Jerome, *The Elements of Legal Controversy*, Pt. 1. Brooklyn: Foundation Press, 1948.

_____, "The Basic Rules of Pleading," *The Record of the Bar of the City of New York*, 5(1950), pp.175-201.

Perelman, Ch., *The Idea of Justice and the Problem of Argument*, New York: Humanities Press, 1963(법과 정의의 철학, 심헌섭 외 역, 19).

_____, *Justice*, New York: Random House, 1967.

Rawls, John, *A Theory of Justice*, Cambridge: Belknap Press, 1971.

찾 아 보 기

《역자 소개》

• 장영민(張榮敏)

　서울대학교 법과대학 및 동 대학원 졸업

　법학박사

　인하대학교 법정대학 교수 역임

　현 이화여자대학교 법과대학 교수

법 철 학

2004 년　9 월 10 일　초판 발행
2008 년　5 월 10 일　초판2쇄 발행

저　자　마틴 골딩
역　자　장 영 민
발행인　이 방 원
발행처　세창출판사
　　　　서울 서대문구 냉천동 182 냉천빌딩 4층

　　　　전화 723-8660　　팩스 720-4579

　　　　E-mail: sc1992@empal.com　　homepage: www.sechangpub.co.kr

　　　　신고번호 제300-1900-63호

정가　15,000원

ISBN 978-89-8411-116-5　93360